Möller/Forster/von Bar/Lask · Die mündliche Prüfung im Ersten Staatsexamen

UNIREP JURA

Herausgegeben von Prof. Dr. Mathias Habersack

Die mündliche Prüfung im Ersten Staatsexamen

Prüfungsgespräche, Kurzvorträge, Prüfungstipps
Zivilrecht – Öffentliches Recht – Strafrecht

von

Dr. Jonathan Möller

Rechtsanwalt in Hamburg

Annabelle Forster

Syndikusrechtsanwältin in München

Dr. Nikolaus von Bar

Regierungsdirektor in Berlin

Dr. Steffen Lask

Hon.-Professor und Rechtsanwalt in Berlin

C.F. Müller

Bibliografische Information der Deutschen Nationalbibliothek
Die Deutsche Nationalbibliothek verzeichnet diese Publikation in der Deutschen Nationalbibliografie; detaillierte bibliografische Daten sind im Internet über <https://portal.dnb.de> abrufbar.

Print: ISBN 978-3-8114-9108-3
ePub: ISBN 978-3-8114-9110-6

E-Mail: kundenservice@cfmueller.de
Telefon: +49 6221/1859-599
Telefax: +49 6221/1859-598

www.cfmueller.de

Satz: preXtension, Grafrath
Druck: Libri Plureos GmbH, Hamburg

Vorwort

Dieses Buch richtet sich an Kandidatinnen und Kandidaten der mündlichen Prüfung des ersten Staatsexamens.

Die Zeit zwischen den schriftlichen Examensklausuren und der mündlichen Prüfung wird typischerweise dafür genutzt durchzuatmen, reisen zu gehen, sich sozial zu engagieren oder als wissenschaftlicher Mitarbeiter in einer Kanzlei, an der Universität oder einem Unternehmen zu arbeiten. Doch gehen diese Monate schnell ins Land und die mündliche Prüfung steht alsbald vor der Tür. Dabei ist zu beachten, dass die Vorbereitungszeit für die mündliche Prüfung im Vergleich zu den schriftlichen Klausuren, bei denen ein Repetitorium von einem Jahr plus eigener Vorbereitungszeit normal ist, deutlich geringer ist. Die zwei bis drei Monate Vorbereitungszeit müssen daher sinnvoll und zielgerichtet genutzt werden.

In diesem Buch möchten wir zum einen allgemeine Hinweise für die mündliche Prüfung im ersten Staatsexamen geben. Denn bei der mündlichen Prüfung handelt es sich um eine grundlegende neue Prüfungsform, die bislang im Studium gar keine oder eine deutlich untergeordnete Rolle gespielt hat. Darüber hinaus möchten wir für die einzelnen Bundesländer konkrete Hinweise zum Aufbau, dem Ablauf und der Bewertung der mündlichen Prüfung geben. Weiter haben wir für die drei Rechtsgebiete Zivilrecht, öffentliches Recht und Strafrecht Prüfungsgespräche vorbereitet, die alleine oder im Rahmen einer Lerngruppe dafür genutzt werden können, die mündliche Prüfungssituation einzuüben. Schließlich geben wir für die einzelnen Bundesländer, in denen ein Kurzvortrag Teil der mündlichen Prüfung ist, Beispiele für Kurzvorträge und Lösungen an die Hand.

Das Buch erhebt dabei keinen Anspruch auf Vollständigkeit. Die Zeit bis zur mündlichen Prüfung dient der Auffrischung des gelernten Examenswissens und schwerpunktmäßigen Vertiefung einzelner Themen. Hierbei möchte dieses Buch unterstützen ohne selbstverständlich alle examensrelevanten Themen in der Breite erneut aufgreifen und darstellen zu können, wie es für die schriftlichen Examensklausuren erforderlich ist. Das Buch spiegelt dabei die Erfahrung und persönliche Meinung der Autoren als Prüflinge und Prüfer wider.

Schließlich sei gesagt, dass wir zur Lesbarkeit stets die männliche Form verwenden. Mit der männlichen Form ist immer gleichzeitig auch die weibliche bzw. diverse Form gemeint.

Wir wünschen viel Freude bei der Arbeit mit dem Buch und viel Erfolg für die mündliche Prüfung!

August 2024

Dr. Jonathan Möller
Annabelle Forster, LL.M.
Dr. Nikolaus von Bar
Prof. Dr. Steffen Lask

Inhaltsverzeichnis

II. Öffentliches Recht

III. Strafrecht

C. Kurzvorträge

A. Allgemeiner Teil

Vorbereitung, Ablauf und Bewertung der mündlichen Prüfung

I. Vorbereitung auf die mündliche Prüfung

Bevor Sie mit der Vorbereitung auf die mündliche Prüfung beginnen, sollten Sie sich gedanklich auf diese neue Prüfungssituation einstellen. Nunmehr geht es weniger um eine schriftliche Ausarbeitung, sondern vielmehr um eine mündliche Prüfungssituation. In dieser kommt es maßgeblich darauf an spontan auf Fragen zu antworten und eine Einschätzung und Bewertung zu rechtlichen und teilweise unbekannten Problemstellungen zu geben. Dabei ist das gelernte Wissen zu präsentieren. Gleichzeitig kommt es jedoch insbesondere auch darauf an, juristische Grundstrukturen anzuwenden und auf unbekannte Fälle zu übertragen. Sie müssen nicht die konkrete Lösung des Falls kennen, sondern vielmehr erlernte Muster auf eine neue Problemstellung anwenden. Das Argumentieren am Fall unter Berücksichtigung eines konkreten Sachverhalts ist dabei essentiell für eine gute Bewertung.

Bei der Vorbereitung ist auch die Rolle des Prüfers zu berücksichtigen. Stellen Sie sich dabei Fragen wie z.B. Was kann von den Prüflingen verlangt werden? Sollte der konkrete Aspekt des Falles breit diskutiert werden oder ist er offensichtlich gegeben und kann daher schnell abgehandelt werden? Die Prüfung sollte idealerweise stets im Fluss bleiben, ohne dass die Prüfung ins Stocken gerät. Die Prüfer sind darum bemüht, das bestmögliche Ergebnis für den Prüfling zu erzielen. Jedoch ist es auch Aufgabe des Prüflings die Prüfer in sehr kurzer Zeit zu überzeugen. Begegnen Sie den Prüfern respektvoll, aber auch selbstbewusst. In der mündlichen Prüfung haben Sie noch einmal die Möglichkeit Ihr Wissen zu präsentieren. Nutzen Sie diese Chance.

1. Wie bereite ich mich richtig vor?

a) Erstellen eines Zeit- und Lernplans mit Schwerpunktsetzung

Nach den schriftlichen Prüfungen ist vor der mündlichen Prüfung – jedoch möchten die meisten Studenten nach den schriftlichen Prüfungen erst einmal nichts mehr von Prüfungsvorbereitung und Lernplänen hören. Nehmen Sie sich nach den schriftlichen Prüfungen deshalb ausreichend Zeit, sich zu erholen und neue Motivation für den letzten Schritt zum ersten Staatsexamen zu sammeln.

Gleichzeitig gilt, dass auch wenn Erholung wichtig ist, wir dazu raten, nicht mehr als vier bis sechs Wochen zwischen den schriftlichen Prüfungen und dem Beginn der Vorbereitung der mündlichen Prüfung verstreichen zu lassen. Die auf den folgenden Seiten dargestellte Bedeutung der mündlichen Prüfung soll dabei helfen, genug Motivation für eine gute Vorbereitung zu sammeln. Sie haben es bald geschafft!

Die kurze Zeit zwischen den schriftlichen Prüfungen und dem Termin der mündlichen Prüfung kann durch die Erstellung eines Zeit- und Lernplans am effizientesten genutzt werden. Dabei ist es allein aufgrund des verbleibenden Zeitraums denknotwendig nicht möglich, jedes Themengebiet des umfangreichen Prüfungsstoffs erneut im Detail zu bearbeiten. Dies ist aber auch nicht notwendig. Kein Prüfer verlangt, dass der Prüfling innerhalb weniger Minuten einen BGH-Fall identisch zum Urteil löst. Die mündliche Prüfung soll insbesondere dazu dienen, abzuprüfen, welches Grundverständnis der Prüfling in den einzelnen Rechtsgebieten besitzt. Es geht im Kern darum, innerhalb sehr kurzer Zeit zu zeigen, dass wesentliche Strukturen und Grundsätze des juristischen Arbeitens verstanden wurden und auch umgesetzt werden können. Detailwissen ist darüber hinaus selbstverständlich immer hilfreich, insbesondere um die höheren Notenstufen zu erreichen.

Inhalt Ihres Lernplans sollten deshalb sein:

1. Wiederholung von Grundlagenwissen und Prüfungsschemata,
2. Wiederholung von grundlegenden Meinungsstreitigkeiten,
3. Recherche zu aktueller Gesetzgebung und Rechtsprechung,
4. Üben durch Prüfungssimulationen.

Setzen Sie insbesondere Schwerpunkte bei der Erstellung des Lernplans. So kann es zum Beispiel sinnvoll sein, Themen zu wiederholen in denen Sie sich unsicher fühlen. In der mündlichen Prüfung haben Sie wenig Zeit über Ihre Antworten und erlernte Prüfungsschema nachzudenken. Ein fundiertes Grundwissen hilft dabei, auch in den weniger beliebten Themenfeldern Nervosität abzubauen und sicher aufzutreten.

Neben der Vertiefung und Wiederholung von bereits erlerntem Wissen bieten sich aus unserer Sicht die nachfolgenden Formate für eine effiziente Vorbereitung an:

b) Lerngruppen

Neben der selbstständigen Vorbereitung kann es sinnvoll sein, die Teilnehmer Ihrer Lerngruppe zur Vorbereitung auf die schriftlichen Prüfungen zu reaktivieren bzw. eine neue Lerngruppe zu gründen. Die Vorbereitung deckt sich mit der zur Vorbereitung auf die schriftlichen Prüfungen. Gemeinsam Fälle zu lösen und Lösungsskizzen zu diskutieren hilft dabei das gelernte Wissen auch praktisch umzusetzen. Insbesondere die Probleme des Falls in eigenen Worten Dritten zu erläutern ist bereits Teil der Lösung und eine gute Übung für die tatsächliche Prüfung.

Der größte Unterschied zur schriftlichen Prüfung besteht jedoch darin, dass die Fälle sehr viel kürzer sind. Beachten Sie deshalb, dass Sie zur Lösung des Falls sehr viel weniger Zeit haben werden als bei der schriftlichen Prüfung. In der mündlichen Prüfung werden Sie nicht mehr als maximal fünf Minuten haben, bis Sie die erste Aussage für einen Lösungsvorschlag tätigen müssen.

Auch ist es sinnvoll, aktuelle Entscheidungen und Entwicklungen in der Rechtsprechung oder Politik gemeinsam zu diskutieren. Nicht selten sind aktuelle (rechtliche) Themen Gegenstand der mündlichen Prüfung. Sich spontan hierzu eine Meinung zu bilden und diese zu formulieren kann Teil der mündlichen Prüfung sein. Haben Sie dies bereits in der Lerngruppe geübt, fällt es Ihnen später in der Prüfung deutlich einfacher.

Dabei ist es jedoch nicht nur hilfreich, Fälle gemeinsam zu lösen und aktuelle Entscheidungen und Entwicklungen in der Rechtsprechung zu diskutieren, sondern auch gemeinsam den in manchen Bundesländern zur Prüfung zählenden Kurzvortrag zu üben oder eine Prüfungssimulation durchzuführen. So eignet sich eine Lerngruppe insbesondere dazu, das freie Sprechen vor Publikum unter Zeitdruck zu üben. Teilen Sie Rollen unter sich auf. Wer übernimmt die Rolle des Prüfers?, Wer ist Prüfling?. Und bereiten Sie den Kurzvortrag oder das Prüfungsgespräch vor einem Treffen mit der gesamten Lerngruppe vor. Das gemeinsame Üben in der Gruppe und insbesondere die Durchführung einer realistischen Prüfungssimulation kann dazu dienen, die erste Nervosität abzulegen. Dabei kann es insbesondere Sinn machen, denselben Fall von mehreren Mitgliedern der Lerngruppe vortragen zu lassen. Die Lösungsskizze wird nie dieselbe sein. Durch diesen Vergleich können Sie die eigenen Schwächen, aber auch Stärken, besser bewerten.

Scheuen Sie sich nicht, die Prüfung bzw. Ihren Vortrag auch auf Video aufzunehmen und gemeinsam Verbesserungen zum Auftreten und Sprachstil des Vortragenden zu diskutieren. Diskutieren Sie dabei z.B. folgende Fragen: Ist das Sprechtempo angemessen?, Benutzen Sie eine offene Körperhaltung?, Wird ausreichend Augenkontakt aufgenommen?, Wird die vorgegebene Zeit für den Kurzvortrag eingehalten?. Neben der inhaltlich korrekten Lösung ist eine strukturierte und selbstbewusste Präsentation von großem Vorteil.

c) Prüfungssimulation

Routine ist das Wichtigste! Hat man die Prüfungssituation schon einmal durchlebt, erleichtert dies den Fokus auf das Wesentliche, namentlich die inhaltliche Lösung, zu legen und bietet die nötige Sicherheit. Es kann deshalb im Rahmen der Vorbereitung hilfreich sein, an einer Prüfungssimulation teilzunehmen. In der Prüfungssimulation lernen Sie unter Zeitdruck zu denken, Ihre eigenen Notizen als sinnvolle Denkstütze zu strukturieren und frei vor den Zuschauern zu sprechen. Die Prüfungssimulation dient deshalb im Schwerpunkt nicht zur inhaltlichen Vorbereitung, sondern vielmehr dazu eine gewisse Routine im Umgang mit der Situation zu erhalten. Prüfungssimulationen werden je nach Universität von der Fakultät oder dem Examensrepetitorien angeboten. Bedenken Sie sich frühzeitig nach den vorgesehenen Terminen zu erkundigen und sich anzumelden.

d) Zuschauer in einer echten mündlichen Prüfung

Die Prüfungsämter der Universitäten bieten regelmäßig an, als Zuschauer in einer echten mündlichen Prüfung zuzuhören. Wir empfehlen die Möglichkeit wahrzunehmen, um bereits einen ersten Eindruck von der Prüfungssituation zu erhalten.

e) Prüfungen aus vergangenen Examensterminen

Machen Sie sich mit den Themen aus vergangenen Examensterminen vertraut. Es kommt nicht selten vor, dass Prüfer auf bereits geprüfte Examensfälle zumindest zur Inspiration zurückgreifen und denselben Fall oder eine Abwandlung des Falles in der mündlichen Prüfung prüfen. Suchen Sie nach der Aufgabenstellung der vergangenen Termine oder informieren Sie sich zumindest über die Prüfungsthemen in Studentenforen oder bei der Fachschaft Ihrer Universität.

f) Protokolle vergangener Prüfungsgespräche

Besonders sinnvoll ist es, die Prüfungsprotokolle aus vergangenen Prüfungen „Ihres Prüfers“ zu studieren. Diese erhalten Sie im Normalfall bei Ihrer Fachschaft, Repetitorien oder auch über private Anbieter im Internet.

Die Protokolle können dazu dienen ein Gefühl für Tendenzen und Schwerpunkte Ihres Prüfers zu erhalten. Kommen diese in Ihrer Prüfung dran, dann haben Sie Glück! Jedoch sind nicht alle Prüfer protokollfest. Es mag sein, dass einzelne Fragen bei den Prüfern beliebt sind und häufiger auftreten. Bereiten Sie diese vor. Verlassen Sie sich jedoch nicht darauf, dass wenn ein Prüfer im Strafrecht stets die Abgrenzung von Raub und räuberischer Erpressung geprüft hat, dies auch zwingend Inhalt Ihrer Prüfung sein wird. So kann es durchaus sein, dass Ihr Prüfer derzeit einen aus seiner Sicht interessanteren und für die mündliche Prüfung geeigneteren Fall auf dem Schreibtisch hat oder in einer Klausur korrigiert hat und diesen auch in Ihrem Prüfungstermin prüfen möchte.

Deswegen gilt, Protokolle sind wichtig. Sie können Ihre Vorbereitung jedoch nicht vollständig auf diese beschränken. Hinterfragen Sie den Inhalt der Protokolle, insbesondere die darin dargestellten Antworten, kritisch. Behalten Sie sich dabei auch im Auge, dass diese als Gedächtnisprotokoll von Studenten erstellt wurden, die aus ihrer Sicht das „Schlimmste" bereits hinter sich haben und die Protokolle deshalb möglicherweise nicht eins-zu-eins den Inhalt der Prüfung widerspiegeln.

g) Juristische Fachzeitschriften

Als weitere Quelle für Ihre Vorbereitung eignen sich die üblichen juristischen Fachzeitschriften, wie Neue Juristische Wochenschrift (NJW), Juristische Arbeitsblätter (JA) oder Juristische Schulung (JuS). Auch die privaten Repetitorien bieten Zeitschriften an, in welchen aktuelle (ober-)gerichtliche Entscheidungen diskutiert werden. Nutzen Sie diese Quellen, um sich über das aktuelle Tagesgeschehen und aktuelle Gerichtsentscheidungen zu informieren. Versetzen Sie sich in die Lage des Prüfers. Auch der Prüfer ist daran interessiert, neue juristische Problemstellungen mit den Prüflingen zu diskutieren, anstatt immer auf altbekannten Prüfungsstoff zurückgreifen zu müssen.

2. Letzte Vorbereitungen

In den letzten Tagen vor Ihrer mündlichen Prüfung raten wir dazu, die inhaltliche Vorbereitung zu reduzieren. Sie haben den Prüfungsstoff bereits für die schriftliche Prüfung ausreichend durchdacht und wiederholt und damit eine perfekte Basis für die mündliche Prüfung. Fokussieren Sie sich auf den Ablauf der mündlichen Prüfung. Informieren Sie sich über Ort und den Prüfungsraum. Es schadet auch nicht, wenn Sie den Prüfungsort nicht kennen, sich mit den Gegebenheiten vor Ort einmal vertraut zu machen. Entscheiden Sie, wie Sie am Prüfungstag anreisen wollen und planen Sie Ihre Anreise (Ticketkauf, Information über Parkplätze etc.). Prüfen Sie, ob Sie alle notwendigen Gesetze und Unterlagen, wie zum Beispiel Ihre Ladung zur mündlichen Prüfung oder Ihren Personalausweis, griffbereit haben. Dies reduziert die zweifelsohne kurz vor der Prüfung erneut aufkommende Nervosität.

Einen letzten Tipp zur Vorbereitung: Informieren Sie sich über das tagesaktuelle Geschehen. Verfolgen Sie insbesondere unmittelbar vor Ihrem Prüfungstermin tagesaktuelle Entscheidungen und das politische Geschehen. Wenn möglich sogar noch am Prüfungstag selbst. Dazu eignen sich Nachrichten wie die Tagesschau, aber auch Zeitungsartikel oder sogar der „letzte Tatort" vor dem Prüfungstermin. Es kommt nicht selten vor, dass ein Prüfer am Morgen der Prüfung die Zeitung aufschlägt und das tagesaktuelle Geschehen zum Anlass nimmt, einen Prüfungsfall zu konzipieren. Die aktuellen Nachrichten bieten meist einen Blumenstrauß an möglichen Themen für die Prüfer.

II. Ablauf der mündlichen Prüfung

1. Allgemeines zur mündlichen Prüfung

Die mündliche Prüfung unterscheidet sich wesentlich von den vorherigen Leistungen im Studium. Einen Vortrag haben Sie teilweise im Rahmen Ihres Schwerpunkts gehalten oder auch ein fachliches Gespräch im Rahmen dessen geführt. Vielleicht hat der ein oder andere von Ihnen auch ein Seminar besucht und dort einen Seminarvortrag gehalten. Ansonsten konzentriert sich das Studium jedoch auf schriftliche Arbeiten. Die mündliche Prüfung hingegen ist vollständig mündlich und daher wird auch Ihre mündliche Leistung bewertet.

Im Folgenden wollen wir einige Hinweise geben, die aus unserer Sicht im Allgemeinen für die mündliche Prüfung sinnvoll sind:

- Der Tag der mündlichen Prüfung ist ein besonderer Tag. Er schließt das jahrelange Lernen in den Hörsälen und in der Bibliothek und insgesamt die erste juristische Staatsprüfung, das sogenannte erste Staatsexamen, ab. Dass Sie deswegen aufgeregt sind, ist vollkommen normal und gut so. Das weiß auch die Prüfungskommission. Versuchen Sie jedoch die unterschiedlichen Teile der mündlichen Prüfung (Kurzvortrag, mündliche Prüfungsgespräche) so gut es geht in der Vorbereitungszeit zu üben, damit Sie eine Routine entwickeln und die Situation souverän meistern. Das Wissen haben Sie im Wesentlichen bereits für die schriftlichen Prüfungen einstudiert. Jetzt gilt es dieses in der besonderen Situation einer mündlichen Prüfung abzurufen und zu präsentieren. Der Hauptteil des Staatsexamens liegt bereits hinter Ihnen. Sie schaffen das!
- Thema „Dresscode“: Sie sollten sich bei der mündlichen Prüfung der Prüfungssituation angemessen kleiden. Was dies konkret bedeutet, darf selbstverständlich jedem selbst überlassen werden. Etabliert hat sich jedoch ein Anzug mit Krawatte bei den Männern und ein Kostüm, Hosenanzug oder Kleid bei den Frauen. Sollten Sie sich damit jedoch nicht wohl oder gar verkleidet fühlen, ist auch jede andere Kleidung zulässig. Wir empfehlen jedoch auf politische Statements etc. zu verzichten, da es in der Situation der mündlichen Prüfung um das juristische Fachwissen geht.
- Nehmen Sie genug Wasser, etwas zu essen und ggf. Medikamente (z.B. Ibuprofen etc.) mit. Sie verbringen einen großen Teil des Tages unter höchster Konzentration bei der Prüfung. Dabei werden Sie jedoch immer wieder Pausen zwischen den einzelnen Prüfungsteilen haben. Nutzen Sie diese dazu die Batterien wieder aufzuladen und etwas Energie zu tanken, um im nächsten Prüfungsteil wieder Ihre volle Leistung abrufen zu können.
- Die Prüfungskommission wird Sie als zukünftigen „Kollegen“ siezen. Das sollten Sie ebenfalls tun. Wenn Sie Mitprüflinge kennen müssen Sie sich nicht verstellen, in der Prüfung ist jedoch ein professioneller Umgang miteinander erforderlich.
- Typischerweise besteht die Prüfungsgruppe aus drei bis fünf Prüflingen. Teilweise werden Sie diese bereits aus dem Studium kennen, andere wiederum nicht. Behalten Sie im Kopf, dass Ihre individuelle Leistung benotet wird. Es handelt sich nicht um eine Gruppenarbeit. Sollten Sie also zu einer Frage befragt werden, die der Vorprüfling nicht beantworten konnte, sollten Sie, soweit Sie die Antwort kennen, vollständig antworten. Gleichzeitig sollten Sie sich gegenüber allen anderen Prüflingen professionell und fair verhalten. Ein „in die Pfanne“ hauen oder gar Bloßstellen wird Ihnen keine bessere Benotung bringen, sondern vielmehr bei der Prüfungskommission

Verwunderung hervorrufen. Auf den Punkt gebracht: Behandeln Sie alle so, wie Sie selbst auch behandelt werden wollen.

- Sollte eine Frage durch einen Kandidaten nicht beantwortet werden können oder die Frage für die Prüfungskommission freigegeben werden, sollten Sie, soweit Sie die Frage beantworten können, dies gegenüber der Prüfungskommission deutlich machen. Dies kann entweder durch die Aufnahme von Augenkontakt oder ein leichtes Heben der Hand oder eines Stiftes erfolgen. Grundsätzlich gilt jedoch, dass wenn eine Frage an einen Mitprüfling gestellt wird, Sie sich zunächst zurückhalten sollten. Vordrängeln wird von den meisten Prüfern nicht geschätzt und wirkt wenig kollegial.
- Die Zeit in der mündlichen Prüfung ist sehr begrenzt. Stellen Sie sicher, dass Sie jederzeit aufmerksam sind, die Antworten Ihrer Mitprüflinge verfolgen und ggf. im Gesetz nachvollziehen. Machen Sie sich Notizen. Gedanken oder Ergänzungen zu den Antworten Ihrer Mitprüflinge zu verschriftlichen erleichtert Ihnen die Präsentation Ihrer Lösung, sobald Sie wieder an der Reihe sind.
- Lassen Sie sich nicht durch die Mimik der Prüfer verunsichern. Wenn Prüfer grimmig oder gelangweilt aussehen, muss sich dies nicht zwangsläufig in Ihrer Benotung widerspiegeln. Nicht alle Prüfer geben sich Mühe, interessiert und freundlich zu wirken.
- Grundsätzlich sollten Sie in der Darstellung Ihres Lösungsvorschlags gutachterlich vorgehen. Fokussieren Sie sich jedoch allein schon aus Zeitgründen auf die wesentlichen Problemfelder. Gestalten Sie Ihren Vortrag interessant. Gehen Sie z.B. nicht auf die Definition einer beweglichen Sache ein, wenn A dem B die Geldbörse weggenommen hat oder verzichten Sie auf die Darstellung sämtlicher Voraussetzungen der Zulässigkeit einer verwaltungsgerichtlichen Klage, wenn dort keine Probleme liegen.

2. Vorgespräch

Vor der mündlichen Prüfung findet ein Vorgespräch mit dem Prüfungsvorsitzenden statt. Dies regelmäßig am Prüfungstag, teilweise allerdings auch bereits ein paar Tage vor der eigentlichen Prüfung. In diesem Vorgespräch lernt sich die Prüfungsgruppe kennen und der Prüfungsvorsitzende spricht die Prüfung, teilweise auch den Lebenslauf und die Vornoten und mögliche Ziele für die mündliche Prüfung durch. Nutzen Sie das Vorgespräch, um zum einen Ihre Fragen zu platzieren. Dies gilt auch inhaltlicher Art. Teilweise geben Prüfungsvorsitzende bereits Einblicke in Themen, die sie allgemein oder derzeit prüfen oder geben Hinweise, was auf den letzten Metern inhaltlich ausgeklammert werden kann. Zum anderen sollten Sie das Gespräch nutzen, um zu formulieren, was Sie in der Prüfung erreichen wollen. Insbesondere in den Bundesländern, in denen die mündliche Prüfung mit 40 Prozent gewichtet wird, sind große Notensprünge möglich. Wenn dies angestrebt wird, sollte dies auch formuliert werden. Nicht alle Prüfungsvorsitzende lassen sich auf eine entsprechende Diskussion ein. Sollte dies jedoch möglich sein und Sie ein bestimmtes Ziel für die Prüfung haben, machen Sie dies deutlich.

3. Kurzvortrag

Der Ablauf der mündlichen Prüfung gestaltet sich je nach Bundesland etwas unterschiedlich. Dies ist abhängig davon, ob neben den eigentlichen Prüfungsgesprächen in den drei Rechtsgebieten Zivilrecht, öffentlichem Recht und Strafrecht noch ein Kurzvortrag dazukommt. Ist ein Kurzvortrag vorgesehen, kann das Rechtsgebiet teilweise vorher selbst gewählt werden, teilweise bekommen die Kandidaten das Rechtsgebiet erst mit der Ladung zur mündlichen Prüfung mitgeteilt.

Merken Sie sich: der Kurzvortrag ist die „Visitenkarte“ der mündlichen Prüfung. Jeder Kandidat hat dies bereits im Repetitorium, von Freunden oder in anderen Vorbereitungsbüchern gehört. Und es stimmt. Mit dem Kurzvortrag präsentiert sich der Kandidat das erste Mal der Prüfungskommission. Jeder weiß, dass der erste Eindruck wesentlich ist für die Einschätzung: wirkt der Kandidat kompetent, hat er den Fall im Griff, wirkt er sympathisch, aufgeregt oder verloren. Auch wenn teilweise die vorgenannten Kriterien nicht objektiv greifbar oder messbar sind und nicht Teil der Benotung sein dürfen, spielen sie doch unterbewusst eine Rolle. Deswegen sollte die Chance genutzt werden, sich bereits zu Beginn der Prüfung souverän zu präsentieren. Gleichzeitig ist selbstverständlich der Prüfungskommission die besondere Situation der mündlichen Prüfung bewusst. Aufregung und Nervosität sind vollkommen normal. Durch Üben des Kurzvortrages vor der Lerngruppe oder im Rahmen von mündlichen Prüfungssimulationen an der Universität kann jedoch eine Routine aufgebaut und der sichere Umgang mit der Situation einstudiert werden. Beispiele für Kurzvorträge sind in diesem Buch enthalten.

Zum Ablauf gilt, dass, soweit ein Kurzvortrag Teil der mündlichen Prüfung ist, die Prüflinge vor Ort Zeit haben den Fall vorzubereiten. Hierfür wird ein gesonderter Raum zur Verfügung gestellt. Da die Vorträge nacheinander von der Prüfungskommission abgenommen werden, beginnt die Bearbeitungszeit auch zeitversetzt für alle Prüflinge, damit alle Kandidaten die gleiche Vorbereitungszeit haben.

Sobald die Vorbereitungszeit beendet ist, geht jeder Kandidat einzeln aus dem Raum und wechselt in den Prüfungsraum. Teilweise müssen die Kandidaten einige Minuten auf dem Gang warten, weil der vorherige Kandidat noch im Prüfungsraum ist.

Im Prüfungsraum ist die Prüfungskommission typischerweise gegenüber dem Tisch für den Kandidaten angeordnet. Bei Betreten des Raumes sollte die Prüfungskommission begrüßt werden. Normalerweise sitzt der Kandidat während des Vortrags. Wer sich jedoch stehend wohler fühlt, kann auch stehen.

Der Prüfungsvorsitzende wird die Prüfung eröffnen und dem Kandidaten das Wort erteilen. Anschließend wird die Lösung des vorbereiteten Falls vorgetragen. Hierbei sind Notizen erlaubt, ein vollständiges Ablesen aufgeschriebener Sätze ist nicht zulässig. Nehmen Sie sich ausreichend Zeit, bevor Sie den Vortrag beginnen. Legen Sie Ihre Notizen zurecht, schlagen Sie Ihr Gesetz an der notwendigen Stelle auf, stellen Sie sich etwas zu trinken bereit und atmen Sie tief durch. Es mag Ihnen wie eine Ewigkeit vorkommen, aber es sind tatsächlich nur wenige Sekunden, die Ihnen helfen können, Ihre Nervosität zu kontrollieren. Nach Ende der eigenen Lösung sollten Sie dies deutlich machen durch ein „vielen Dank für Ihre Aufmerksamkeit“.

Unbedingt sollte die vorgegebene Zeit für den Vortrag eingehalten werden. Ein Überschreiten der maximalen Vortragszeit um wenige Sekunden wird jede Prüfungskommission tolerieren. Darüber hinaus wird der Prüfungsvorsitzende den Kandidaten ermahnen und bei weiterem Überschreiten den Vortrag abbrechen. Die Einhaltung der Vortragszeit kann im Rahmen der Vorbereitung geübt werden. Insbesondere empfiehlt sich hierfür ein Tischwecker, der auch bei der Prüfung mitgenommen werden sollte.

Nach Ende des eigenen Vortrags sind je nach Bundesland vertiefende Fragen durch die Kommission erlaubt. Stellt die Prüfungskommission Nachfragen, sollte Sie das nicht verunsichern. Fragen bieten Ihnen vielmehr die Möglichkeit ggf. inhaltliche Fehler zu korrigieren oder weiteres Wissen zu präsentieren. Sehen Sie Nachfragen als Chance und nicht als Kritik an Ihrem Vortrag.

4. Prüfungsgespräche

Nach dem Kurzvortrag oder direkt als eigentliche Prüfung findet das Prüfungsgespräch in den drei Rechtsgebieten Zivilrecht, öffentlichem Recht und Strafrecht statt. Dabei schildert der jeweilige Prüfer des Rechtsgebietes typischerweise einen Fall und beginnt dann mit einem Kandidaten mit der Prüfung. Anschließend wird der Fall durchgeprüft. Einige Prüfer gehen in der Sitzreihenfolge vor, andere springen zwischen den Kandidaten. Bedenken Sie dabei, dass der Prüfer das Gespräch führt und entscheidet, wer spricht. Verzichten Sie deshalb auf Wortmeldungen, reißen Sie nicht das Wort an sich und warten Sie, bis Sie vom Prüfer um Beantwortung gebeten werden. Auch unterschiedlich ist, wie starr sich an dem geschilderten Fall orientiert wird. Einige Prüfer möchte unbedingt den konkreten Fall durchprüfen und mit dem Ende des Prüfungsteils zu Ende bringen. Andere Prüfer beginnen mit der Prüfung und streifen dann links und rechts vom Fall ab, abhängig davon, was sich „am Wegesrand" für juristische Themen und Probleme findet. Beispielsweise kann im öffentlichen Recht im Rahmen des Eilrechtsschutzes bei der statthaften Antragsart tiefer über die Abgrenzung eines Antrags nach § 80 Abs. 5 VwGO und § 123 VwGO gesprochen werden. Oder es kann bei der form- und fristgerechten Einlegung des Rechtsbehelfs über Fristenberechnung und unterschiedliche Arten der Zustellung gesprochen werden.

5. Notenverkündung

Sobald das letzte Prüfungsgespräch beendet ist, zieht sich die Prüfungskommission zur Beratung zurück. Anschließend werden den Prüflingen im Prüfungsraum die Einzelnoten und die Gesamtnote verkündet.

Sollten Sie Nachfragen zu den einzelnen Bewertungen haben, ist nun die Zeit, diese zu stellen. Dies gilt auch, wenn eine konkrete Notenstufe knapp nicht erreicht wurde.

Außerdem sehen einige Bundesländer vor, dass ein sogenannter „Sozialpunkt" vergeben werden kann. Dies sieht beispielsweise Hessen oder Schleswig-Holstein vor. Ein solcher kann vergeben werden, wenn der Gesamteindruck des Kandidaten besser ist als der rechnerische Wert der Einzelnoten. Hierbei wird beispielsweise auf die Benotungen aus dem Studium in Bereichen der Grundlagen des Rechts, namentlich Rechtsgeschichte etc., oder auch in den Hausarbeiten oder Schlüsselqualifikationen zurückgegriffen. Auf einen solchen Sozialpunkt besteht jedoch kein Anspruch.

III. Bewertung der mündlichen Prüfung

Das Verständnis für die Bewertung der mündlichen Prüfung ist essentiell. Dies zum einen, da sich jeder Kandidat vor Augen führen sollte, dass egal mit welcher Vornote der Kandidat in die mündliche Prüfung geht, noch „alles" drin ist. Insbesondere in den Bundesländern, in denen die mündliche Prüfung 40 Prozent der Gesamtnote ausmacht, lohnt es sich ein besonderes Augenmerk auf diese zu legen und hier noch einmal Gas zu geben. Auch kann anhand der Bewertung der mündlichen Prüfung konkret berechnet werden, welche Note in der mündlichen Prüfung noch erreicht werden muss, um die gewünschte Gesamtnote erreichen zu können. Auch wenn selbstverständlich jeder Kandidat in der mündlichen Prüfung das Beste geben wird, kann es eine besondere Motivation sein, wenn die Wunschnote auch mit einer tendenziell besseren Bewertung in der mündlichen Prüfung erreichbar scheint.

Nachfolgend sind die Regelungen für die verschiedenen Bundesländer zusammengestellt aufgegliedert danach, ob ein Kurzvortrag Teil der mündlichen Prüfung ist, wie sich das Prüfungsgespräch zusammensetzt und welchen prozentualen Anteil die mündlichen Prüfung an der staatlichen Gesamtnote hat und welche Gesamtprüfungsdauer pro Kandidat vorgesehen ist:

Bundesland	**Mündliche Examensprüfung**
Baden-Württemberg	• Kein Kurzvortrag • Prüfungsgespräch in allen 3 Pflichtfächern (30 % der staatlichen Endnote) • Gesamtdauer pro Kandidat: 30 Minuten
Bayern	• Kein Kurzvortrag • Prüfungsgespräch in allen 3 Pflichtfächern (30 % der staatlichen Endnote) • Gesamtdauer pro Kandidat: 35 Minuten
Bremen	• Kein Kurzvortrag • Prüfungsgespräch in allen 3 Pflichtfächern (33 % der staatlichen Endnote) • Gesamtdauer pro Kandidat: 45 Minuten
Berlin/Brandenburg	• Kurvortrag 10 min plus Vertiefungsgespräch 5 min (13 % der staatlichen Endnote) • Prüfungsgespräch in allen 3 Pflichtfächern (24 % der staatlichen Endnote) • Gesamtdauer pro Kandidat: 45 Minuten
Hamburg	• Kurvortrag 10 min plus Vertiefungsgespräch 5 min (6,25 % der staatlichen Endnote) • Prüfungsgespräch in allen 3 Pflichtfächern (18,75 % der staatlichen Endnote) • Gesamtdauer pro Kandidat: 30 Minuten
Hessen	• Kein Kurzvortrag • Prüfungsgespräch in allen 3 Pflichtfächern (33 % der staatlichen Endnote) • Gesamtdauer pro Kandidat: keine Angaben
Mecklenburg-Vorpommern	• Kein Kurzvortrag • Prüfungsgespräch in allen 3 Pflichtfächern (33 % der staatlichen Endnote) • Gesamtdauer pro Kandidat: 45 Minuten
Niedersachsen	• Kein Kurzvortrag • Prüfungsgespräch in allen 3 Pflichtfächern (36 % der staatlichen Endnote) • Gesamtdauer pro Kandidat: 36 Minuten

Bundesland	Mündliche Examensprüfung
Nordrhein-Westfalen	Anforderungen bei Meldung zur Prüfung bis 16.2.2025: • Kurvortrag 12 min (10 % der staatlichen Endnote) • Prüfungsgespräch in allen 3 Pflichtfächern (30 % der staatlichen Endnote) • Gesamtdauer pro Kandidat: 30 Minuten Anforderungen bei Meldung zur Prüfung nach dem 16.2.2025: • Kein Kurzvortrag • Prüfungsgespräch in allen 3 Pflichtfächern (35 % der staatlichen Endnote) • Gesamtdauer pro Kandidat: 45 Minuten
Rheinland-Pfalz	• Kein Kurzvortrag • Prüfungsgespräch in allen 3 Pflichtfächern (33,3 % der staatlichen Endnote) • Gesamtdauer pro Kandidat: 30 Minuten
Saarland	• Kein Kurzvortrag • Prüfungsgespräch in allen 3 Pflichtfächern (30 % der staatlichen Endnote) • Gesamtdauer pro Kandidat: 45 Minuten
Sachsen	• Kein Kurzvortrag • Prüfungsgespräch in allen 3 Pflichtfächern (33,3 % der staatlichen Endnote) • Gesamtdauer pro Kandidat: 36 Minuten
Sachsen-Anhalt	• Kein Kurzvortrag • Prüfungsgespräch in allen 3 Pflichtfächern (40 % der staatlichen Endnote) • Gesamtdauer pro Kandidat: 60 Minuten
Schleswig-Holstein	• Kein Kurzvortrag • Prüfungsgespräch in allen 3 Pflichtfächern (30 % der staatlichen Endnote) • Gesamtdauer pro Kandidat: 45 Minuten
Thüringen	• Kein Kurzvortrag • Prüfungsgespräch in allen 3 Pflichtfächern (35 % der staatlichen Endnote) • Gesamtdauer pro Kandidat: 40 Minuten

Stand: Juni 2024

B. Prüfungsgespräche

Vorbemerkung

In dem nachfolgenden Kapitel sind verschiedene Prüfungsgespräche aus den Bereichen Zivilrecht, öffentlichem Recht und Strafrecht enthalten, die typische Themen aus der mündlichen Prüfung behandeln. Diese können alleine oder in einer Lerngruppe durchgearbeitet werden. Wir empfehlen, sich stets eine eigene Lösungsskizze anzufertigen, um dann seine eigene Lösung mit der vorgegebenen Lösung abzugleichen.

Am Ende eines jeden Falls werden die wesentlichen Themen noch einmal zusammengefasst und jeder Fall enthält Vertiefungshinweise, zur Nacharbeit und Vertiefung der im Fall enthaltenen Themen, enthalten.

I. Zivilrecht

Fall 1
Freundschaft in Gefahr

BGB AT:	Willenserklärungen
Schuldrecht AT:	Abgrenzung Gefälligkeit und Vertrag, Umfang des Schadensersatzes, Haftungsreduzierung
Deliktsrecht:	Schadensersatz gemäß § 823 Absatz 1 BGB

A ist Eigentümer eines Rennrads. Das Rennrad hat er zu einem Preis von 3000 Euro erworben. Bei einer Tour mit dem Fahrrad fährt A in eine Scherbe. Da der Fahrradschlauch hierdurch zerstört wird, bringt A das Fahrrad in eine Werkstatt, um den Schlauch austauschen zu lassen. Kurze Zeit später fährt A in den Urlaub. Er bittet deshalb seinen Freund, B, das Fahrrad während seiner Abwesenheit aus der Werkstatt abzuholen. A fragt bewusst den B und nicht andere Freunde, da B selbst ein Rennrad nutzt und deshalb weiß, wie man mit Rennrädern umgeht. B holt das Rennrad des A ab. B fährt mit dem Fahrrad des A ebenso vorsichtig, wie er auch mit seinem eigenen Rennrad fährt. Auf dem Weg von der Werkstatt zum Haus des A übersieht der B eine kleine Unebenheit auf der Straße. B gerät mit dem Fahrrad ins Schlingern und stürzt zu Boden. Hierbei wird das Fahrrad derart beschädigt, dass es für 500 Euro repariert werden muss.

A verlangt von B die Zahlung der Reparaturkosten in Höhe von 500 Euro. Zurecht?

Prüferin: A bittet Sie um Erstellung eines Gutachtens bezüglich seiner Ansprüche gegen B. Wie würden Sie Ihre Prüfung beginnen?

Kandidat: Ich würde zunächst vertragliche Ansprüche prüfen.

Prüferin: Keine Einwände. Wieso würden Sie mit diesen anfangen und welche kämen in Betracht?

Kandidat: Vertragliche Ansprüche sollten in einer gutachterlichen Prüfung immer zuerst geprüft werden, da das Vorliegen eines Vertrages eine Geschäftsführung ohne Auftrag ausschließen würde, einen Rechtfertigungsgrund für deliktische Ansprüche darstellen kann und als Rechtsgrund Ansprüche aus ungerechtfertigter Bereicherung entfallen ließe.

Prüferin: Das stimmt. Fällt Ihnen zudem ein Grund ein, warum vertragliche Schadensersatzansprüche für den Gläubiger vorteilhaft sein können?

Kandidat: Ja, mir fällt hierzu zum Beispiel ein, dass bei einem vertraglichen Schadensersatzanspruch gemäß § 280 Absatz 1 BGB, mit welchem ich hier beginnen würde, das Verschulden gemäß § 280 Absatz 1 Satz 2 BGB vermutet wird. Der Schuldner muss belegen, dass er nicht schuldhaft gehandelt hat. Bei einem Anspruch gemäß § 823

Absatz 1 BGB hingegen müsste der Gläubiger das Verschulden des Schuldners beweisen.

Prüferin: Bei § 280 Absatz 1 Satz 2 BGB wird das Verschulden vermutet?

Kandidat: Genau genommen wird das Vertretenmüssen vermutet. Aus § 280 Absatz 1 Satz 2 BGB ergibt sich, dass der Gläubiger keinen Ersatz für einen durch die Pflichtverletzung des Schuldners entstanden Schaden verlangen kann, wenn der Schuldner die Pflichtverletzung nicht zu vertreten hat. Dieses Vertreten umfasst zum einen eigenes Verschulden des Schuldners und zum anderen auch beispielsweise das Verschulden eines gesetzlichen Vertreters oder eines sogenannten Erfüllungsgehilfen gemäß § 278 Absatz 1 Satz 1 BGB.

Prüferin: Ganz genau. Mal eine Frage am Rande: wann ist eigentlich das BGB in Kraft getreten?

Kandidat: Am 1. Januar 1900.

Prüferin: Richtig. Sie wollten mit der Prüfung von § 280 Absatz 1 BGB anfangen. Dann machen Sie das bitte.

Kandidat: A könnte einen Anspruch auf Zahlung der Reparaturkosten in Höhe von 500 Euro gegen B gemäß § 280 Absatz 1 BGB haben. Dafür müsste zunächst ein Vertrag zwischen A und B zustande gekommen sein.

Prüferin: Wie kommen Verträge zustande?

Kandidat: Durch zwei korrespondierende Willenserklärungen, die Angebot und Annahme genannt werden.

Prüferin: Was ist eine „Willenserklärung"?

Kandidat: Eine Willenserklärung ist eine auf die Herbeiführung von Rechtsfolgen gerichtete Entäußerung des Willens in den Rechtsverkehr.

Prüferin: Und welche sind die Tatbestandsmerkmale einer Willenserklärung?

Kandidat: Die Willenserklärung wird in einen objektiven und in einen subjektiven Tatbestand aufgeteilt. Der objektive Tatbestand umfasst das Gesagte und der innere Tatbestand das Gewollte.

Prüferin: Können Sie das weiter unterteilen?

Kandidat: Im Rahmen des objektiven Tatbestands gilt es im Wege der Auslegung gemäß § 133 BGB zu ermitteln, ob ein objektiver Dritter davon ausgehen darf, dass der Erklärer mit seiner Erklärung eine Rechtsfolge herbeiführen wollte. Der subjektive Tatbestand hingegen wird in Handlungswille, Erklärungsbewusstsein und Geschäftswille untergliedert.

Prüferin: Das ist alles richtig. Liegen hier denn übereinstimmende Willenserklärungen seitens A und B vor und ist somit ein Vertrag zustande gekommen?

Kandidat: Es könnte ein Auftrag im Sinne des § 662 BGB zwischen A und B geschlossen worden sein. Allerdings könnte hier der sogenannte Rechtsbindungswille fehlen.

Prüferin: Wo wird der Rechtsbindungswille geprüft?

Kandidat: Im subjektiven Tatbestand der Willenserklärung.

Prüferin: Das wird teilweise vertreten. Das Wort „Wille" lässt darauf schließen. Allerdings ist es überzeugender anzunehmen, dass Rechtsbindungswille im objektiven Tatbestand geprüft wird. Das hatten Sie im Grunde auch schon gesagt. Denn es ist aus Sicht eines objektiven Dritten unter Berücksichtigung der Umstände des Einzelfalls mit Rücksicht auf die Verkehrssitte durch Auslegung analog den §§ 133, 157 BGB zu ermitteln, ob sich die Parteien rechtlich binden wollten. Wissen Sie, wie die Rechtsprechung hier vorgeht?

Kandidat: Ja, die Rechtsprechung hat einen „bunten Strauß" von äußeren Indizien und Kriterien zusammengestellt, mit deren Hilfe auf das Vorliegen bzw. Nichtvorliegen eines Rechtsbindungswillen der Parteien geschlossen werden kann.

Prüferin: Welche Kriterien fallen Ihnen hiervon ein und wie ist es im vorliegenden Fall?

Kandidat: Die Art der „Gefälligkeit" spielt hierbei eine Rolle. Im Rahmen der Prüfung sollten Grund und Zweck, die wirtschaftliche und rechtliche Bedeutung, insbesondere für den Empfänger, ermittelt werden. Zudem spielen die Umstände, unter denen die Gefälligkeit vereinbart wird und die dabei bestehende Interessenlage der Parteien eine Rolle.

Prüferin: Prima. Wie ist das im vorliegenden Fall?

Kandidat: Von besonderer Bedeutung ist vorliegend der Wert des Fahrrads, welcher mit 3000 Euro als hoch einzustufen ist. Zudem weiß B, welche Bedeutung das Fahrrad für den A hat. Außerdem hat der A den B gefragt, ob er das Fahrrad abholen könne, da B sich mit Rennrädern auskennt. Er hat bewusst nicht irgendeinen Freund gebeten, das Fahrrad abzuholen. Deshalb spricht für mich viel dafür, dass ein Rechtsbindungswille zu bejahen ist.

Prüferin: Ihre Argumente sind schlüssig. Aber kann man das im Ergebnis auch anders sehen? Was spräche hier gegen das Vorliegen eines Rechtsbindungswillens?

Kandidat: Gegen die Annahme eines Rechtsbindungswillens spricht, dass A und B Freunde sind. B holt das Fahrrad also als Freund des A ab und erbringt damit im wahrsten Sinne des Wortes einen Freundschaftsdienst. Zudem hätte A auch nach seinem Urlaub das Fahrrad selbst abholen können. Es bestand, wenn ich den Sachverhalt richtig verstanden habe, keine Eile. A war nicht wirtschaftlich auf das Fahrrad angewiesen. Vor diesem Hintergrund könnte man hier auch argumentieren, dass es sich um ein Gefälligkeitshandeln des täglichen

Lebens handelt und dass die Annahme eines Rechtsbindungswillens dazu führen würde, dass Freundschaftsdienste weniger geleistet werden würden.

Prüferin: Diese Argumentation überzeugt mich noch mehr als Ihre vorherige. Wenn wir Ihrer zweiten Argumentation folgen, was würde das für die weitere Prüfung bedeuten?

Kandidat: Es würden bedeuten, dass mangels Rechtsbindungswillens kein Vertrag zwischen A und B zustande gekommen ist.

Prüferin: Keine Einwände. Prüfen Sie bitte weiter.

Kandidat: Als nächstes würde ich Ansprüche aus unerlaubter Handlung prüfen und mit einem Schadensersatzanspruch gemäß § 823 Absatz 1 BGB beginnen.

Prüferin: Machen Sie das.

Kandidat: Zunächst müsste ein Rechtsgut des A verletzt worden sein. Vorliegend wurde das Fahrrad des A beschädigt und somit das Rechtsgut Eigentum verletzt.

Prüferin: Unproblematisch. Prüfen Sie bitte gutachterlich weiter, bis ich Sie unterbreche.

Kandidat: Der B müsste auch eine Verletzungshandlung begangen haben. Eine Verletzungshandlung im Sinne des § 823 Absatz 1 BGB kann jedes pflichtwidrige Tun oder Unterlassen sein. Da B hier mit dem Fahrrad des A gefahren und gestürzt ist, liegt eine Verletzungshandlung in Form eines Tuns vor.

Diese Handlung müsste auch kausal für die Rechtsgutsverletzung gewesen sein.

Prüferin: Wie wird der Kausalzusammenhang zwischen Verletzungshandlung und der Rechtsgutsverletzung genannt?

Kandidat: Das ist die haftungsbegründende Kausalität. Dementgegen wird im Rahmen der haftungsausfüllenden Kausalität der Ursachenzusammenhang zwischen Rechtsgutsverletzung und dem Schaden geprüft.

Prüferin: Richtig. Dazu kommen wir später. Fahren Sie fort.

Kandidat: In Anwendung der Äquivalenztheorie ist die Verletzungshandlung ursächlich für die Rechtsgutsverletzung, wenn sie nicht hinweggedacht werden kann, ohne dass die Rechtsgutsverletzung entfiele.

Prüferin: Davon können wir hier ausgehen. Welche Formel liegt der Äquivalenztheorie zugrunde?

Kandidat: Die Conditio-sine-qua-non-Formel?

Prüferin: Genau. Fahren Sie fort.

Kandidat: Da die Äquivalenztheorie sehr weit geht und damit zu unbefriedigenden Ergebnissen führen kann, wird ihr Anwendungsbereich durch die sogenannte Adäquanztheorie eingeschränkt. Nach dieser liegt ein Kausalzusammenhang immer dann vor, wenn ein direkter, ursächlicher und angemessener Zusammenhang zwischen der Handlung eines Schädigers und dem dadurch entstandenen Schaden gegeben ist. Der Schädiger muss also nicht für solche Ereignisse einstehen, die nach der Lebensanschauung eines objektiven, informierten Dritten völlig außerhalb der Erfahrung und Erwartung liegen. Da es jedenfalls nicht außerhalb jeglicher Lebenserfahrung liegt, dass beim Fahren mit einem Rennrad, welches in der Regel keine gute Federung aufweist, man bei einer Unebenheit Stürzen kann, ist hier auch in Anwendung der Adäquanztheorie ein Kausalzusammenhang anzunehmen. Ebenso ist vorliegend anzunehmen, dass der Verletzungserfolg auch unter den Schutzzweck der Norm fällt, da vom Schadensersatzanspruch gemäß § 823 Absatz 1 BGB gerade Rechtsgutsverletzungen wie die vorliegende geschützt werden sollen.

Prüferin: Das lässt sich hören. Im Hinblick auf die Zeit gehen wir davon aus, dass B auch rechtswidrig und schuldhaft gehandelt hat.

Kandidat: Sollte an dieser Stelle nicht noch geprüft werden, ob hier ein Mitverschulden gemäß § 254 Absatz 1 BGB seitens A vorliegt?

Prüferin: Nein, ein etwaiges Mitverschulden wird nicht beim Verschulden, sondern im Rahmen des ersatzfähigen Schadens geprüft. Fahren Sie mit der Schadensprüfung fort.

Kandidat: Zunächst ist zu prüfen, wie hoch der zu ersetzende Schaden ist. Es gilt der Grundsatz der Naturalrestitution gemäß § 249 Absatz 1 BGB, wonach der Zustand wiederherzustellen ist, der bestünde, wenn der zum Ersatz verpflichtende Umstand nicht eingetreten wäre. In Anwendung der sogenannten Differenzhypothese ist für die Ermittlung der Schadenshöhe die Vermögenslage nach dem schädigenden Ereignis mit der Vermögenslage vor dem schädigenden Ereignis zu vergleichen.

Prüferin: Nein, das ist so nicht richtig.

Kandidat: Was ich meinte war, dass die Vermögenslage nach dem schädigenden Ereignis mit der hypothetischen – ohne das schädigende Ereignis bestehenden – Vermögenslage verglichen werden muss.

Prüferin: Schon besser. Wie hoch wäre denn hiernach der Schaden?

Kandidat: Die Reparaturkosten in Höhe von 500 Euro.

Prüferin: Korrekt. Sind diese auch in dieser Höhe ersatzfähig?

Kandidat: Die haftungsausfüllende Kausalität, also der Ursachenzusammenhang zwischen der Rechtsgutsverletzung und dem Schaden liegt hier unproblematisch vor. Ein Mitverschulden gemäß § 254 BGB würde ich auch ablehnen, da der A bei der Entstehung des Schadens nicht anwesend war und damit auch nicht schuldhaft mitgewirkt hat. Insofern hat der A einen Schadensersatzanspruch in Höhe von 500 Euro.

Prüferin: Also ich habe ein Störgefühl dabei, dass der B dem A als Freund einen Gefallen bereitet und dann, obwohl er mit dem Fahrrad vorsichtig gefahren ist, für den Schaden aufkommen muss.

Kandidat: Man könnte über eine Schadenskorrektur durch einen konkludent zwischen den beiden Freunden vereinbarten Haftungsausschluss auf Vorsatz und grobe Fahrlässigkeit nachdenken. In Anwendung der Rechtsgedanken der §§ 599 und 690 BGB, wonach ein Verleiher nur Vorsatz und grobe Fahrlässigkeit zu vertreten hat und ein Verwahrer nur für diejenige Sorgfalt einzustehen hat, welche er in eigenen Angelegenheiten anzuwenden pflegt, müsste das bei einem Gefälligkeitsverhältnis zwischen Freunden erst recht gelten. Denn hätte eine dieser unentgeltlichen Verträge zwischen A und B vorgelegen, wäre B auch nicht zum Ersatz des entstanden Schadens verpflichtet gewesen, da er laut Sachverhalt vorsichtig gefahren ist.

Prüferin: Das überzeugt mich. Zuletzt sagen Sie mir bitte noch, wie der in § 690 BGB beschriebene Haftungsmaßstab noch genannt wird und dann sind wir am Ende der Prüfung.

Kandidat: Diligentia quam in suis.

Prüferin: Danke.

Auf einen Blick

Vertragliche Ansprüche werden in der gutachterlichen Prüfung zuerst geprüft, da das Vorliegen eines Vertrages eine Geschäftsführung ohne Auftrag ausschließen würde, einen Rechtfertigungsgrund für deliktische Ansprüche darstellen kann und als Rechtsgrund Ansprüche aus ungerechtfertigter Bereicherung entfallen ließe.

Verträge kommen durch die Abgabe korrespondierender Willenserklärungen zustande, welche als Angebot und Annahme bezeichnet werden. Eine Willensklärung ist eine auf die Herbeiführung von Rechtsfolgen gerichtete Entäußerung des Willens in den Rechtsverkehr. Willenserklärungen werden in einem objektiven und in einen subjektiven Tatbestand unterteilt. Der objektive Tatbestand, bestehend aus dem Erklärungstatbestand, umfasst das Erklärte und der subjektive Tatbestand das Gewollte. Der subjektive Tatbestand setzt sich aus dem Handlungswillen, dem Erklärungsbewusstsein und dem Geschäftswillen zusammen.

Bei der Abgrenzung zwischen einem Vertrag und einem Gefälligkeitsverhältnis ist danach zu fragen, ob seitens der Parteien ein Rechtsbindungswille vorlag. Hierbei ist zu prüfen, ob ein objektiver Dritter davon ausgehen darf, dass der Erklärer mit seiner Erklärung eine Rechtsfolge herbeiführen wollte. Für die Prüfung können folgende Indizien herangezogen werden: Art der Gefälligkeit, ihr Grund und ihr Zweck, ihre wirtschaftliche und rechtliche Bedeutung, Wert der anvertrauten Güter oder Interessen, (Un-)Entgeltlichkeit und das Risiko für die Handelnden.

Bei Gefälligkeitsverhältnissen scheiden vertragliche Ansprüche aus. Ist in solchen Fällen der Tatbestand eines Schadensersatzanspruchs aus unerlaubter Handlung gegeben, ist regelmäßig eine konkludent vereinbarte Haftungsreduktion auf Vorsatz und grobe Fahrlässigkeit zu prüfen. Es gilt dann der Rechtsgedanke der §§ 599 und 690 BGB, wonach ein Verleiher nur Vorsatz und grobe Fahrlässigkeit zu vertreten hat und ein Verwahrer nur für diejenige Sorgfalt einzustehen hat, welche er in eigenen Angelegenheiten anzuwenden pflegt. Es kann davon ausgegangen werden, dass dies bei einem Gefälligkeitsverhältnis zwischen Freunden oder Bekannten erst recht gelten muss.

Zur Vertiefung

Willenserklärungen:	*Hirsch*, BGB Allgemeiner Teil, 10. Auflage 2020, § 2 ff. *Wertenbruch*, BGB Allgemeiner Teil, 6. Auflage 2024, § 6.
Abgrenzung Gefälligkeit u. Vertrag:	*Brömmelmeyer*, Schuldrecht Allgemeiner Teil, 3. Auflage 2024, § 2 Rn. 34 ff. *Brox/Walker*, Allgemeines Schuldrecht, 47. Auflage 2023, § 2 Rn. 27 ff. *Hirsch*, BGB Allgemeiner Teil, 10. Auflage 2020, § 2 Rn. 46 ff.
Umfang des Schadensersatzes:	*Brömmelmeyer*, Schuldrecht Allgemeiner Teil, 3. Auflage 2024, §§ 18 ff. *Brox/Walker*, Allgemeines Schuldrecht, 47. Auflage 2023, § 31. *Weiler*, Schuldrecht Allgemeiner Teil, 7. Auflage 2023, §§ 45 ff.
Haftungsreduzierung:	*Brox/Walker*, Allgemeines Schuldrecht, 47. Auflage 2023, § 20 Rn. 16 ff. *Weiler*, Schuldrecht Allgemeiner Teil, 7. Auflage 2023, § 22 Rn. 12 ff.
Schadensersatz gemäß § 823 Absatz 1:	*Brox/Walker*, Besonderes Schuldrecht, 47. Auflage 2023, 9. Kapitel § 45. *Looschelders*, Schuldrecht Besonderer Teil, 19. Auflage 2024, §§ 59 ff. *Pfeifer*, Schuldrecht, 7. Auflage 2022, § 3 Rn. 49 ff.

Fall 2
Der Jungäpfelfall

Schuldrecht AT/BT:	Quasivertragliche Schuldverhältnisse und Geschäftsführung ohne Auftrag
Bereicherungsrecht:	Ansprüche gemäß § 812 Absatz 1 BGB
Sachenrecht:	Ansprüche aus einem Eigentümer-Besitzer-Verhältnis (EBV), Rechtsgeschäftlicher und gesetzlicher Eigentumsübergang

Der Dieb D stiehlt aus dem Obstgarten des O mehrere Kisten mit Äpfeln und veräußert diese an den Getränkeproduzenten G für 500 Euro. G verarbeitet die Äpfel zu Saft und verkauft den Saft für insgesamt 1500 Euro.

Welche Ansprüche hat der O gegen den G?

Prüfer: Fangen Sie bitte an, die Ansprüche des O gegen G zu prüfen.

Kandidat: Nach dem Sachverhalt ist eine Herausgabe der Äpfel nicht mehr möglich. Deshalb könnten dem O Schadensersatzansprüche gegen G zustehen. Da vertragliche Ansprüche hier offensichtlich nicht vorliegen, würde ich prüfen, ob quasivertragliche Ansprüche vorliegen könnten.

Prüfer: Welche quasivertraglichen Ansprüche kennen Sie?

Kandidat: Als quasivertraglicher Anspruch fällt mir zunächst die Haftung wegen der Verletzung von vorvertraglichen Pflichten gemäß §§ 280 Absatz 1, 241 Absatz 2 und 311 Absatz 2 BGB ein.

Prüfer: Wie wird die diese Art des Anspruchs noch genannt und liegt ein solcher Anspruch hier vor?

Kandidat: Das ist die sogenannte *culpa in contrahendo* – kurz c.i.c. Allerdings scheidet hier ein Anspruch aus *culpa in contrahendo* aus, da bereits die Voraussetzungen gemäß § 311 Absatz 2 BGB nicht vorliegen. Zwischen O und G sind weder Vertragsverhandlungen aufgenommen worden, noch lag die Anbahnung eines Vertrages vor. Ähnliche geschäftliche Kontakte im Sinne des § 311 Absatz 2 Nr. 3 BGB scheiden ebenfalls aus.

Prüfer: Richtig. Welche quasivertraglichen Ansprüche kennen Sie noch?

Kandidat: Neben der c.i.c. kenne ich als quasivertragliche Ansprüche die Ansprüche gemäß § 122 Absatz 1 BGB bei Nichtigkeit infolge einer Anfechtung, gemäß § 179 Absatz 2 BGB die Haftung des Vertreters ohne Vertretungsmacht und vor allem Ansprüche aus Geschäftsführung ohne Auftrag – kurz GoA. Vorliegend könnte ein Anspruch auf Schadensersatz aus angemaßter Eigengeschäftsführung gemäß § 687 Absatz 2 Satz 1 in Verbindung mit § 678 BGB vorliegen.

Prüfer: Stimmt. Bevor wir in die Prüfung einsteigen, würde ich gerne wissen, welche Ansprüche aus GoA es noch gibt?

Kandidat: Neben der echten, berechtigten Goa, gibt es die echte, unberechtigte GoA sowie die unechte GoA in Form der irrtümlichen Eigengeschäftsführung und der angemaßten Eigengeschäftsführung.

Prüfer: Dann steigen Sie bitte, wie von Ihnen vorgeschlagen, in die Prüfung einer angemaßten Eigengeschäftsführung ein.

Kandidat: G müsste zunächst ein fremdes Geschäft vorgenommen haben. Ein Geschäft ist objektiv fremd, wenn es nach seiner Natur, dem Inhalt und Erscheinungsbild nicht in den Rechts- und Interessenkreis des Handelnden fällt. Das ist hier anzunehmen, da die Äpfel dem O gestohlen worden sind und die Verarbeitung der Äpfel somit für den G ein fremdes Geschäft dargestellt hat. Allerdings handelte G nicht gemäß § 687 Absatz 2 BGB in dem Wissen, dass er nicht zur Geschäftsführung berechtigt war, da er keine positive Kenntnis von der Fremdheit des Geschäfts hatte.

Prüfer: Damit hat der O keinen Anspruch gegen den G aus angemaßter Eigengeschäftsführung. Welcher Schadensersatzanspruch käme als nächstes in Betracht?

Kandidat: O könnte einen Schadensersatzanspruch aus EBV – aus einem Eigentümer-Besitzer-Verhältnis – gemäß §§ 989, 990 Absatz 1 BGB haben.

Prüfer: Gute Idee. Was sind hierfür die Voraussetzungen?

Kandidat: Es müsste eine sogenannte Vindikationslage zwischen O und G vorliegen. O müsste Eigentümer und der G Besitzer ohne Recht zum Besitz sein.

Prüfer: Ich gebe vor, dass der G durch die Verarbeitung der Äpfel zu Saft Eigentümer an dem Saft gemäß § 950 Absatz 1 BGB geworden ist, da er durch die Verarbeitung eine neue bewegliche Sache hergestellt hat, deren Wert nicht erheblich geringer ist, als der Wert der Äpfel es war. Damit dürfte doch keine Vindikationslage vorliegen, oder?

Kandidat: Die Vindikationslage muss nicht zum Zeitpunkt der Anspruchsstellung, sondern zum Zeitpunkt des schädigenden Ereignisses, also hier vor der Verarbeitung vorgelegen haben.

Prüfer: Prima. Dann prüfen Sie bitte weiter.

Kandidat: O war zunächst Eigentümer der Äpfel. Er könnte das Eigentum an den Äpfeln durch rechtsgeschäftlichen Eigentumsübergang gemäß § 929 Satz 1 BGB zwischen D und G verloren haben. D und G haben sich über die Eigentumsübergang geeinigt und D hat dem G die Äpfel übergeben.

Prüfer: Welches sachenrechtliche Prinzip liegt der Übergabe zugrunde?

Kandidat: Das Publizitätsprinzip: bei der Übergabe handelt es sich um einen Publizitätsakt.

Prüfer: Richtig. Fahren Sie fort.

Kandidat: Problematisch ist vorliegend, dass D nicht Eigentümer der Äpfel war und damit nicht dazu berechtigt war, dem G Eigentum an diesen zu verschaffen. G könnte jedoch gemäß § 932 Absatz 1 Satz 1 BGB in Verbindung mit § 929 Satz 1 BGB gutgläubig das Eigentum an den Äpfeln erworben haben. Es liegt ein Rechtsgeschäft im Sinne eines Verkehrsgeschäfts vor, da auf Erwerberseite mindestens eine Person tätig ist, die auch bei wirtschaftlicher Betrachtung nicht gleichzeitig als Veräußerer angesehen werden kann. Mangels anderweitiger Angaben im Sachverhalt gehe ich auch davon aus, dass G gutgläubig im Sinne des § 932 Absatz 2 BGB in Bezug auf die Berechtigung des D war. Allerdings scheitert ein gutgläubiger Erwerb hier daran, dass die Äpfel dem O im Sinne des § 935 Absatz 1 Satz 1 BGB gestohlen worden sind. Damit war O zum Zeitpunkt der Verarbeitung der Äpfel noch Eigentümer und der G unmittelbarer Besitzer gemäß § 854 BGB.

Prüfer: Ein Recht zum Besitz liegt offensichtlich nicht vor. Besteht damit ein Schadensersatzanspruch gemäß §§ 989, 990 Absatz 1 BGB?

Kandidat: Nein, entweder hätte beim Besitzerwerb schon Rechtshängigkeit vorliegen müssen oder der G hätte nach § 990 Absatz 1 BGB bösgläubig sein müssen.

Prüfer: Was bedeutet Rechtshängigkeit?

Kandidat: Die Rechtshängigkeit ist in § 261 ZPO geregelt. Gemäß § 261 Absatz 1 ZPO wird durch die Erhebung der Klage die Rechtshängigkeit der Streitsache begründet. Das setzt die Zustellung der Klage an den Beklagten voraus. Anhängigkeit bedeutet hingegen den Eingang der Klage bei Gericht.

Hier liegt weder Rechtshängigkeit vor, noch war der G bösgläubig. Ein Schadensersatzanspruch nach §§ 989, 990 Absatz 1 BGB scheidet mithin aus.

Prüfer: So ist es. Welche Ansprüche könnte der O noch gegen G geltend machen?

Kandidat: Er könnte einen Anspruch auf Herausgabe gezogener Nutzungen gemäß §§ 987, 990 Absatz 1 BGB haben.

Eine Vindikationslage liegt, wie wir festgestellt haben, vor. Fraglich ist aber, ob G durch die Herstellung des Saftes Nutzungen im Sinne von § 987 BGB gezogen hat. Gemäß § 100 BGB sind Nutzungen die Früchte einer Sache oder eines Rechts, sowie die Vorteile, welche der Gebrauch der Sache oder des Rechts gewährt. Bei der Verarbeitung einer Sache handelt es sich nicht um Nutzungen, da die Sache nicht erhalten bleibt. Deshalb scheidet ein Anspruch gemäß §§ 987, 990 Absatz 1 BGB aus.

O könnte jedoch einen Anspruch gemäß § 823 Absatz 1 BGB gegen den G haben.

Prüfer: Moment – ist § 823 Absatz 1 BGB vorliegend überhaupt anwendbar?

Kandidat: Grundsätzlich entfaltet das Vorliegen eines Eigentümer-Besitzer-Verhältnisses gemäß § 993 Absatz 1 Hs. 2 eine Sperrwirkung gegenüber einem Schadensersatzanspruch gemäß § 823 Absatz 1 BGB. Ausnahmen hiervon sind eine deliktische Besitzerlangung oder das Vorliegen eines sogenannten Fremdbesitzerexzesses, sprich das Überschreiten eines vermeintlichen Besitzrechts. Hier hat G die Äpfel nicht deliktisch erlangt und zudem ging er davon aus, Eigentümer der Äpfel geworden und damit zur Verarbeitung berechtigt gewesen zu sein. Die Sperrwirkung hat somit in diesem Fall Bestand.

Prüfer: Prima. Geht O somit leer aus?

Kandidat: O könnte einen Anspruch auf Wertersatz gemäß §§ 951, 812 Absatz 1 Satz 1 Alternative 2 BGB haben.

Prüfer: Ist dieser Anspruch denn nicht auch durch § 993 Absatz 1 Hs. 2 BGB gesperrt?

Kandidat: Nein, denn der Anspruch gemäß §§ 951, 812 Absatz 1 Satz 1 Alternative 2 BGB bezieht sich weder auf die Herausgabe von Nutzungen noch auf Schadensersatz. Bei §§ 951, 812 Absatz 1 Satz 1 Alternative 2 BGB handelt es sich um einen Rechtsfortwirkungsanspruch zu § 985 BGB und um einen Wertersatzanspruch. Die Sperrwirkung greift deshalb nicht.

Prüfer: Wir haben bereits festgestellt, dass G gemäß § 950 Absatz 1 BGB durch die Verarbeitung der Äpfel Eigentümer an dem Saft geworden ist und dieser Eigentumserwerb die Kehrseite zum Eigentumsverlust des O ist. § 951 Absatz 1 Satz 1 BGB verweist jedoch noch auf die Vorschriften über die Herausgabe einer ungerechtfertigten Bereicherung. Was bedeutet das für die Prüfung?

Kandidat: Es handelt sich hierbei um eine Rechtsgrundverweisung. Im Gegensatz zu einer Rechtsfolgenverweisung, wird bei einer Rechtsgrundverweisung nicht nur auf die Rechtsfolge, sondern auch auf den Tatbestand einer Norm verwiesen. Dieser muss demnach erfüllt sein.

Prüfer: Und ist er das hier?

Kandidat: G müsste „etwas" im Sinne des § 812 Absatz 1 Satz 1 BGB erlangt haben. „Etwas" ist jeder vermögenswerte Vorteil. G hat Eigentum an dem Saft erlangt. Das stellt einen vermögenswerten Vorteil dar. Zudem müsste er das Eigentum in „sonstiger Weise" gemäß § 812 Absatz 1 Satz 1 Alternative 2 BGB erlangt haben.

Prüfer: Haben Sie schon einmal vom Vorrang der Leistungskondiktion gehört?

Kandidat: Ja, habe ich. Der Vorrang der Leistungskondiktion soll sicherstellen, dass bereicherungsrechtliche Rückabwicklungen im jeweiligen Leistungsverhältnis erfolgen. Das bedeutet, dass, wenn eine Leistungskondiktion in einem Leistungsverhältnis vorliegt, diese Vorrang gegenüber einer Eingriffskondiktion hat.

Leistung ist jede bewusste und zweckgerichtete Mehrung fremden Vermögens. Hier hat der D zwar dem G Besitz an den Äpfeln verschafft, Eigentum konnte er ihm jedoch, wie wir festgestellt haben, aufgrund von § 935 BGB nicht an diesen verschaffen. Insofern lag hinsichtlich des Eigentumserwerbs keine Leistung des D vor, weshalb hier die Eingriffskondiktion nicht ausgeschlossen ist.

Prüfer: Absolut richtig. G hat das Eigentum auch auf Kosten des O erlangt, da der Eigentumsverlust des O stoffgleich zum Eigentumserwerb des G war. Was fehlt noch?

Kandidat: G hat das Eigentum an dem Saft auch ohne Rechtsgrund erlangt, da der Kaufvertrag mit D nur relativ zu diesem und nicht gegenüber O als Rechtsgrund wirkt. Damit liegen die Voraussetzungen von §§ 951, 812 Absatz 1 Satz 1 Alternative 2 BGB vor.

Prüfer: Und was bekommt der O jetzt vom G? Der G hat den Saft schließlich verkauft. Eine Herausgabe des Saftes wäre nicht mehr möglich.

Kandidat: Grundsätzlich wäre gemäß § 818 Absatz 1 BGB die Rechtsfolge die Herausgabe. Da dies, wie Sie sagen, jedoch unmöglich ist, hat der G Wertersatz gemäß § 818 Absatz 2 BGB zu leisten. Der Wert ist hierbei der objektive Wert der verarbeiteten Sache. Damit wäre der objektive Wert der Äpfel. G Kann sich auch nicht auf Entreicherung gemäß § 818 Absatz 3 BGB durch die Kaufpreiszahlung an D berufen, da er die Äpfel auch gemäß § 985 BGB hätte herausgeben müssen, wenn er diese nicht verarbeitet hätte. Bei § 951 BGB handelt es sich, wie gesagt, um einen Rechtsfortwirkungsanspruch zu § 985 BGB.

Prüfer: Wunderbar. Damit sind wir am Ende unserer Prüfung angelangt.

Auf einen Blick

Im vorliegenden Fall wurden die bei Kandidaten besonders unbeliebten Ansprüche aus Geschäftsführung ohne Auftrag sowie Ansprüche aus dem Eigentümer-Besitzer-Verhältnis (EBV) behandelt. Insbesondere die Ansprüche aus EBV werden von Kandidaten regelmäßig vergessen oder nur oberflächlich geprüft.

Bei der Geschäftsführung ohne Auftrag existieren vier verschiedene Varianten, die sich die Kandidaten einprägen sollten: die echte berechtigte GoA, die echte unberechtigte GoA sowie die unechte Goa in Form der irrtümlichen Eigengeschäftsführung und der angemaßten Eigengeschäftsführung.

Bei der echten berechtigen GoA hat ein Geschäftsführer ein fremdes Geschäft mit Fremdgeschäftsführungswillen im Interesse und Willen des Geschäftsherrn vorgenommen. Der Geschäftsführer kann dann seine Aufwendungen gemäß §§ 683 Satz 1, 677, 670 BGB ersetzt verlangen. Der Geschäftsherr wiederum kann bei der echten berechtigten GoA Schadensersatz gemäß § 280 Absatz 1 BGB i.V.m. § 241 Absatz 2 BGB verlangen, da die GoA ein gesetzliches Schuldverhältnis darstellt. Ebenso kann er nach § 681 Satz 2 BGB i.V.m. § 667 BGB das durch die Geschäftsführung Erlangte herausverlangen.

Bei der unechten GoA in Form der angemaßten Eigengeschäftsführung fehlt es dem Geschäftsführer am Fremdgeschäftsführungswillen. Er weiß auch, dass er nicht dazu berechtigt ist, das Geschäft zu führen, vgl. § 687 Absatz 2 BGB. Er kann nach §§ 687 Absatz 2 Satz 2, 684 Satz 1,

818 Absatz 3 BGB den Ersatz seiner objektiven Aufwendungen verlangen. Der Geschäftsherr hat in diesen Fällen einen verschuldensunabhängigen Schadensersatzanspruch gemäß §§ 687 Absatz 2, 678 BGB, der bereits durch die bloße Übernahme der Geschäftsführung entsteht und einen Anspruch auf Herausgabe des Erlangten gemäß §§ 687 Absatz 2 Satz 1, 681 Satz 2, 667 BGB.

Auch bei der unechten GoA in Form der irrtümlichen Eigengeschäftsführung fehlt es dem Geschäftsführer am Fremdgeschäftsführungswillen. Dazu kommt, dass dem Geschäftsführer die Kenntnis über die Fremdheit des Geschäfts fehlt; er unterliegt einem Irrtum. In diesen Fällen kommen nur Ansprüche aus EBV oder Bereicherungsrecht in Betracht. Die Vorschriften der §§ 677 bis 686 BGB finden keine Anwendung, vgl. § 687 Absatz 1 BGB.

Bei der echten unberechtigten GoA wird die Geschäftsführung ohne das Interesse und den Willen des Geschäftsherrn vorgenommen. Der Geschäftsführer kann wie bei der angemaßten Eigengeschäftsführung den objektiven Aufwendungsersatz verlangen, §§ 677, 684 Satz 1, 818 Absatz 3 BGB. Bei § 684 BGB handelt es sich um eine Rechtsfolgenverweisung.

Die Ansprüche aus EBV nach den §§ 987 ff. BGB regeln die Ansprüche zwischen dem Eigentümer und dem Besitzer. Sie haben gemein, dass eine sogenannte Vindikationslage vorliegen muss: eine Partei ist Eigentümer und die andere Partei ist Besitzer ohne ein Recht zum Besitz. Diese Vindikationslage muss im Zeitpunkt des schädigenden Ereignisses vorgelegen haben. Das ist besonders relevant bei Fällen, wie dem vorliegenden, wenn ein gesetzlicher Eigentumswechsel stattfindet.

Für die mündliche Prüfung sind besonders der Schadensersatzanspruch nach §§ 989, 990 Absatz 1 BGB sowie der Anspruch auf Herausgabe gezogener Nutzungen gemäß §§ 987, 990 Absatz 1 BGB von Relevanz. In der Prüfung sollten die Kandidaten bei dem Stichwort EBV stets an die Sperrwirkung des EBV gemäß § 993 Absatz 1 Hs.2 BGB denken. Neben Ansprüchen aus dem EBV sind bereicherungs-, deliktsrechtliche und Ansprüche aus GoA gesperrt (bei einem Anspruch gemäß § 985 BGB gilt das nicht). Hiervon gibt es mehrere Ausnahmen, von denen in der Fallprüfung regelmäßig eine vorliegt: bei einer echten berechtigten GoA liegt ein Recht zum Besitz vor, da es sich um ein gesetzliche Schuldverhältnis handelt; beim sogenannten Fremdbesitzerexzess wird eine Ausnahme von der Sperrwirkung angenommen, um den rechtmäßigen Besitzer nicht schlechter zu stellen als den nichtberechtigten Besitzer; ebenso entfällt die Sperrwirkung, wenn bei Verarbeitung, Verbrauch oder Veräußerung eine Herausgabe nach § 985 BGB nicht mehr möglich ist. Dann sind die §§ 812 ff. BGB als Rechtsfortwirkungsansprüche zu § 985 BGB anwendbar.

Zur Vertiefung

Das Prüfungsgespräch basiert auf: BGH, Urt. v. 11. Januar 1971, Az. VIII ZR 261/69

Quasivertragliche Schuldverhältnisse und Geschäftsführung ohne Auftrag:	*Brox/Walker*, Besonderes Schuldrecht, 47. Auflage 2023, 7. Kapitel. *Looschelders*, Schuldrecht Besonderer Teil, 19. Auflage 2024, § 42 ff. *Pfeifer*, Schuldrecht, 7. Auflage 2022, §§ 13 f. *Weiler*, Schuldrecht Allgemeiner Teil, 7. Auflage 2023, § 1 und § 4.
Anspruch gemäß § 812 Absatz 1 BGB:	*Brox/Walker*, Besonderes Schuldrecht, 47. Auflage 2023, 8. Kapitel. *Looschelders*, Schuldrecht Besonderer Teil, 19. Auflage 2024, §§ 54 ff. *Pfeifer*, Schuldrecht, 7. Auflage 2022, §§ 9 ff.
Ansprüche aus einem Eigentümer-Besitzer-Verhältnis:	*Kainer*, Sachenrecht, 1. Auflage 2021, §§ 30 ff. *Vieweg/Lorz*, Sachenrecht, 9. Auflage 2022, § 8. *Wellenhofer*, Sachenrecht, 38. Auflage 2023, 7. Kapitel.
Rechtsgeschäftlicher und gesetzlicher Eigentumsübergang:	*Kainer*, Sachenrecht, 1. Auflage 2021, §§ 12 ff. *Vieweg/Lorz*, Sachenrecht, 9. Auflage 2022, §§ 4 ff. *Wellenhofer*, Sachenrecht, 38. Auflage 2023, Kapitel 3 und 4.

Fall 3
Die überteuerte Sofagarnitur

BGB AT:	Formvorschriften
Schuldrecht BT:	Kaufvertrag über ein Grundstück, Minderung, Sachmangel, Vorrang der Nacherfüllung
Deliktsrecht:	§ 823 Absatz 2 BGB i.V.m. § 263 StGB

V verkauft sein Grundstück an den K. Auf dem Grundstück befindet sich ein Wohnhaus. V und K vereinbaren, dass die im Wohnhaus befindliche Sofagarnitur zum Preis von 6000 Euro mit verkauft wird. Der Kaufpreis für die Garnitur wird im Kaufvertrag nicht gesondert aufgeführt, sondern in den Gesamtkaufpreis mit eingerechnet. V hatte dem K versichert, die Garnitur für 12 000 Euro erworben zu haben. Aufgrund der Abnutzung der Sofagarnitur haben sich V und K auf die Hälfte des ursprünglichen Kaufpreises geeinigt. Tatsächlich hatte V die Garnitur zu einem Preis von 6000 Euro gekauft und den K bewusst darüber getäuscht. Nach Abwicklung des Kaufs und nachdem K in das Haus eingezogen ist, erfährt er von einem Nachbarn den tatsächlich von V gezahlten Preis.

K möchte an dem Kaufvertrag festhalten, er verlangt jedoch die aus seiner Sicht zu viel gezahlten 3000 Euro von V zurück, da die beiden sich auf die Hälfte des ursprünglichen Kaufpreises der Sofagarnitur geeinigt hatten. Zurecht?

Prüfer: Bitte fangen Sie mit der Prüfung der Ansprüche von K gegen V an.

Kandidatin: Da K an dem Kaufvertrag festhalten möchte, schlage ich vor, dass er eine Teilrückzahlung des Kaufpreises im Wege der Minderung verlangt. Er könnte einen Anspruch auf Zahlung von 3000 Euro gegen K gemäß §§ 437 Nr. 2 Variante 2, 441 Absatz 4, 346 Absatz 1 BGB haben. Dafür müssten sie zunächst einen wirksamen Kaufvertrag über das Grundstück samt der Sofagarnitur geschlossen haben.

Prüfer: Gehen wir davon aus, dass der Vertragsschluss als solcher hier unproblematisch ist. Erläutern Sie bitte nur die Besonderheiten bei einem Kaufvertrag über ein Grundstück.

Kandidatin: Auf Grundstückskaufverträge finden die §§ 433 ff. BGB Anwendung. Allerdings bedarf ein Vertrag, durch den sich ein Teil verpflichtet, das Eigentum an einem Grundstück zu übertragen oder zu erwerben, gemäß § 311b Absatz 1 Satz 1 BGB der notariellen Beurkundung.

Prüfer: Was ist eine notarielle Beurkundung? Grenzen Sie diese von einer Beglaubigung ab.

Kandidatin: Bei einer Beglaubigung wird die Richtigkeit einer Unterschrift oder einer Abschrift festgestellt. Eine notarielle Beurkundung gemäß § 128 BGB geht darüber hinaus. Bei dieser wird auch die inhaltliche Richtigkeit des Dokuments geprüft. Die Beurkundung ist das stärkere Formerfordernis, das gemäß § 129 Absatz 3 BGB sogar eine Beglaubigung ersetzen kann.

Prüfer: Richtig. Fallen Ihnen noch andere Rechtsgeschäfte ein, die das Formerfordernis der Beurkundung voraussetzen?

Kandidatin: Ja, das Schenkungsversprechen gemäß § 518 BGB, der Ehevertrag gemäß § 1410 BGB oder auch ein Erbvertrag gemäß § 2276 BGB.

Prüfer: Welche Formvorschriften im BGB kennen Sie noch?

Kandidatin: Mir fallen noch die Schriftform und die Textform ein. Bei der Schriftform muss die Urkunde gemäß § 126 BGB unterschrieben werden und bei der Textform im Sinne des § 126b BGB muss eine lesbare Erklärung auf einem dauerhaften Datenträger abgegeben werden. Hierdurch soll es möglich sein, den Inhalt in Textform übermitteln zu können. Ein Beispiel hierfür wäre eine E-Mail.

Prüfer: Danke, das reicht mir. Aber verraten Sie mir doch bitte noch, warum es diese Formerfordernisse überhaupt gibt? Und was ist die Regel?

Kandidatin: Grundsätzlich gilt im BGB die Formfreiheit. Also nur, wenn gesetzlich eine bestimmte Form für ein Rechtsgeschäft vorgeschrieben ist, gilt keine Formfreiheit. Der Gesetzgeber verfolgt mit den Formvorschriften verschiedene Ziele: die Formerfordernisse führen zunächst dazu, die Vertragsparteien zu warnen, also sie vor unüberlegten und vorschnellen Entscheidungen zu schützen. Außerdem dienen die meisten Formvorschriften dem Nachweis dafür, dass ein Rechtsgeschäft zustande gekommen ist. Des Weiteren soll durch die Einhaltung bestimmter Formen sichergestellt werden, dass die Parteien über ihre Rechte und Pflichten informiert werden.

Prüfer: Das lässt sich hören. Erwähnen könnte man noch, dass manche Formerfordernisse auch der Beratung der Vertragsparteien vor dem Abschluss des Rechtsgeschäfts dienen sollen. Denken Sie beispielsweise an die erwähnte Beurkundung. Aber zurück zum Fall. Prüfen Sie bitte weiter.

Kandidatin: Es müsste ein Sachmangel gemäß § 434 BGB bei Gefahrübergang im Sinne des § 446 BGB vorgelegen haben. Nach § 434 Absatz 1 BGB ist eine Sache frei von Sachmängeln, wenn sie bei Gefahrübergang den subjektiven Anforderungen, den objektiven Anforderungen und den Montageanforderungen entspricht. Den subjektiven Anforderungen entspricht die Sache unter anderem, wenn sie gemäß § 434 Absatz 2 Nr. 1 BGB die vereinbarte Beschaffenheit hat. Unabhängig davon, ob eine Beschaffenheitsvereinbarung den ursprünglichen Kaufpreis einer Sache umfassen kann, dürfte eine solche Beschaffenheitsvereinbarung hier jedenfalls daran scheitern, dass diese nicht in den notariell beurkundeten Kaufvertrag aufgenommen worden ist.

Prüfer: Das lässt sich hören. Was wäre eigentlich gewesen, wenn der Kaufvertrag nicht notariell beurkundet worden wäre?

Kandidatin: Dann wäre dieser nach § 125 BGB formnichtig gewesen und hätte gemäß § 311b Absatz 1 Satz 2 BGB durch Auflassung und Eintragung ins Grundbuch geheilt werden können.

Prüfer: Richtig. Könnte es sein, dass hier ein Sachmangel vorliegt, weil sich die Sofagarnitur nicht den objektiven Anforderungen nach § 434 Absatz 3 BGB entspricht?

Kandidatin: Das wäre der Fall, wenn die Sache sich nicht für die gewöhnliche Verwendung eignet und nicht die Beschaffenheit aufweist, die bei Sachen derselben Art üblich ist und die der Käufer erwarten kann. Der Anschaffungspreis einer Sache und damit ihr Wert stellen jedoch keine Beschaffenheit dar. Zur Beschaffenheit zählen alle der Sache unmittelbar anhaftenden oder durch die Beziehung zur Umwelt entstehenden wertbildenden Faktoren. Der Wert einer Sache, der sich am freien Markt entwickelt, ist das Ergebnis der Summe dieser Faktoren. Der Anschaffungspreis selbst ist jedoch kein wertbildender Faktor und damit auch keine Beschaffenheit.

Prüfer: Absolut richtig. Somit hat K keinen Anspruch auf Minderung des Kaufpreises gemäß §§ 437 Nr. 2 Variante 2, 441 Absatz 4, 346 Absatz 1 BGB. Wonach könnte er ansonsten eine Teilrückzahlung verlangen?

Kandidatin: Da kein Sachmangel vorliegt, kommen Gewährleistungsansprüche nach § 437 BGB nicht in Betracht. Aufgrund der Täuschung über die tatsächliche Höhe des Anschaffungspreises könnte K jedoch einen Anspruch aus culpa in contrahendo gemäß §§ 280 Absatz 1, 241 Absatz 2 und 311 Absatz 2 BGB haben.

Prüfer: Und was sagen Sie dazu, dass nach Gefahrübergang Ansprüche aus vorvertraglichem Schuldverhältnis gesperrt sind?

Kandidatin: Grundsätzlich trifft das zu. Denn nach Gefahrübergang gilt der Vorrang der Nacherfüllung. Außerdem würden ohne die Sperrung vorvertraglicher Schadensersatzansprüche der kaufrechtliche Haftungsausschluss gemäß § 442 BGB bei grob fahrlässiger Unkenntnis des Käufers sowie die kürzere Verjährungsfrist von zwei Jahren nach § 438 Absatz 1 Nr. 3 BGB umgangen werden.

Prüfer: Na dann scheidet ein Anspruch gemäß §§ 280 Absatz 1, 241 Absatz 2 und 311 Absatz 2 BGB doch aus?

Kandidatin: Nein. Denn nach überwiegender Rechtsauffassung gilt die Sperre nicht im Falle einer arglistigen Täuschung. Denn gemäß § 438 Absatz 3 BGB gilt in diesen Fällen die regelmäßige Verjährungsfrist. Zudem entfällt das Recht zur zweiten Andienung und ein Haftungsausschluss scheidet gemäß § 444 BGB aus.

Prüfer: Das sehe ich auch so. Liegt hier denn eine arglistige Täuschung vor?

Kandidatin: Ein Verkäufer täuscht arglistig, wenn er bewusst bei einem anderen einen Irrtum über den Kaufgegenstand in dem Wissen hervorruft, dass der Vertragsgegner die Unrichtigkeit nicht kennt und bei Kenntnis den Vertrag nicht oder nicht mit dem vereinbarten Inhalt geschlossen hätte. Die beiden hatten sich aufgrund der Abnutzung der Garnitur auf die Hälfte des Anschaffungspreises geeinigt. Es ist davon auszugehen, dass V mindestens billigend in Kauf genommen hat, dass K die Sofagarnitur nicht zu dem höheren Preis in Kenntnis des richtigen Anschaffungspreises erworben hätte. Aufgrund dieser arglistigen Täuschung ist die c.i.c. hier anwendbar.

Prüfer: Gut. Gehen wir davon aus, dass eine Pflichtverletzung und ein Vertretenmüssen vorliegen. Wie hoch ist der ersatzfähige Schaden?

Kandidatin: Ersatzfähig bei einer Haftung aus vorvertraglichem Schuldverhältnis ist der sogenannte Vertrauensschaden. Im Wege der Naturalrestitution gemäß § 249 Absatz 1 BGB ist der K so zu stellen, wie er ohne die arglistige Täuschung von V stünde. In der Annahme, dass V und K sich – sofern der K Kenntnis von der tatsächlichen Höhe des Anschaffungspreises gehabt hätte – auf die Hälfte dieses Anschaffungspreises geeinigt hätten, wäre der Gesamtkaufpreis um 3000 Euro niedriger ausgefallen. Insofern kann K von V gemäß §§ 280 Absatz 1, 241 Absatz 2 und 311 Absatz 2 BGB 3000 Euro ersetzt verlangen.

Prüfer: Keine Einwände. Kommt noch ein weiterer Schadensersatzanspruch für den K in Betracht?

Kandidatin: Ein Anspruch gemäß § 823 Absatz 1 BGB scheidet aus, da das Vermögen kein Rechtsgut im Sinne dieser Norm darstellt. Allerdings könnte ein Anspruch gemäß § 823 Absatz 2 BGB in Verbindung mit § 263 StGB bestehen.

Prüfer: Gute Idee. Prüfen Sie bitte weiter.

Kandidatin: V müsste durch sein Handeln ein Schutzgesetz im Sinne des § 823 Absatz 2 BGB verletzt haben. Vorliegend könnten die Tatbestandsvoraussetzungen eines Betrugs gemäß § 263 StGB vorliegen. Hierbei müsste es sich auch um ein Schutzgesetz im Sinne des § 823 Absatz 2 BGB handeln. Ein Schutzgesetz kann jede Rechtsnorm im Sinne des Artikel 2 EGBGB darstellen, die nach Zweck und Inhalt nicht nur Allgemein-, sondern auch Individualinteressen zu schützen bestimmt ist. § 263 StGB dient gerade dazu, das Vermögen des Einzelnen zu schützen und stellt somit ein Schutzgesetz dar.

Prüfer: Wir befinden uns zwar in der Zivilrechtsprüfung, aber liegt hier ein Betrug im Sinne des StGB vor?

Kandidatin: V hat über den tatsächlichen Anschaffungspreis der Sofagarnitur falsche Tatsachen vorgespielt und durch diese Täuschung eine Fehlvorstellung, also einen Irrtum, bei K hervorgerufen. Aufgrund dieses Irrtums hat der K der Höhe des Gesamtkaufpreises zugestimmt und hierdurch eine sein Vermögen mindernde Vermögensverfügung vorgenommen. Hierdurch ist dem K auch ein Schaden entstanden. Der Tatbestand des Betruges ist damit erfüllt.

Prüfer: Danke. Mehr müssen wir an dieser Stelle nicht prüfen und sind somit am Ende unserer Prüfung angekommen.

Auf einen Blick

Im BGB gilt für den Abschluss von Rechtsgeschäften grundsätzlich die Formfreiheit. Formerfordernisse müssen gesondert geregelt sein. Kaufverträge über Grundstücke bedürfen gemäß § 311b Absatz 1 BGB einer notariellen Beurkundung gemäß § 128 BGB. Die Beurkundung ist im Beurkundungsgesetz näher geregelt. Im Gegensatz zur Beglaubigung, bei der nur die Richtigkeit einer Unterschrift oder Abschrift festgestellt wird, wird bei einer Beurkundung auch die inhaltliche Richtigkeit geprüft.

Neben der Beurkundung und der Beglaubigung kennt das BGB noch die Schriftform gemäß § 126, die Textform gemäß § 126b und die elektronische Form nach § 126 Absatz 3. Die Formvorschriften haben in der Regel zum Ziel, die Vertragsparteien zu warnen, sie zu informieren und zu beraten. Vor allem hat die Einhaltung der Formvorschriften eine Nachweisfunktion.

Im Rahmen der Gewährleistungsrechts bildet regelmäßig die Prüfung des Vorliegens eines Sachmangels im Sinne des § 434 BGB zum Zeitpunkt des Gefahrübergangs nach §§ 446 f. BGB einen Schwerpunkt. § 434 BGB wurde zum 1. Januar 2022 in Umsetzung der Warenkaufrichtlinie (EU) 2019/771 geändert. Nach § 434 Absatz 1 BGB ist eine Sache frei von Sachmängeln, wenn sie bei Gefahrübergang den subjektiven Anforderungen, den objektiven Anforderungen und den Montageanforderungen entspricht. Ein Sachmangel liegt vereinfacht gesagt vor, wenn die Istbeschaffenheit der Sache von der Sollbeschaffenheit abweicht.

Zur Beschaffenheit zählen alle der Sache unmittelbar anhaftenden oder durch die Beziehung zur Umwelt entstehenden wertbildenden Faktoren. Der Wert einer Sache gehört nicht dazu.

In der Prüfung müssen Kandidaten im Blick behalten, dass sich Ansprüche bei Sachmängeln nach Gefahrübergang grundsätzlich nach § 437 BGB in Verbindung mit den in § 437 BGB genannten Vorschriften richten. Eine Anfechtung wegen eines Erklärungsirrtums gemäß § 119 Absatz 1 BGB bleibt weiterhin möglich, da hier kein Zusammenhang zu etwaigen Sachmängeln besteht; gleiches gilt für eine Anfechtung nach § 123 Absatz 1 BGB. Anders wäre es bei einer Anfechtung gemäß § 119 Absatz 2 BGB wegen eines Irrtums über die Eigenschaft einer Sache (Inhaltsirrtum). Wäre eine solche Anfechtung nach Gefahrübergang zulässig, würden beiden Seiten ihre Gewährleistungsrechte genommen werden. Gleiches gilt grundsätzlich für Ansprüche aus c.i.c. nach §§ 280 Absatz 1, 241 Absatz 2 und 311 Absatz 2 BGB. Andernfalls würde der Vorrang der Nacherfüllung, der Haftungsausschluss gemäß § 442 BGB bei grob fahrlässiger Unkenntnis des Käufers sowie die kaufrechtlichen Verjährungsfristen (gemäß § 438 Absatz 1 Nr. 3 BGB zwei anstatt von drei Jahren gemäß § 195 BGB) umgangen werden. Bei Arglist des Käufers ist dies, wie im vorliegenden Fall dargelegt, jedoch nicht der Fall.

Ansprüche gemäß §§ 823 ff. BGB können stets neben Ansprüchen aus §§ 437 ff. BGB angewendet werden.

Zur Vertiefung

Formvorschriften:	*Brox/Walker*, Allgemeiner Teil des BGB, 47. Auflage 2023, § 13. *Hirsch*, BGB Allgemeiner Teil, 10. Auflage 2020, § 28. *Wertenbruch*, BGB Allgemeiner Teil, 5. Auflage 2021, § 16.
Kaufvertrag über ein Grundstück:	*Brömmelmeyer*, Schuldrecht Allgemeiner Teil, 3. Auflage 2024, § 2 Rn. 28. *Weiler*, Schuldrecht Allgemeiner Teil, 7. Auflage 2023, § 3 Rn. 38 ff.
Minderung:	*Looschelders*, Schuldrecht Besonderer Teil, 19. Auflage 2024, § 4 Rn. 62 ff. *Tonner/Brömmelmeyer*, Schuldrecht Besonderer Teil, 5. Auflage 2022, § 7 Rn. 110 ff.
Sachmangel:	*Looschelders*, Schuldrecht Besonderer Teil, 19. Auflage 2024, § 3 Rn. 2 ff. *Tonner/Brömmelmeyer*, Schuldrecht Besonderer Teil, 5. Auflage 2022, § 7 Rn. 75 ff.
Vorrang der Nacherfüllung:	*Looschelders*, Schuldrecht Besonderer Teil, 19. Auflage 2024, § 4 Rn. 1 ff. *Tonner/Brömmelmeyer*, Schuldrecht Besonderer Teil, 5. Auflage 2022, § 8 Rn. 11 ff.
§ 823 Absatz 2 i.V.m. § 263 StGB:	*Brox/Walker*, Besonderes Schuldrecht, 47. Auflage 2023, 9. Kapitel § 46. *Looschelders*, Schuldrecht Besonderer Teil, 19. Auflage 2024, § 64. *Pfeifer*, Schuldrecht, 7. Auflage 2023, § 3 Rn. 136 f.

Fall 4
Die Waschmaschine und der Ehefrieden

Familienrecht:	Güterstände
Sachenrecht:	Übergabesurrogate
	Verfügungsbeschränkungen

F und M sind im gesetzlichen Güterstand miteinander verheiratet. F bringt eine Waschmaschine in die Ehe ein. Diese Waschmaschine nutzt F mehrmals wöchentlich zum Waschen der Wäsche der beiden. Nach einigen Ehejahren ist F von M genervt, da dieser nur sehr selten das Waschen der Wäsche übernimmt. F möchte dem M eine Lektion erteilen und veräußert die Waschmaschine an K, damit M gezwungen ist, seine Wäsche im Waschsalon zu waschen. K weiß nicht, dass F verheiratet ist.

Als M von der Veräußerung der Waschmaschine erfährt, ist er sauer. Er fordert F dazu auf, die Waschmaschine von K zurück zu verlangen. Da F dem M vergeben hat und die Veräußerung bereut, wendet sie sich an K und verlangt die Waschmaschine gegen Rückerstattung des Kaufpreises zurück. K verweigert die Herausgabe.

Kann F von K die Herausgabe der Waschmaschine verlangen?

Prüferin: Im Fall heißt es, dass F und M im „gesetzlichen Güterstand" verheiratet seien. Was bedeutet das?

Kandidatin: Der gesetzliche Güterstand ist gemäß § 1363 Absatz 1 BGB der Güterstand der Zugewinngemeinschaft.

Prüferin: Was hat es mit der Zugewinngemeinschaft auf sich und was ist eine gängige Abweichung hiervon?

Kandidatin: Zugewinngemeinschaft bedeutet, dass alle während der ehelichen Lebensgemeinschaft erworbenen Sachen den Ehepartnern zu gleichen Teilen gehören.

Prüferin: Nein, das ist ein weit verbreiteter Irrtum. Gemäß § 1363 Absatz 2 Satz 1 BGB wird bei der Zugewinngemeinschaft weder das Vermögen, das die Ehepartner in die Ehe einbringen, gemeinschaftliches Vermögen, noch das Vermögen, das ein Ehegatte nach der Eheschließung erwirbt.

Kandidatin: Ach ja, genau. Allerdings wird der Zugewinn, den die Ehegatten in der Ehe erzielen, ausgeglichen, wenn die Ehe endet. Das ergibt sich aus § 1363 Absatz 2 Satz 2 BGB.

Prüferin: Richtig. Und welche typische Abweichung hiervon kennen Sie?

Kandidatin: Die Ehegatten können die Gütertrennung gemäß § 1414 BGB vereinbaren. Das erfolgt durch den Abschluss eines Ehevertrags gemäß § 1408 BGB. Bei der Gütertrennung vereinbaren die Ehepartner eine vollständige Trennung der beiden Vermögen. Im Fall der Scheidung würde kein Ausgleich des während der Ehe erwirtschafteten Zugewinns erfolgen.

Prüferin: Danke. Nun zum Fall: Kann F von K die Herausgabe der Waschmaschine verlangen?

Kandidatin: F könnte einen Anspruch auf Herausgabe der Waschmaschine gemäß § 985 BGB gegen K haben. Dafür müsste F noch Eigentümerin und K Besitzer ohne Recht zum Besitz sein.

F war ursprünglich Eigentümerin der Waschmaschine. Sie hat das Eigentum auch nicht teilweise durch den Abschluss der Ehe mit M verloren, wie wir gerade besprochen haben. Sie könnte das Eigentum jedoch durch Veräußerung an K verloren haben.

Dafür müssten F und K sich gemäß § 929 Satz 1 BGB über den Eigentumsübergang geeinigt haben, F müsste die Waschmaschine gemäß § 929 Satz 1 BGB an K übergeben haben, die beiden müssten sich im Zeitpunkt der Übergabe noch über den Eigentumsübergang einig gewesen sein und F müsste zur Übereignung berechtigt gewesen sein.

Prüferin: Was setzt eine Übergabe im Sinne des § 929 Satz 1 BGB voraus?

Kandidatin: Auf Veräußererseite muss ein vollständiger Besitzverlust eintreten, der Erwerber muss den Besitz an der Sache erlangen und die Übertragung muss auf Veranlassung des Veräußerers erfolgen.

Prüferin: Welche Übergabesurrogate kennen Sie?

Kandidatin: Ist der Erwerber bereits Besitzer der Sache, so bedarf es gemäß § 929 Satz 2 BGB keiner Übergabe. Gemäß § 930 BGB kann, sofern die Sache im Besitz des Veräußerers verbleiben soll, zwischen den Parteien ein Besitzkonstitut vereinbart werden, wodurch der Erwerber den mittelbaren Besitz an der Sache erlangt. Ein solches Besitzmittlungsverhältnis im Sinne von § 868 BGB kann zum Beispiel eine Verwahrung sein. Letztlich kann die Übergabe gemäß § 931 BGB auch durch die Abtretung eines Herausgabeanspruchs ersetzt werden, wenn ein Dritter im Besitz der Sache ist.

Prüferin: Alles richtig. Hat F hier das Eigentum an der Waschmaschine verloren?

Kandidatin: Eine Übergabe ist erfolgt, die beiden waren sich auch im Zeitpunkt der Übergabe noch über den Eigentumsübergang einig und F war als Eigentümerin berechtigt, dem K Eigentum an der Waschmaschine zu verschaffen. Insofern würde ich sagen, dass F ihr Eigentum an den K verloren hat.

Prüferin: Da würde ich widersprechen. F war zwar als Eigentümerin zur Eigentumsübertragung berechtigt, allerdings dürfte sie nicht dazu berechtigt gewesen sein, über die Waschmaschine zu verfügen. Haben Sie eine Idee aus welcher Norm sich hier eine Verfügungsbeschränkung ergeben könnte?

Kandidatin: Eine Verfügungsbeschränkung gemäß § 1365 Absatz 1 BGB kommt hier nicht in Betracht, da die F nicht über ihr Vermögen im Ganzen verfügt hat. Die Waschmaschine dürfte auch nicht so wertvoll gewesen sein, dass sie nahezu das gesamte Vermögen der F ausgemacht haben dürfte.

Prüferin: Einverstanden. Blättern Sie mal etwas weiter.

Kandidatin: Ah, ich hab's. Gemäß § 1369 Absatz 1 BGB kann ein Ehegatte über ihm gehörende Gegenstände des ehelichen Haushalts nur verfügen und sich zu einer solchen Verfügung auch nur verpflichten, wenn der andere Ehegatte einwilligt. Bei der Waschmaschine handelt es sich meines Erachtens nach um einen solchen Haushaltsgegenstand. Der M hat auch nicht in die Verfügung eingewilligt. Da gemäß § 1369 Absatz 3 BGB auch § 1366 Absatz 1 BGB Anwendung findet, hätte der M die Veräußerung genehmigen können. Da er aber möchte, dass F die Waschmaschine zurückholt, liegt eine solche Genehmigung nicht vor.

Prüferin: Absolut richtig. Spielt es hier denn eine Rolle, dass K nicht wusste, dass die F verheiratet war und welche Verfügungsbeschränkungen im BGB kennen Sie noch?

Kandidatin: Ich meine, dass zwischen absoluten und relativen Verfügungsverboten unterschieden wird. Da es sich bei § 1369 BGB um ein absolutes Verfügungsverbot handelt, kann es auch keine Rolle spielen, ob K Kenntnis davon hatte, dass F verheiratet ist. Neben den §§ 1365 und 1369 BGB fallen mir als absolute Verfügungsverbote noch § 1643 BGB und § 1812 BGB ein. Bei relativen Veräußerungsverboten ist gemäß § 135 Absatz 1 BGB das Veräußerungsverbot nur gegenüber den Personen wirksam, zu deren Schutz das Verbot bezweckt ist.

Prüferin: Wäre es denn dankbar, dass K hier gutgläubig gemäß § 932 BGB das Eigentum an der Waschmaschine erlangt hat?

Kandidatin: Nein. Abgesehen davon, dass § 932 BGB sich tatbestandlich nur auf die Fälle bezieht, in denen dem Veräußerer die Sache nicht gehört, kommt meiner Ansicht nach auch eine analoge Anwendung nicht in Betracht. § 1369 BGB soll den Familienfrieden schützen. Dieser steht über dem Schutz des Gläubigers.

Prüferin: Da stimme ich Ihnen zu. Somit ist die F Eigentümerin an der Waschmaschine geblieben. Wie geht es weiter in der Prüfung?

Kandidatin: K ist unmittelbarer Besitzer der Waschmaschine gemäß § 854 Absatz 1 BGB. Er dürfte letztlich auch kein Recht zum Besitz im Sinne des § 986 Absatz 1 Satz 1 BGB haben. Der zwischen ihm und F geschlossene Kaufvertrag hätte ein solches Recht zum Besitz darstellen können. Allerdings ist auch das Verpflichtungsgeschäft gemäß § 1369 Absatz 1 und 3 in Verbindung mit § 1366 Absatz 4 BGB unwirksam, da der M die Genehmigung verweigert hat.

Prüferin: Aber der K hat doch einen Kaufpreis für die Waschmaschine gezahlt. Kann die F einfach so die Waschmaschine herausverlangen?

Kandidatin: K könnte ein Zurückbehaltungsrecht im Sinne des § 273 Absatz 1 BGB zustehen. Schließlich hat er aus demselben Rechtsverhältnis einen fälligen Gegenanspruch gegen F gemäß § 812 Absatz 1 Satz 1 Alt. 1 BGB auf Rückzahlung des geleisteten Kaufpreises. Meiner Ansicht nach dürfte hier jedoch ebenso wie bei einer analogen Anwendung von § 932 BGB der Ehe- und Familienschutz einem solchen Zurückbehaltungsrecht entgegenstehen.

Prüferin: Diese Ansicht kann man gut vertreten. Welche Herausgabeansprüche kämen hier noch in Betracht?

Kandidatin: F könnte die Waschmaschine noch gemäß § 812 Absatz 1 Satz 1 Alt. 1 BGB herausverlangen. Ein Anspruch nach § 861 BGB scheidet aus, da der F der Besitz an der Waschmaschine nicht durch verbotene Eigenmacht entzogen worden ist. Da K bei der Besitzerlangung auch nicht bösgläubig war und die Waschmaschine der F auch nicht gestohlen oder sonst abhandengekommen ist, kommen auch Herausgabeansprüche nach §§ 1007 Absatz 1 bzw. Absatz 2 BGB nicht in Betracht.

Prüferin: Richtig. Denken Sie noch an den häufig vergessenen Herausgabeanspruch nach § 823 Absatz 1 in Verbindung mit § 249 BGB. Dieser scheitert hier jedoch mindestens am fehlenden Verschulden des K.

Noch eine Frage: könnte M die Herausgabe der Waschmaschine auch an sich verlangen?

Kandidatin: Gerade habe ich im Gesetz in § 1368 BGB entdeckt, der gemäß § 1369 Absatz 3 BGB hier Anwendung findet. Dieser legt fest, dass wenn ein Ehegatte ohne die erforderliche Zustimmung des anderen Ehegatten über sein Vermögen verfügt, dann auch der andere Ehegatte berechtigt ist, die sich aus der Unwirksamkeit der Verfügung ergebenden Rechte gegen den Dritten gerichtlich geltend zu machen.

Prüferin: Gut gesehen. Das ist das sogenannte Revokationsrecht. Wobei handelt es sich hierbei in prozessualer Hinsicht?

Kandidatin: Um eine gesetzliche Prozessstandschaft?

Prüferin: Richtig. Die Zeit ist um.

Auf einen Blick

Der gesetzliche Güterstand ist gemäß § 1363 Absatz 1 BGB der Güterstand der Zugewinngemeinschaft. Anders als häufig fälschlicher Weise angenommen, liegt auch bei der Zugewinngemeinschaft eine Gütertrennung vor. Gemäß § 1363 Absatz 2 BGB wird das jeweilige Vermögen der Ehegatten bei der Zugewinngemeinschaft nicht das gemeinschaftliche Vermögen. Das gleiche gilt auch für das Vermögen, das ein Ehegatte nach der Eheschließung erwirbt. Allerdings wird der Zugewinn, den die Ehegatten in der Ehe erzielen, ausgeglichen, wenn die Zugewinngemeinschaft endet. Das Zugewinnausgleichsverfahren gemäß §§ 1372 ff. BGB wird umso relevanter, je größer die Differenz des Zugewinns der beiden Ehegatten ist.

Die Ehegatten können die Gütertrennung gemäß § 1414 BGB vereinbaren. Das erfolgt durch den Abschluss eines Ehevertrags gemäß § 1408 BGB. Bei der Gütertrennung vereinbaren die Ehepartner eine vollständige Trennung der beiden Vermögen. Im Fall der Scheidung würde kein Ausgleich des während der Ehe erwirtschafteten Zugewinns erfolgen.

Der gesetzliche Güterstand der Zugewinngemeinschaft führt dazu, dass zwar jeder Ehegatte sein Vermögen gemäß §§ 1364 ff. BGB selbst verwaltet, er jedoch in der Verwaltung beschränkt ist. Hierbei ist vor allem an die absoluten Verfügungsverbote gemäß § 1365 BGB bei Verfügungen über das Vermögen im Ganzen, sowie an § 1369 BGB bei Verfügungen über Gegenstände des ehelichen Haushalts zu denken. Eine sachenrechtliche Verfügung ist jedes Rechtsgeschäft, durch das ein Recht unmittelbar aufgehoben, übertragen, seinem Inhalt nach verändert oder belastet wird. Diese Definition sollte sitzen!

Bei einer Übereignung gemäß § 929 Satz 1 ff. BGB sollte stets zwischen der Berechtigung zur Übereignung und der Verfügungsbefugnis unterschieden werden. Denn Eigentümer sind zwar zur Verfügung über ihr Eigentum berechtigt, sie können jedoch, wie dargestellt, in ihrer Befugnis, über das Eigentum zu verfügen, beschränkt sein.

Prüfungsklassiker bei § 1365 BGB sind zum einen die strikte Beibehaltung der Trennung von Verfügungs- und Verpflichtungsgeschäft nach § 1365 Absatz 1 Satz 1 und Satz 2 BGB und zum anderen die Frage, ob wenn sich das Rechtsgeschäft auf einen einzelnen Vermögensgegenstand bezieht, dieser im Ergebnis aber nahezu das „gesamte Vermögen" im Sinne des § 1365 BGB ausmachen kann. Nach der herrschenden Einzeltheorie wird dies angenommen, wenn der Gegenstand – je nach Größe des Vermögens – ca. 85 bis 90 Prozent des Gesamtvermögens ausmacht.

Die Verfügungsverbote der §§ 1365 und 1369 BGB dienen dem Schutz des Familienfriedens. In der Prüfung sollte dieses Argument stets in Zweifelsfragen angeführt werden (bspw. bei der Frage, ob ein gutgläubiger Erwerb möglich ist oder nicht).

Zur Vertiefung

Güterstände:	*Lettmaier*, Familienrecht, 2022, § 4.
	Schwab, Familienrecht, 30. Auflage 2022, §§ 30 ff.
	Wellenhofer, Familienrecht, 7. Auflage 2023, § 13.
Übergabesurrogate:	*Kainer*, Sachenrecht, 1. Auflage 2021, § 12 Rn. 81 ff.
	Vieweg/Lorz, Sachenrecht, 9. Auflage 2022, § 4 Rn. 103 ff.
Verfügungsbeschränkungen:	*Brox/Walker*, Allgemeiner Teil des BGB, 46. Auflage 2022, § 14 Rn. 32 ff.
	Kainer, Sachenrecht, 1. Auflage 2021, § 12 Rn. 43 ff.
	Vieweg/Lorz, Sachenrecht, 9. Auflage 2022, § 4 Rn. 63 f.; § 5 Rn. 3.
	Wellenhofer, Familienrecht, 7. Auflage 2023, § 14.

Fall 5
Streit zwischen Tochter und Geliebtem ums Elternhaus

Erbrecht:	Gewillkürte Erbfolge, Herausgabeanspruch gegen Erbschaftsbesitzer
Sachenrecht:	Die Prinzipien des Sachenrechts

Die alleinerziehende M lebt mit ihrer Tochter T in einem Einfamilienhaus am Stadtrand von Berlin. Das Grundstück steht im Alleineigentum der M. Der Vater der T ist bereits verstorben. Mit Beginn ihrer Rente zieht die M aus dem Haus aus und zusammen mit ihrem Freund, F, in eine Wohnung in Hamburg. F redet im Beisein der M regelmäßig schlecht über die T und denkt sich Geschichten aus, die T in einem schlechten Licht dastehen lassen.

M wird schwer krank. Wenige Wochen vor ihrem Tod schafft der F es, die M dazu zu bringen, auf einem Einkaufsblock folgenden Text mit einem Kugelschreiber zu verfassen:

„Hamburg, den 29.06.2024

Hiermit setze ich meinen geliebten Freund, F, zu meinem Alleinerben ein. Meine Tochter, T, die sich in den letzten Jahren mir gegenüber sehr schlecht verhalten hat, soll lediglich den gesetzlichen Pflichtteil erhalten.

(Unterschrift der M)“

Wenige Wochen nach dem Verfassen dieses Textes verstirbt die M. F beantragt daraufhin einen Erbschein und verlangt von T, die nach wie vor in dem Haus wohnt, die Herausgabe des Grundstücks. T verweigert die Herausgabe des Grundstücks, weil sie der Auffassung ist, dass die Nachricht der M kein wirksames Testament darstelle.

Prüfer: Hat der F gegen die T einen Anspruch auf Herausgabe des Grundstücks, auf dem das Haus steht?

Kandidat: F könnte einen Anspruch auf Herausgabe des Grundstücks gemäß § 985 BGB haben.

Prüfer: Das ist nicht falsch, aber gibt es einen anderen Herausgabeanspruch, mit dem hier begonnen werden sollte? Wenn ja, warum?

Kandidat: Stimmt, in Betracht kommt der speziellere Herausgabeanspruch gegen den Erbschaftsbesitzer gemäß § 2018 BGB. § 2018 BGB ist bei Erbfällen nicht nur aufgrund seiner Position im BGB spezieller, sondern geht auch weiter als der Herausgabeanspruch nach § 985 BGB. Über § 985 BGB kann eine bestimmte Sache herausverlangt werden. Mit dem Anspruch gemäß § 2018 BGB kann der Erbe hingegen das gesamte Erbe herausverlangen, das ein anderer als vermeintlicher Erbe erlangt hat.

Prüfer: Richtig. Ist § 985 BGB denn neben § 2018 BGB anwendbar?

Kandidat: Ja, das ergibt sich aus § 2029 BGB.

Prüfer: Schön. Dann fangen Sie bitte mit der Prüfung an.

Kandidat: F könnte einen Anspruch auf Herausgabe der Erbschaft und damit auch des Grundstücks, auf dem das Haus steht, gegen T gemäß § 2018 BGB haben. Dafür müsste F zunächst Erbe im Sinne des § 2018 BGB sein. F ist nicht gesetzlicher Erbe nach den §§ 1924 ff. BGB, da er weder mit der M verwandt noch ihr Ehegatte war. F könnte jedoch im Wege der gewillkürten Erbfolge Erbe der M geworden sein. Eine Erbeinsetzung durch letztwillige Verfügung gemäß § 1937 BGB geht einer gesetzlichen Erbfolge vor und ersetzt diese. Eine solche letztwillige Verfügung könnte hier in Form eines eigenhändigen Testaments im Sinne des § 2247 BGB erfolgt sein.

Prüfer: Gibt es auch nicht eigenhändige Testamente?

Kandidat: Es gibt zwei Arten von Testamenten: Neben dem eigenhändigen Testament, das eine vollständig eigenhändig geschriebene und unterschriebene Erklärung vorrausetzt, gibt es die Möglichkeit, ein öffentliches Testament gemäß § 2232 BGB zur Niederschrift eines Notars zu errichten.

Prüfer: Sie haben die ordentlichen Testamente nach § 2231 BGB benannt. Genau genommen gibt es noch weitere Arten von Testamenten. Neben den in § 2233 BGB geregelten Sonderfällen für die Abgabe von Erklärungen gegenüber einem Notar für Minderjährige oder für Personen, die Geschriebenes nicht lesen können, gibt es nach den §§ 2249 ff. BGB die Möglichkeit der Abgabe von Nottestamenten vor einem Bürgermeister, vor drei Zeugen oder auf See. Aber Sie haben recht, dass hier nur ein eigenhändiges Testament in Frage käme.

Kandidat: Bei der Niederschrift vom 29.6.2024 könnte es sich um ein solches eigenhändiges Testament handeln. Vorliegend ist mangels anderweitiger Angaben im Sachverhalt davon auszugehen, dass die M geschäftsfähig und mithin testierfähig im Sinne des § 2229 BGB war. Zudem hat die M das Testament auch persönlich im Sinne des § 2064 BGB errichtet. Hieran mag auch die Tatsache nichts ändern, dass F im Vorhinein, auch durch das Erfinden von Geschichten über die T, Einfluss auf die M genommen hat. Zudem sind die Formerfordernisse nach § 2247 BGB erfüllt: Die M hat die Erklärung eigenhändig gemäß § 2247 Absatz 1 BGB geschrieben und unterschrieben. Außerdem hat sie, wie es § 2247 Absatz 2 BGB voraussetzt, Tag, Monat, Jahr und den Ort angegeben. Ihre Unterschrift umfasste Vor- und Nachnamen und war somit ebenfalls vollständig gemäß den Anforderungen von Absatz 3. Damit liegt ein wirksames eigenhändiges Testament vor.

Prüfer: Was sagen Sie dazu, wenn ich argumentiere, dass es gegen die guten Sitten verstößt, wenn jemand kurz vor seinen Tod durch letztwillige Verfügung einen Geliebten zulasten der eigenen Tochter als alleinigen Erben einsetzt und das Testament deshalb gemäß § 138 Absatz 1 BGB nichtig ist?

Kandidat: Sie spielen vermutlich auf die Rechtsprechung zum sogenannten Geliebtentestament an. Allerdings hat die Rechtsprechung wiederholt festgestellt, dass ein Testament nicht deshalb sittenwidrig ist, weil zwischen dem Erblasser und einer oder einem Geliebten ein außereheliches Liebesverhältnis bestand. Für einen Verstoß gegen das Anstandsgefühl aller billig und gerecht Denkenden und damit eine Sittenwidrigkeit eines Testaments gemäß § 138 BGB müssten schwerwiegendere Umstände vorliegen, als eine bloße „Enterbung" der Tochter zugunsten eines Geliebten. Angenommen werden könnte eine Sittenwidrigkeit hingegen beispielsweise, wenn die Zuwendung durch das Testament dazu dienen soll, sexuelle Hingaben zu entlohnen. Wenn Mutter und Tochter sich zerstreiten und dann ein Testament zugunsten eines Partners formuliert wird, verstößt das, meines Erachtens nach, nicht gegen die guten Sitten.

Prüfer: Diese Argumentation lässt sich hören. Prüfen Sie bitte weiter.

Kandidat: Durch das wirksame Testament ist F nach dem Tod der M Erbe des Grundstücks geworden.

T müsste auch Erbschaftsbesitzerin im Sinne des § 2018 BGB sein und aufgrund ihres vermeintlichen Erbrechts etwas aus der Erbschaft erlangt haben. Erbschaftsbesitzer ist, wer aufgrund eines ihm in Wirklichkeit nicht zustehenden Erbrechts sich auf sein Erbrecht beruft und etwas aus dieser Erbschaft erlangt hat. T geht irrig davon aus, dass die Erklärung der M kein formwirksames Testament zugunsten des F darstellt. In diesem Glauben hält sie am Besitz des Grundstücks fest.

Somit ist T dem F zur Herausgabe des Grundstücks, auf dem das Haus steht, verpflichtet.

Prüfer: Wie wäre die Rechtsfolge des Anspruchs nach § 2018 BGB in Fällen, in denen der Erbschafsbesitzer beispielsweise aus der Erbschaft bereits Nutzungen und Früchte gezogen hat oder zur Herausgabe außerstande ist?

Kandidat: In diesen Fällen richtet sich die Rechtsfolge nach den §§ 2019 ff. BGB. Herausgegeben werden müsste beispielsweise auch, was der Erbschaftsbesitzer durch Rechtsgeschäft mit Mitteln der Erbschaft erwirbt, sowie gezogene Nutzungen. Über §§ 2021 in Verbindung mit § 818 Absatz 2 und 3 BGB kann der Erbschaftsbesitzer auch für Wertersatz haften, wenn er zur Herausgabe des Erlangten oder von Surrogaten außerstande ist.

Prüfer: Wie wäre es eigentlich, wenn der tatsächliche Erbe gar nicht weiß, was alles vom Erbe umfasst ist?

Kandidat: Dann könnte er gemäß § 2027 und § 2028 BGB seinen Auskunftsanspruch gegen den Erbschaftsbesitzer über den Bestand der Erbschaft und den Verbleib der Erbschaftsgegenstände geltend machen.

Prüfer: Gut, gut. Sie hatten noch den § 985 BGB als Herausgabeanspruch angesprochen. Besteht dieser Anspruch?

Kandidat: Meines Erachtens nach hat der F auch einen Anspruch auf Herausgabe des Grundstücks gemäß § 985 BGB. Er ist, wie wir festgestellt haben, durch das wirksame Testament gemäß § 1922 Absatz 1 BGB Eigentümer des Grundstücks geworden. T ist Besitzerin des Grundstücks und aus dem Sachverhalt ergibt sich nicht, dass ihr ein Recht zum Besitz zusteht.

Prüfer: Richtig. Wir haben noch ein paar Minuten Zeit. Zum Abschluss wäre ich Ihnen dankbar, wenn Sie mir die fünf Prinzipien des Sachenrechts nennen können.

Kandidat: Gerne. Die fünf Prinzipien des Sachenrechts lauten: der Publizitätsgrundsatz, die Absolutheit, der Spezialitätsgrundsatz, der Typenzwang und das Abstraktions- und Trennungsprinzip.

Prüfer: Wunderbar – und damit sind Sie aus der Prüfung entlassen.

Auf einen Blick

Denken Sie bei Fällen mit erbrechtlichem Bezug stets an die Herausgabepflicht des Erbschaftsbesitzers gemäß § 2018 BGB. Dieser Herausgabeanspruch des tatsächlichen Erben gegenüber dem vermeintlichen Erben (sogenannter Erbschaftsbesitzer) umfasst alles, was aus der Erbschaft erlangt wurde. Im Gegensatz zu § 985 BGB, der sich ebenso wie die meisten anderen Herausgabeansprüche auf die Herausgabe einer Sache bezieht, handelt es sich bei § 2018 BGB um einen Universalanspruch. Damit ist der Anspruch gemäß § 2018 BGB besonders weitgehend.

Bei der Prüfung, wer Erbe geworden ist, ist zwischen gewillkürter und gesetzlicher Erbfolge zu differenzieren. Erbe kann gemäß § 1923 Absatz 1 BGB nur sein, wer zur Zeit des Erbfalls lebt; wobei Absatz 2 klarstellt, dass wer zur Zeit des Erbfalls noch nicht lebte, aber bereits gezeugt war, als vor dem Erbfall geboren gilt *(Nasciturus)*. Juristische Personen können auch erben, soweit sie wirksam gegründet sind.

Gemäß § 1922 BGB – die sogenannte Universalsukzession – geht mit dem Tod einer Person (Erbfall) ihr Vermögen (Erbschaft) als Ganzes auf eine oder mehrere andere Personen (Erben) über. Die gesetzliche Erbfolge richtet sich nach den §§ 1924 ff. BGB. Bei der gesetzlichen Erbfolge gilt gemäß § 1930 BGB der Grundsatz, dass ein Verwandter nicht zur Erbfolge berufen ist, solange ein Verwandter einer vorhergehenden Ordnung vorhanden ist. Eine gewillkürte Erbfolge erfolgt durch Erbeinsetzung durch eine einseitige Verfügung von Todes wegen gemäß § 1937 BGB. Die gewillkürte Erbfolge geht der gesetzlichen Erbfolge vor.

Prüfungsrelevant ist vor allem das eigenhändige Testament gem. § 2247 BGB, wobei die Kandidaten die anderen Arten von Testamenten nach den § 2232 BGB (Öffentliches Testament; dieses stellt zusammen mit dem eigenhändigen Testament die ordentlichen Testamente gemäß § 2231 BGB dar), § 2233 BGB (Sonderfälle) und den §§ 2249 ff. BGB (Nottestamente) kennen sollten. Kandidaten schrecken in Prüfungen regelmäßig zusammen, wenn sie das Wort Testament hören. Dabei gibt es hierfür keinen Grund. Die Voraussetzungen sind übersichtlich im Gesetz enthalten: im Wege einer Vorprüfung ist im Wege der Auslegung zu ermitteln, ob der Erblasser mit einem Testierwillen gehandelt hat und ob er überhaupt testierfähig war. Die Testierfähigkeit wird relevant, wenn ein Minderjähriger das Testament erstellt hat, vgl. § 2229 BGB. Im Übrigen ist testierfähig, wer geschäftsfähig ist. Außerdem müssen die Formerfordernisse beim eigenhändigen Testament erfüllt sein (§ 2247 BGB): Eigenhändig geschrieben, eigenhändig unterschrieben und die Angabe von Zeit und Ort der Erstellung.

Die im vorliegenden Prüfungsgespräch abgefragten Prinzipien des Sachenrechts, lassen sich mit der Eselsbrücke „PASTA" leichter merken:

1. Publizität: Dingliche Rechte gelten gegenüber jedermann und zur Rechtsklarheit soll ihr Bestand und ihre Übertragung sichtbar sein (sogenannte Publizitätsträger). In der mündlichen Prüfung wird in diesem Zusammenhang gerne mal nach dem Ursprung der „Auflassung" im Sinne des § 925 BGB gefragt. Eine gängige Theorie besagt, dass die Auflassung aus dem germanischen Recht stammt: Wurde ein Grundstück veräußert, sollten Türen geöffnet bleiben, damit Dritte den neuen Eigentümer sehen konnten.
2. Absolutheit: Im Gegensatz zum Schuldrecht sind Sachenrechte absolut und damit gegenüber jedermann wirksam.
3. Spezialität: Nach dem Spezialitätsprinzip müssen sich dingliche Rechte immer auf bestimmte Sachen beziehen.
4. Typenzwang: Der Grundsatz des Typenzwangs besagt, dass alle dinglichen Rechte gesetzlich abschließend geregelt *(numerus clausus)* und deren Inhalte vorgeschrieben werden müssen.
5. Abstraktions- und Trennungsprinzip: Nach dem Trennungsprinzip sind Verpflichtungs- und Verfügungsgeschäft stets voneinander zu trennen. Hierauf aufbauend besagt das Abstraktionsprinzip, dass die (Un-)Wirksamkeit des einen Rechtsgeschäfts keinerlei Auswirkung auf die (Un-)Wirksamkeit des anderen Rechtsgeschäfts hat.

Zur Vertiefung

Gewillkürte Erbfolge:	*Brox/Walker*, Erbrecht, 30 Auflage 2024, § 8 ff.
	Schmoeckel, Erbrecht, 6. Auflage 2021, §§ 19 ff.
Herausgabeanspruch gegen Erbschaftsbesitzer:	*Brox/Walker*, Erbrecht, 30. Auflage 2024, § 33 Rn. 6 ff.
	Schmoeckel, Erbrecht, 6. Auflage 2021, § 10.
Die Prinzipien des Sachenrechts:	*Kainer*, Sachenrecht, 1. Auflage 2021, § 3.
	Vieweg/Lorz, Sachenrecht, 9. Auflage 2022, § 1 Rn. 3 ff.
	Wellenhofer, Sachenrecht, 38. Auflage 2023, § 3.

II. Öffentliches Recht

Fall 1
Widerruf der Waffenbesitzkarte

Allgemeines Verwaltungsrecht:	Widerruf/Rücknahme von Verwaltungsakten
Verwaltungsprozessrecht:	Einstweiliger Rechtsschutz, § 80 Absatz 5 VwGO
Besonderes Verwaltungsrecht:	Waffenrecht, § 45 WaffG Widerruf Waffenbesitzkarte Unzuverlässigkeit

Sie sind Richter und Ihnen liegt eine Akte mit folgendem Inhalt vor:

Herr A ist Inhaber einer Waffenbesitzkarte in dem eine Signalpistole eingetragen ist. Im Rahmen einer Passangelegenheit tätigt A verschiedene Äußerungen, die eine Nähe zur sog. Reichsbürgerszene andeuten. Daraufhin teilt die zuständige Behörde ihm mit, dass sie beabsichtige die waffenrechtliche Erlaubnis zu widerrufen und gibt ihm Gelegenheit zur Stellungnahme. Nach erfolgter Anhörung widerruft die Behörde die waffenrechtliche Erlaubnis zum Erwerb und Besitz von Waffen, sog. Waffenbesitzkarte. Sie stützt ihre Entscheidung darauf, dass der A Anhänger der Reichsbürgerbewegung sei, die Demokratie ablehne und behaupte, das Deutsche Reich bestehe fort, sodass der Kläger waffenrechtlich unzuverlässig sei. Gegen den Bescheid geht A im Wege des Eilrechtsschutzes vor. Insbesondere trägt er vor, dass er im Rahmen der Anhörung gar nicht über die Rechtsgrundlage für den Widerruf informiert worden sei. Außerdem spreche er nur Wahrheiten aus. Dass ihm deswegen die waffenrechtliche Erlaubnis entzogen würde, sei nicht begründbar.

Prüferin: Wie würden Sie diesen Fall prüfen?

Kandidat: Ich würde zunächst die Zulässigkeit und dann die Begründetheit des eingelegten Eilrechtsschutzes prüfen. Daraus ergibt sich, ob der Antrag des A Erfolg hat.

Prüferin: Sehr richtig. Dann fangen sie gerne mit der Zulässigkeit an.

Kandidat: Der Verwaltungsrechtsweg ist nach § 40 Absatz 1 Satz 1 VwGO eröffnet. Dies ergibt sich aufgrund der öffentlich-rechtlichen streitentscheidenden Normen des Waffenrechts, insbesondere des Waffengesetzes.

Die statthafte Antragsart ergibt sich gemäß §§ 122 Absatz 1, 88 VwGO aus dem Antragsbegehren. Vorliegend ist kein Klageverfahren, sondern ein Eilverfahren angestrebt, sodass es sich weniger um ein Klageantrag, als vielmehr um einen Antrag im Rahmen des Eilrechtsschutzes handelt.

Prüferin: Gut erkannt. Die saubere, auch sprachliche, Unterscheidung ist wichtig. Prüfen Sie gerne weiter.

Kandidat: Nach der maßgeblichen Abgrenzungsnorm des § 123 Absatz 5 VwGO ist vorrangig ein Antrag nach § 80 Absatz 5 VwGO zu prüfen. Für diesen Antrag muss jedoch in der Hauptsache eine Anfechtungsklage nach § 42 Absatz 1 Variante 1 VwGO statthaft sein. Hier wendet sich der A gegen den Widerruf der waffenrechtlichen Erlaubnis. Der Widerruf stellt einen Verwaltungsakt i.S.d. § 35 Satz 1 VwVfG dar. In der Hauptsache wird die Aufhebung des Verwaltungsaktes angestrebt, mithin eine Anfechtungsklage. Damit ist grundsätzlich im Rahmen des einstweiligen Rechtsschutzes ein Antrag nach § 80 Absatz 5 VwGO statthaft.

Prüferin: Aber hat die Anfechtungsklage nicht eine aufschiebende Wirkung, sodass während des Hauptsacheverfahrens der Vollzug des Widerrufs nicht droht?

Kandidat: Grundsätzlich hat die Anfechtungsklage nach § 80 Absatz 1 Satz 1 VwGO aufschiebende Wirkung. Allerdings geht es vorliegend um den Widerruf im Waffenrecht. Hier regelt § 45 Absatz 5 WaffG, dass die Anfechtungsklage gerade keine aufschiebende Wirkung hat.

Prüferin: Gilt das im Waffenrecht immer und uneingeschränkt?

Kandidat: Nein. Die Norm des § 45 Absatz 5 WaffG enthält selbst eine Einschränkung. Danach hat die Anfechtungsklage nur dann keine aufschiebende Wirkung, sofern die Erlaubnis wegen des Nichtvorliegens oder Entfallens der Voraussetzungen nach § 4 Absatz 1 Nr. 2 WaffG zurückgenommen oder widerrufen wird.

Prüferin: Und liegt dieser Fall bei uns vor?

Kandidat: § 4 WaffG regelt die waffenrechtlichen Voraussetzungen für eine Erlaubnis. Dabei normiert § 4 Absatz 1 Nr. 2 WaffG noch spezieller die Anforderung der Zuverlässigkeit. Die Behörde hat ihre Entscheidung zum Widerruf der waffenrechtlichen Erlaubnis gerade auf das Fehlen der Zuverlässigkeit gestützt, sodass der Fall des § 45 Absatz 5 WaffG gegeben ist und keine aufschiebende Wirkung vorliegt.

Prüferin: Richtig. Und worauf ist der Eilantrag nach § 80 Absatz 5 VwGO dann gerichtet?

Kandidat: Mangels aufschiebender Wirkung aufgrund der Anordnung durch das Gesetz ist der Antrag darauf gerichtet, die aufschiebende Wirkung des Widerspruchs nach § 80 Absatz 5 Satz 1 Variante 1 VwGO anzuordnen.

Prüferin: Wunderbar. Sehen Sie weitere Probleme im Rahmen der Zulässigkeit?

Kandidat: Nein, weitere wirkliche Probleme sehe ich nicht. Das Rechtsschutzbedürfnis ist noch kurz zu erwähnen. Dieses wäre nur dann zu verneinen, wenn die Hauptsache offensichtlich unzulässig, namentlich verfristet wäre. Dies ist in der vorliegenden Situation jedoch mangels Angaben im Sachverhalt nicht ersichtlich. Außerdem ist der Antrag auch vor Erhebung der Klage zulässig. Schließlich gilt, dass es keines vorherigen Antrags bei der Behörde bedarf. § 80 Absatz 6 VwGO sieht dies nur für die Fälle des § 80 Absatz 2 Nr. 1 VwGO vor.

Prüferin: Danke, das sehe ich genauso. Sind die Prüfungspunkte im Rahmen der Zulässigkeit unproblematisch, sollten diese, wenn überhaupt nur angesprochen, aber nicht künstlich aufgebläht werden. Gehen Sie jetzt bitte auf die Begründetheit ein.

Kandidat: Der Antrag ist begründet, wenn das individuelle Aussetzungsinteresse das öffentliche Vollzugsinteresse überwiegt. Dies richtet sich maßgeblich nach einer summarischen Prüfung der Hauptsache. Die Hauptsache hat wiederum Erfolg, wenn der Verwaltungsakt rechtswidrig ist und den Kläger dadurch in seinen Rechten verletzt, § 113 Absatz 1 Satz 1 VwGO. Andersrum ist der Verwaltungsakt wiederrum rechtmäßig, wenn er auf einer tauglichen Ermächtigungsgrundlage beruht und formell und materiell rechtmäßig ist.

Prüferin: Korrekt. Wieso brauchen wir denn überhaupt eine Ermächtigungsgrundlage?

Kandidat: Die beruht auf dem Vorbehalt des Gesetzes. Jedes staatliche Handeln, insbesondere wenn in Rechte und Rechtsgüter von Bürgern eingriffen wird, bedarf einer gesetzlichen Ermächtigung.

Prüferin: Genau so ist es. Und welche Ermächtigungsgrundlage für den Widerruf der waffenrechtlichen Erlaubnis kommt hier in Betracht?

Kandidat: § 45 WaffG regelt die Rücknahme und den Widerruf der waffenrechtlichen Erlaubnis. Vorliegend geht es darum, dass die waffenrechtliche Erlaubnis aufgrund der Unzuverlässigkeit widerrufen wird. Daher ist aus meiner Sicht taugliche Ermächtigungsgrundlage der § 45 Absatz 2 Satz 1 WaffG.

Prüferin: Das ist richtig. Aber was ist denn der Unterschied zwischen Widerruf und Rücknahme? Auch mit Blick auf die allgemeinen Vorschriften des Verwaltungsrechts?

Kandidat: Allgemein regeln die §§ 48 und 49 VwVfG die Rücknahme und den Widerruf von Verwaltungsakten. Während jedoch § 48 VwVfG die Rücknahme eines rechtswidrigen Verwaltungsaktes regelt, geht es bei § 49 VwVfG um den Widerruf eines rechtmäßigen Verwaltungsaktes. Diese grundlegende Unterscheidung sehe ich auch im Waffenrecht abgebildet bei § 45 WaffG. § 45 Absatz 1 WaffG regelt, dass die Erlaubnis zurückzunehmen ist, wenn nachträglich bekannt wird, dass die Erlaubnis hätte versagt werden müssen. Dies bedeutet, dass bereits zum ursprünglichen Erlasszeitpunkt die Voraussetzungen eigentlich nicht vorlagen und damit die Erlaubnis nicht hätte erteilt werden dürfen. In diesem Fall ist die Erlaubnis rechtswidrig und ist zurückzunehmen. § 45 Absatz 2 WaffG stellt hingegen darauf ab, dass nachträglich Tatsachen eintreten, die zur Versagung hätten führen müssen.

In diesem Fall wird für die Zukunft die Erlaubnis widerrufen, sie ist jedoch bis zu diesem Zeitpunkt grundsätzlich rechtmäßig.

Prüferin: Genau. Zurück zum Fall. Wie sieht es mit der formellen Rechtmäßigkeit aus?

Kandidat: Dies betrifft die Zuständigkeit, das Verfahren und die Form. Ich sehe vorliegend aufgrund der Äußerung des A Probleme bezüglich des Verfahrens mit Blick auf die Anhörung nach § 28 VwVfG.

Prüferin: Ja, was könnte hier problematisch sein?

Kandidat: Der A äußert, dass er nicht ordnungsgemäß angehört worden ist.

Prüferin: Genau, und stimmt der Vorwurf?

Kandidat: Anknüpfungspunkt für die Anhörung ist § 28 VwVfG. Eine solche ist immer dann erforderlich, bevor ein Verwaltungsakt erlassen wird, der in Rechte eines Beteiligten eingreift. Dies ist bei einem Widerruf einer Erlaubnis, mithin einem begünstigenden Verwaltungsakt, gegeben. Inhaltlich muss dem Beteiligten Gelegenheit gegeben werden, sich zu den entscheidungserheblichen Tatsachen zu äußern. Dazu muss er sachgerecht Stellung nahmen können. Ob die konkreten Rechtsfragen und die rechtliche Grundlage mitgeteilt werden muss, ist umstritten. So oder so wird die Anhörung jedoch auch dann fehlerhaft, sofern der angekündigte Verwaltungsakt dadurch nicht eine grundsätzlich andere rechtliche oder tatsächliche Bedeutung erlangt.

Prüferin: Richtig. Und sind diese Anforderungen hier erfüllt?

Kandidat: Mangels anderweitiger Angaben gehe ich davon aus, dass der Sachverhalt dem A ordnungsgemäß mitgeteilt wurde. Auch wenn dem A keine konkrete Rechtsgrundlage mitgeteilt wurde konnte er sich doch zu den entscheidungserheblichen Tatsachen und grundsätzlich auch den rechtlichen Aspekten äußern. Dass der Verwaltungsakt eine grundsätzlich andere rechtliche oder tatsächliche Bedeutung erlangt hat dadurch, dass keine Rechtsgrundlagen mitgeteilt wurden, ist nicht ersichtlich.

Prüferin: Korrekt. Bitte prüfen Sie die materielle Rechtmäßigkeit.

Kandidat: Für die materielle Rechtmäßigkeit müssen die Tatbestandsvoraussetzungen der Ermächtigungsgrundlage gegeben sein. Danach ist die Erlaubnis zu widerrufen, wenn nachträglich Tatsachen eintreten, die zur Versagung hätten führen müssen. Diese Versagungsgründe sind positiv formuliert in den Voraussetzungen für eine Erlaubnis nach § 4 WaffG. Dies betrifft insbesondere die erforderliche Zuverlässigkeit, § 4 Absatz 1 Nr. 2 WaffG. Ist diese nicht gegeben, ist die Erlaubnis zu versagen.

Prüferin: Und was bedeutet Zuverlässigkeit? Zunächst allgemein gesprochen?

Kandidat: Die Unzuverlässigkeit ist ein unbestimmter Rechtsbegriff. Dieser ist voll gerichtlich überprüfbar. Unzuverlässigkeit ist dann gegeben, wenn der Waffenbesitzer aufgrund eines Gesamteindrucks seines bisherigen Verhaltens nicht die Gewähr dafür bietet, mit den Waffen auch in Zukunft ordnungsgemäß, mithin unter Beachtung der entsprechenden gesetzlichen Vorschriften und der guten Sitten, umzugehen. Dies stellt eine Prognoseentscheidung für die Zukunft dar. Ein Verschulden spielt dabei keine Rolle. Bloße Vermutungen sind nicht ausreichend, eine vollständige Überzeugung hingegen ebenfalls nicht. Vielmehr bedarf es für die Prognose nachprüfbarer Tatsachen. Im Waffenrecht ist dabei speziell zu beachten, dass § 5 Absatz 1 WaffG eine unwiderlegliche Vermutung hinsichtlich der Unzuverlässigkeit begründen, sog. absolute Unzuverlässigkeit, wohingegen Absatz 2 eine Regelvermutung aufstellt, die jedoch im Einzelfall widerlegt werden kann.

Prüferin: Richtig. Und was sehen die waffenrechtlichen Vorschriften vor?

Kandidat: Die Zuverlässigkeit ist in § 5 WaffG geregelt, wobei Personen die erforderliche Zuverlässigkeit nicht besitzen, wenn Tatsachen die Annahme rechtfertigen, dass Waffen oder Munition missbräuchlich oder leichtfertig verwendet werden (§ 5 Absatz 1 Nr. 2 lit. a) WaffG), dass sie mit Waffen oder Munition nicht vorsichtig oder sachgemäß umgehen oder diese Gegenstände nicht sorgfältig verwahren werden (§ 5 Absatz 1 Nr. 2 lit. b) WaffG) oder dass sie Waffen oder Munition Personen überlassen werden, die zur Ausübung der tatsächlichen Gewalt über diese Gegenstände nicht berechtigt sind (§ 5 Absatz 1 Nr. 2 lit. b) WaffG).

Prüferin: Korrekt. Wie ist unser Fall zu bewerten?

Kandidat: Die Rechtsprechung hat in verschiedenen Fällen entschieden, dass Personen die der Reichsbürgerszene angehören im waffenrechtlichen Sinne grundsätzlich unzuverlässig sind. Hintergrund ist, dass Personen aus dieser Szene aus unterschiedlichen Motiven und mit unterschiedlichen Begründungen die Existenz der Bundesrepublik Deutschland und deren Rechtssystem ablehnen. Sie gehen davon aus, dass den demokratisch gewählten Repräsentanten keine Legitimation zukommt. Sie lehnen die in der Bundesrepublik Deutschland bestehende Rechtsordnung grundlegend ab. Damit einher geht jedoch die Befürchtung, dass Personen aus der Reichsbürgerszene Verstöße gegen die Rechtsordnung begehen. Aufgrund dieser Einstellung bieten diese Personen keine Gewähr dafür, dass sie die bestehenden waffenrechtlichen Vorschriften beachten. Insbesondere ein sorgsames Umgehen mit Waffen und Munition ist aufgrund der potenziell erheblichen Auswirkungen bei Nichtbeachtung jedoch nicht zu tolerieren. Insbesondere durch die eigene Positionierung der Nichtbeachtung von Bundes- und Landesgesetzen ist stets zu befürchten, dass er auch solche Vorschriften nicht beachten wird, die dem Schutz der Allgemeinheit dienen, namentlich solche des Waffengesetzes. Mithin ist A als unzuverlässig einzustufen.

Prüferin: Schön ausgeführt. Und was bedeutet dies für den Antrag des A im Rahmen des Eilverfahrens?

Kandidat: A ist unzuverlässig nach § 5 Absatz 1 Nr. 2 WaffG. Damit liegen nachträgliche Tatsachen vor, die zur Versagung hätten führen müssen. Das bedeutet gleichzeitig, dass die Tatbestandsvoraussetzungen der Ermächtigungsgrundlage gegeben sind. Bei § 45 Absatz 2 Satz 1 WaffG handelt es sich um eine gebundene Entscheidung. Mithin ist die Erlaubnis zu widerrufen. Somit ist der Verwaltungsakt rechtmäßig und die Hauptsache hätte keine Aussicht auf Erfolg. Für das Eilverfahren bedeutet das, dass das individuelle Aussetzungsinteresse das öffentliche Vollzugsinteresse nicht überwiegt und damit dem Antrag auf Gewährung einstweiligen Rechtsschutz nach § 80 Absatz 5 Satz 1 Var. 1 VwGO nicht entsprochen wird. Der Antrag wird daher abgelehnt.

Prüferin: Vielen Dank. Damit sind wir am Ende des Falls.

Auf einen Blick

Die Abgrenzung eines Antrags im einstweiligen Rechtsschutz nach § 80 Absatz 5 VwGO oder § 123 Absatz 1 VwGO erfolgt nach der Abgrenzungsnorm des § 123 Absatz 5 VwGO. Danach ist vorrangig ein Antrag nach § 80 Absatz 5 VwGO zu prüfen. Dafür muss in der Hauptsache eine Anfechtungsklage die statthafte Klageart sein. Ansonsten ist ein Antrag nach § 123 Absatz 1 VwGO statthaft.

Der Begriff der Unzuverlässigkeit stellt einen unbestimmten Rechtsbegriff dar, der voll gerichtlich überprüfbar ist. Unzuverlässigkeit ist dann gegeben, wenn der Waffenbesitzer aufgrund des Gesamteindrucks seines bisherigen Verhaltens nicht die Gewähr dafür bietet, mit den Waffen auch in Zukunft ordnungsgemäß, mithin unter Beachtung der entsprechenden gesetzlichen Vorschriften und der guten Sitten, umzugehen. Dies stellt eine Prognoseentscheidung für die Zukunft dar. Ein Verschulden spielt dabei keine Rolle. Die Prognose muss auf nachprüfbaren Tatsachen fußen. Bloße Vermutungen sind nicht ausreichend, eine vollständige Überzeugung hingegen ebenfalls nicht.

Zur Vertiefung

Das Prüfungsgespräch basiert auf: OVG Lüneburg, Beschluss v. 2. September 2021 – 11 LA 69/21

Widerruf/Rücknahme von Verwaltungsakten:

Siegel, Allgemeines Verwaltungsrecht, 15. Auflage 2024, S. 180 ff.

Maurer/Waldhoff, Allgemeines Verwaltungsrecht, 21. Auflage 2024, S. 327 ff.

Wüstenbecker/Sommer, Verwaltungsrecht AT 2, 17. Auflage 2022, S. 4 ff.

Eilrechtsschutz:

Kopp/Schenke, VwGO, 29. Auflage 2023, § 80 Rn. 120 ff.

Wüstenbecker, VwGO, 11. Auflage 2023, S. 192 ff.

Detterbeck, Allgemeines Verwaltungsrecht mit Verwaltungsprozessrecht, 21. Auflage 2023, S. 692 ff.

Unzuverlässigkeit:

Wüstenbecker, VwGO, 11. Auflage 2023, S. 204.

Fall 2
Versammlungsfreiheit und Corona

Allgemeines Verwaltungsrecht:	Bestandteile des Verwaltungsaktes, besondere Formen des Verwaltungsaktes, relevanter Beurteilungszeitpunkt
Verwaltungsprozessrecht:	Einstweiliger Rechtsschutz, § 80 Absatz 5 VwGO
Verfassungsrecht:	Versammlungsfreiheit, Art. 8 Absatz 1 GG

In der Zeit von Covid-19 versammelten sich immer wieder Personen zu sogenannten „Spaziergängen", um sich gegen die Coronamaßnahmen der Bundesregierung zu wenden. Eine Anmeldung derartiger Spaziergänge erfolgte nicht. Hierbei kam es zu Verstößen gegen die Corona-Auflagen in Form der Nichtbeachtung der Maskenpflicht und Verstößen gegen das Abstandsgebot. Daraufhin erließ die zuständige Versammlungsbehörde eine sofort vollziehbare Allgemeinverfügung, die solche Demonstrationen für einen Zeitraum von zwei Monaten generell untersagte. Die Behörde begründet den Erlass damit, dass die Spaziergänge systematisch jede Kooperation mit der Versammlungsbehörde verhindern wollten. Aufgrund der hohen Infektionsgefahr sei ein präventives Verbot angemessen. Dagegen wendet sich der Organisator der Sparziergänge. Sie meinen, Spaziergänge seien auch in Zeiten einer Pandemie nicht verboten. Außerdem könnte die Polizei auch dann einschreiten, wenn es zu Verstößen kommen sollte, aber nicht bereits vor Beginn der Spaziergänge ein generelles Verbot aussprechen. Sie wollen gerne zeitnah wieder Spaziergänge veranstalten, sind sich jedoch unsicher, was die Allgemeinverfügung nun für sie bedeutet.

„§ 9 Zweite SARS-CoV-2-Eindämmungsverordnung

(1) Veranstalterinnen und Veranstalter von Versammlungen und Aufzügen im Sinne des Versammlungsgesetzes haben auf der Grundlage eines individuellen Hygienekonzepts durch geeignete organisatorische Maßnahmen Folgendes sicherzustellen:

1. *die Steuerung und Beschränkung des Zutritts und des Aufenthalts aller Teilnehmenden,*
2. *die Einhaltung des Abstandsgebots zwischen allen Teilnehmenden, einschließlich Versammlungsleitung sowie Ordnerinnen und Ordnern,*
3. *das verpflichtende Tragen einer medizinischen Maske durch alle Teilnehmenden, einschließlich Versammlungsleitung sowie Ordnerinnen und Ordner,*
4. *in geschlossenen Räumen den regelmäßigen Austausch der Raumluft durch Frischluft."*

Prüfer: Versetzen Sie sich in die Rolle eines Rechtsanwaltes. Der Veranstalter der Spaziergänge kommt in Ihre Kanzlei und fragt, wie Sie nun vorgehen sollen, um dennoch spazieren gehen zu dürfen.

Kandidatin: Da die Versammlungsbehörde eine Allgemeinverfügung erlassen hat und die Veranstalter gerne zeitnah wieder spazieren gehen wollen, würde ich raten einen Eilantrag bei dem zuständigen Verwaltungsgericht zu stellen.

Prüfer: Richtig. Was ist denn eine Allgemeinverfügung?

Kandidatin: Eine Allgemeinverfügung ist eine besondere Form des Verwaltungsaktes und in § 35 Abs. 2 VwVfG geregelt. Danach ist eine Allgemeinverfügung ein Verwaltungsakt, der sich an einen nach allgemeinen Merkmalen bestimmten oder bestimmbaren Personenkreis richtet oder die öffentlich-rechtliche Eigenschaft einer Sache oder ihre Benutzung durch die Allgemeinheit betrifft.

Prüfer: Gut. Wenn wir schon dabei sind, definieren Sie bitte die Merkmale des Verwaltungsakts.

Kandidatin: Der Verwaltungsakt ist in § 35 Satz 1 VwVfG geregelt. Ein Verwaltungsakt hat sieben wesentliche Merkmale, die in der Norm festgehalten sind. Namentlich muss es sich um eine Maßnahme handelt, diese auf dem Gebiet des öffentlichen Rechts, hoheitlich durch eine Behörde zur Regelung eines Einzelfalls und dabei auf unmittelbare Rechtswirkung nach außen gerichtet sein.

Prüfer: Richtig. Und was bedeuten die einzelnen Bestandteile? Fangen wir mit der Maßnahme an.

Kandidatin: Eine Maßnahme ist jedes Verhalten mit Erklärungswert.

Prüfer: Und wann erfolgt diese hoheitlich?

Kandidatin: Dies ist der Fall, wenn die Behörde einseitig von den ihr zustehenden öffentlich-rechtlichen Befugnissen Gebrauch macht.

Prüfer: Und in welchem Fall erfolgt dies auf dem Gebiet des öffentlichen Rechts?

Kandidatin: Dies ist der Fall, soweit die Rechtsgrundlage für die konkret getroffene Maßnahme eine solche des öffentlichen Rechts ist.

Prüfer: Gut. Dann brauchen wir noch die Definition der Regelung.

Kandidatin: Eine Regelung ist gegeben, wenn das Ziel der Behörde auf die unmittelbare Herbeiführung einer Rechtsfolge gerichtet ist.

Prüfer: Und was ist eine Behörde?

Kandidatin: Eine Behörde ist jede Stelle, die Aufgaben der öffentlichen Verwaltung wahrnimmt. Dies ist auch in § 1 Absatz 4 VwVfG geregelt.

Prüfer: Gut. Zwei weitere Definitionen noch, die eines Einzelfalls und die Richtung auf die unmittelbare Rechtswirkung nach außen.

Kandidatin: Ein Einzelfall kann in verschiedener Weise definiert werden. Es kann eine bestimmte Person individuell und einen konkreten bestimmten Sachverhalt betreffen. Möglich ist dabei aber auch eine unbestimmte Vielzahl an Sachverhalten. Auch möglich ist eine generell unbestimmte Vielzahl an Personen und ein bestimmter, konkreter Sachverhalt. Dies stellt dann eine Allgemeinverfügung dar.

Prüfer: Richtig. Und wann ist der Verwaltungsakt auf eine unmittelbare Rechtswirkung nach außen gerichtet?

Kandidatin: Dies ist gegeben, wenn die Rechtsfolge bei einer außerhalb der Verwaltung stehenden Person eintreten soll.

Prüfer: Wunderbar. Vielleicht noch eine letzte Frage zur Allgemeinverfügung. Gibt es bei dieser noch inhaltliche Differenzierungen?

Kandidatin: Ja, es kann zwischen personen- und sachbezogenen Allgemeinverfügungen unterschieden werden und solchen, die die Benutzung regeln.

Prüfer: Bitte erklären Sie die Unterschiede, idealerweise mit einem Beispiel.

Kandidatin: Gerne. Eine personenbezogene Allgemeinverfügung ist in § 35 Satz 2 Variante 1 VwVfG geregelt. Dieser richtet sich an einen nach allgemeinen Merkmalen bestimmten oder bestimmbaren Personenkreis aufgrund einer konkreten Situation. Ein Beispiel wäre das hier in Rede stehende präventive Versammlungsverbot. Eine sachbezogene Allgemeinverfügung ist in § 35 Satz 2 Variante 2 VwVfG geregelt. Eine solche regelt die öffentlich-rechtliche Eigenschaft einer Sache. Dabei geht es um den rechtlichen Zustand einer Sache. Beispiele sind die Widmung einer Straße für den öffentlichen Verkehr oder auch eine öffentliche Einrichtung, zum Beispiel ein Spielplatz. Eine benutzungsregelnde Allgemeinverfügung schließlich regelt nach § 35 Satz 2 Variante 3 VwVfG die Benutzung einer Sache durch die Allgemeinheit, beispielsweise ein Verkehrsschild.

Prüfer: Gut. Kommen wir zurück zum Fall. Bitte prüfen Sie die Zulässigkeit und die Begründetheit des Eilrechtsschutzes, den Sie vorgeschlagen haben.

Kandidatin: Zur Zulässigkeit gilt zunächst, dass der Verwaltungsrechtsweg nach § 40 Absatz 1 Satz 1 VwGO eröffnet ist aufgrund der öffentlich-rechtlichen streitentscheidenden Normen des Versammlungsgesetzes. Weiter ist die statthafte Antragsart gemäß §§ 122 Absatz 1, 88 VwGO zu prüfen, mit Blick auf das Antragsbegehren des Antragstellers. Dabei gilt, dass nach der maßgeblichen Abgrenzungsnorm des § 123 Absatz 5 VwGO vorrangig ein Antrag nach § 80 Absatz 5 VwGO zu prüfen ist. Dafür muss in der Hauptsache eine Anfechtungsklage nach § 42 Absatz 1 Variante 1 VwGO statthaft sein. Vorliegend geht es dem Veranstalter der Spaziergänge darum, gegen die Allgemeinverfügung der Versammlungsbehörde vorzugehen. In der Hauptsache wäre damit eine Anfechtungsklage gegen die Allgemeinverfügung als Verwaltungsakt statthaft. Aufgrund der Anordnung der sofortigen Vollziehung entfällt außerdem die aufschiebende Wirkung nach § 80 Absatz 2 Satz 1 Nr. 4 VwGO. Damit ist ein Antrag nach § 80 Absatz 5 VwGO statthaft und der Antrag ist darauf gerichtet, die aufschiebende Wirkung der Klage nach § 80 Absatz 5 Satz 1 Variante 2 VwGO wiederherzustellen.

Prüfer: Die Anfechtungsklage ist jedoch noch gar nicht erhoben worden.

Kandidatin: Richtig. Ganz korrekt müsste es daher heißen, dass der Antrag darauf gerichtet ist, die aufschiebende Wirkung der noch zu erhebenden Anfechtungsklage wiederherzustellen. Denn eine Klageerhebung vor Stellung des Antrags nach § 80 Absatz 5 VwGO ist aufgrund des eindeutigen Wortlautes des § 80 Absatz 5 Satz 2 VwGO nicht erforderlich.

Prüfer: Gut. Sehen Sie weitere Probleme in der Zulässigkeit?

Kandidatin: Nein. Zu erwähnen ist lediglich das Rechtsschutzbedürfnis. Die Hauptsache dürfte nicht offensichtlich unzulässig, namentlich verfristet, sein. Dies ist jedoch nicht ersichtlich. Weiter gilt, dass ein vorheriger Antrag bei der Behörde nach § 80 Absatz 6 Satz 1 VwGO nicht zu stellen ist. Dies ist nur in den Fällen des § 80 Absatz 2 Satz 1 Nr. 1 VwGO der Fall.

Prüfer: Gut. Wie bewerten Sie die Begründetheit des Antrags?

Kandidatin: Der Eilantrag ist dann begründet, wenn die Anordnung der sofortigen Vollziehung formell nicht ordnungsgemäß ist und/oder das individuelle Aussetzungsinteresse das öffentliche Vollzugsinteresse überwiegt. Dies richtet sich nach einer summarischen Prüfung der Hauptsache.

Prüfer: Und wann ist die Anordnung der sofortigen Vollziehung formell ordnungsgemäß?

Kandidatin: Maßgeblich hierfür ist die Norm des § 80 Absatz 3 VwGO. Die Anordnung muss eine Begründung hinsichtlich des besonderen Interesses an der sofortigen Vollziehung enthalten. Die Begründung darf dabei nicht floskelhaft sein und muss gleichzeitig auf die spezielle Situation eingehen. Die Behörde muss erkennen lassen, dass sie das Regel-Ausnahme-Verhältnis des § 80 VwGO erkannt hat. Ob die Gründe tatsächlich vorliegen, wird dabei nicht geprüft. Vielmehr geht es hier nur darum, dass eine Begründung für den Sofortvollzug überhaupt gegeben ist.

Prüfer: Genau so ist es. Mangels weitergehender Angaben können Sie davon ausgehen, dass die Begründung hier formell ordnungsgemäß ist. Prüfen Sie bitte weiter summarisch die Hauptsache.

Kandidatin: Die Hauptsache hat Erfolg, wenn der Verwaltungsakt rechtswidrig ist und den Kläger dadurch in seinen Rechten verletzt, § 113 Absatz 1 Satz 1 VwGO. Die taugliche Ermächtigungsgrundlage ergibt sich aus § 15 Absatz 1 VersG.

Prüfer: Korrekt.

Kandidatin: Nach der Ermächtigungsgrundlage des § 15 Absatz 1 VersG kann die zuständige Behörde die Versammlung verbieten, wenn nach den zur Zeit des Erlasses der Verfügung erkennbaren Umständen die öffentliche Sicherheit oder Ordnung bei Durchführung der Versammlung unmittelbar gefährdet ist.

Prüfer: Und welche Schutzgüter umfasst die öffentliche Sicherheit?

Kandidatin: Die öffentliche Sicherheit umfasst den Schutz von Individualrechtsgütern, des Staates und seiner Einrichtungen und die Unversehrtheit der Rechtsordnung.

Prüfer: Korrekt. Nur am Rande, was umfasst denn die öffentliche Ordnung?

Kandidatin: Die öffentliche Ordnung umfasst die Gesamtheit aller ungeschrieben Regeln, die für ein gedeihliches Zusammenleben essentiell sind.

Prüfer: Richtig. Prüfen Sie bitte weiter.

Kandidatin: Vorliegend geht es weiter um die Gefährdungslage im Zeitpunkt der gerichtlichen Entscheidung. Zwar kommt es nach dem Wortlaut auf die Zeit des Erlasses der Verfügung an. Da es sich jedoch um einen Dauerverwaltungsakt handelt, der in die Zukunft wirkt, ist auf den Zeitpunkt der gerichtlichen Entscheidung abzustellen.

Prüfer: Das ist richtig. Auf welchen Zeitpunkt kommt es denn normalerweise an?

Kandidatin: In der Situation der Anfechtungsklage kommt es grundsätzlich auf den Zeitpunkt der letzten Behördenentscheidung an. Dies ist regelmäßig der Widerspruchsbescheid. Treten danach Änderungen auf rechtlicher oder tatsächlicher Ebene auf, sind diese grundsätzlich nicht zu berücksichtigen.

Prüfer: Korrekt. Gibt es hiervon Ausnahmen?

Kandidatin: Ja. Es gibt insbesondere drei Ausnahmen. Zum einen dann, wenn der angefochtene Verwaltungsakt eine Verpflichtung enthält. Soweit diese noch nicht vollzogen wurde und nach Erlass des Widerspruchsbescheides die Sach- oder Rechtslage sich ändert, kommt es auf die letzte mündliche Verhandlung an. Ebenso bei einem Abgabenbescheid, da dieser dem Grunde nach die Kehrseite eines Zahlungsanspruchs darstellt. Und schließlich, wie bei unserem Fall, Dauerverwaltungsakte. Hintergrund ist, dass diese in die Zukunft gerichtet sind und es daher auf den letztmöglichen Zeitpunkt, namentlich die letzte mündliche Verhandlung ankommt. Hiervon besteht jedoch eine Rückausnahme. Gibt es ein Wiedergestattungsverfahren, kommt es wieder auf die letzte Behördenentscheidung an, da ansonsten dieses umgangen würde. Beispiele hierfür sind § 35 Absatz 6 GewO oder § 3 Absatz 6 StVG.

Prüfer: Gut. Bitte prüfen Sie den Fall weiter.

Kandidatin: Eine unmittelbare Gefahr ist gegeben, wenn die zuständige Versammlungsbehörde aufgrund der anzustellenden Gefahrenprognose konkrete und nachvollziehbare tatsächliche Anhaltpunkte vorliegen, die bei verständiger Würdigung eine hinreichende Wahrscheinlichkeit auf den Eintritt einer Gefahr begründen. Reine Verdachtsmomente oder Vermutungen sind nicht ausreichend.

Prüfer: Und wie sieht es im vorliegenden Fall aus?

Kandidatin: Zum einen steht die Ansteckungsgefahr im Raum. Diese kann sich auch bei Versammlungen unter freiem Himmel realisieren. Damit sind Rechtsgüter Dritter in Gefahr. Außerdem wurden die Versammlungen nicht angemeldet. Damit kann etwa ein Vorabgespräch mit der Versammlungsbehörde nicht erfolgen und beispielswiese ein Hygienekonzept, wie es die gesetzlichen Bestimmungen vorsehen, nicht abgestimmt werden. Gerade deswegen kam es auch zu Verstößen gegen die Corona-Auflagen in Form der Nichtbeachtung der Maskenpflicht und Verstößen gegen das Abstandsgebot und damit auch zu einer höheren Anzahl an Infektionen.

Prüfer: Und was ist von dem Einwand der Veranstalter zu halten, dass, falls es zu Verstößen kommen sollte, erst dann die Versammlung aufgelöst werden könnte.

Kandidatin: Dies stellt gerade kein gleich geeignetes Mittel dar. Denn sobald Verstöße begangen werden, hat sich die zu verhindernde Ansteckungsgefahr bereits realisiert.

Prüfer: Was ist damit ihr Ergebnis?

Kandidatin: Dass die Gefahrenprognose dahingehend ausfällt, dass die tatbestandlichen Voraussetzungen des § 15 Absatz 1 VersG gegeben sind und damit ein präventives Verbot der als Spaziergänge getarnten Versammlungen stattfinden darf. Zweifel an der Verhältnismäßigkeit habe ich nicht, insbesondere ist auch der Eingriff in Artikel 8 GG verhältnismäßig. Der Verwaltungsakt ist damit materiell rechtmäßig.

Prüfer: Gut. Sind Sie damit am Ende Ihrer Prüfung?

Kandidatin: Fast. Schließlich muss das besondere Vollzugsinteresse noch geprüft werden, ob dieses auch materiell gegeben ist. Denn ansonsten würde jeder rechtmäßige Verwaltungsakt immer für sofort vollziehbar erklärt werden. Die Anordnung der sofortigen Vollziehung soll jedoch eine Ausnahme darstellen. Am besonderen Vollzugsinteresse bestehen vorliegend jedoch ebenfalls keine Zweifel.

Prüfer: Sehr gut, dies ist bei einem rechtmäßigen Verwaltungsakt stets zu bedenken. Wie lautet damit ihr Ergebnis?

Kandidatin: Da der Eilrechtsschutz keine Aussicht auf Erfolg hat würde ich dazu raten, diesen nicht weiter zu verfolgen.

Prüfer: Korrekt. Vielen Dank.

Auf einen Blick

Ein Verwaltungsakt nach § 35 Satz 1 VwVfG hat sieben wesentliche Merkmale, die in der Norm festgehalten sind. Es muss sich um eine Maßnahme handelt, diese auf dem Gebiet des öffentlichen Rechts, hoheitlich durch eine Behörde zur Regelung eines Einzelfalls und dabei auf unmittelbare Rechtswirkung nach außen gerichtet sein.

Eine Allgemeinverfügung ist eine besondere Form des Verwaltungsaktes und in § 35 Absatz 2 VwVfG geregelt. Danach ist eine Allgemeinverfügung ein Verwaltungsakt, der sich an einen nach allgemeinen Merkmalen bestimmten oder bestimmbaren Personenkreis richtet oder die öffentlich-rechtliche Eigenschaft einer Sache oder ihre Benutzung durch die Allgemeinheit betrifft.

Der wesentliche Beurteilungszeitpunkt in der Situation der Anfechtungsklage ist grundsätzlich der der letzten Behördenentscheidung. Dies ist regelmäßig der Widerspruchsbescheid. Hiervon gibt es drei Ausnahmen. Zum einen, wenn der angefochtene Verwaltungsakt eine Verpflichtung enthält. Soweit diese noch nicht vollzogen wurde und nach Erlass des Widerspruchsbescheides die Sach- oder Rechtslage sich ändert, kommt es auf die letzte mündliche Verhandlung an. Ebenso bei einem Abgabenbescheid, da dieser dem Grunde nach die Kehrseite eines Zahlungsanspruchs darstellt. Und schließlich, wie bei unserem Fall, Dauerverwaltungsakte. Hintergrund ist, dass diese in die Zukunft gerichtet sind und es daher auf den letztmöglichen Zeitpunkt, namentlich die letzte mündliche Verhandlung ankommt. Hiervon besteht jedoch eine Rückausnahme. Gibt es ein Wiedergestattungsverfahren, kommt es wieder auf die letzte Behördenentscheidung an, da ansonsten dieses umgangen würde. Beispiele hierfür sind § 35 Absatz 6 GewO oder § 3 Absatz 6 StVG.

Zur Vertiefung

Das Prüfungsgespräch basiert auf: OVG Berlin-Brandenburg, Beschluss v. 10. Februar 2022 – OVG 1 S 16/22; Vorinstanz VG Cottbus, Beschluss v. 4. Februar 2022 – 3 L 29/22.

Eilrechtsschutz:	*Kopp/Schenke*, VwGO, 29. Auflage 2023, § 80 Rn. 120 ff. *Wüstenbecker*, VwGO, 11. Auflage 2023, S. 192 ff. *Detterbeck*, Allgemeines Verwaltungsrecht mit Verwaltungsprozessrecht, 21. Auflage 2023, S. 692 ff.
Verwaltungsakt:	*Kopp/Ramsauer*, VwVfG, 24. Auflage 2023, § 35 Rn. 1 ff. *Siegel*, Allgemeines Verwaltungsrecht, 15. Auflage 2024, S. 89 ff. *Maurer/Waldhoff*, Allgemeines Verwaltungsrecht, 21. Auflage 2024, S. 209 ff. *Detterbeck*, Allgemeines Verwaltungsrecht mit Verwaltungsprozessrecht, 21. Auflage 2023, S. 138 ff.
Relevanter Beurteilungszeitpunkt:	*Wüstenbecker*, VwGO, 11. Auflage 2023, S. 175 ff. *Kopp/Schenke*, VwGO, 29. Auflage 2023, § 113 Rn. 29 ff.
Versammlungsfreiheit:	*Bumke/Voßkuhle*, Casebook Verfassungsrecht, 9. Auflage 2023 Rn. 848 ff.

Fall 3
Abschleppfall

Allgemeines Verwaltungsrecht:	Wirksamkeit und Bekanntgabe von Verwaltungsakten
Verwaltungsprozessrecht:	Verwaltungsvollstreckung

Am 2. Februar hat Ihre Mandantin ihr Auto in Hannover auf einer öffentlichen Straße abgestellt und war anschließend für 10 Tage auf Geschäftsreise. Bereits zwei Tage danach, am 4. Februar vormittags, wurden aufgrund einer Baustelle ordnungsgemäß mobile Halteverbotsschilder aufgestellt. Diese galten für den Zeitraum 7.-8. Februar jeweils von 8:00 bis 18:00 Uhr. Am Nachmittag des 7. Februar kam ein Mitarbeiter der Baufirma in die Straße, in der das Auto Ihrer Mandantin parkte. Trotz mehrfacher Versuche Ihre Mandantin zu erreichen, ließ er das Auto abschleppen. Anschließend wurde ihr gegenüber ein Kostenbescheid in Höhe von 500,00 EUR erlassen. Selbstständig, jedoch erfolglos, hat Ihre Mandantin Widerspruch gegen den Kostenbescheid erhoben und fragt nunmehr nach weitergehendem Rechtsrat. Insbesondere äußert Sie den Verdacht, dass bestimmt die Schilder zwischendurch noch einmal abgebaut worden seien.

§ 55 VwVG Land

(1) Der Verwaltungsakt, der auf die Vornahme einer Handlung oder auf Duldung oder Unterlassung gerichtet ist, kann mit Zwangsmitteln durchgesetzt werden, wenn er unanfechtbar ist oder wenn ein Rechtsmittel keine aufschiebende Wirkung hat.

(2) Der Verwaltungszwang kann ohne vorausgehenden Verwaltungsakt angewendet werden, wenn das zur Abwehr einer gegenwärtigen Gefahr notwendig ist und die Vollzugsbehörde hierbei innerhalb ihrer Befugnisse handelt.

(3) […]

§ 59 VwVG Land

(1) Wird die Verpflichtung, eine Handlung vorzunehmen, deren Vornahme durch einen anderen möglich ist (vertretbare Handlung), nicht erfüllt, so kann die Vollzugsbehörde auf Kosten des Betroffenen die Handlung selbst ausführen oder einen anderen mit der Ausführung beauftragen. Entsprechende Kostenanforderungen sind sofort vollziehbar.

(2) […]

§ 77 VwVG Land

(1) Für Amtshandlungen nach diesem Gesetz werden nach näherer Bestimmung einer Ausführungsverordnung VwVG von dem Vollstreckungsschuldner oder dem Pflichtigen Kosten (Gebühren und Auslagen) erhoben. Kostengläubiger ist der Rechtsträger, dessen Behörde die Amtshandlung vornimmt, bei Auslagen auch der Rechtsträger, bei dessen Behörde die Auslagen entstanden sind.

(2) […]

§ 20 VO VwVG Land

(1) […]

(2) Die übrigen Auslagen sind der Vollstreckungsbehörde vom Vollstreckungsschuldner, der Vollzugsbehörde vom Pflichtigen zu erstatten. Zu den Auslagen gehören insbesondere:

1.-6. […]

7. Beträge, die bei der Ersatzvornahme oder bei der Anwendung unmittelbaren Zwanges an Beauftragte und an Hilfspersonen zu zahlen sind, sowie Kosten, die der Vollzugsbehörde (§ 56 Verwaltungsvollstreckungsgesetz) durch die Ersatzvornahme entstanden sind, sowie auch Zinsansprüche gemäß § 59 Absatz 3 Verwaltungsvollstreckungsgesetz

Prüfer: Ihre Mandantin möchte nunmehr nach erfolglosem Widerspruch weitergehenden Rechtsrat erhalten. Wie gehen Sie vor?

Kandidat: Da das Widerspruchsverfahren bereits erfolglos durchgeführt worden ist würde ich als weitere Möglichkeit die Erfolgsaussichten eines gerichtlichen Verfahrens prüfen.

Prüfer: Korrekt. Die Zulässigkeit der Klage können Sie vernachlässigen. Bitte beginnen Sie unmittelbar mit der Begründetheit der Klage gegen den erlassenen Kostenbescheid.

Kandidat: Die Klage ist begründet, soweit der Verwaltungsakt rechtswidrig ist und den Kläger dadurch in seinen Rechten verletzt, § 113 Absatz 1 Satz 1 VwGO. Rechtmäßig ist der Verwaltungsakt, wenn er auf einer tauglichen Ermächtigungsgrundlage basiert und er formell und materiell rechtmäßig erlassen worden ist.

Prüfer: Genau. Und was ist die taugliche Ermächtigungsgrundlage in unserem Fall?

Kandidat: Für den Kostenbescheid ist die taugliche Ermächtigungsgrundlage §§ 77 Absatz 1, 55 Absatz 1, 59 VwVG i.V.m. § 20 Absatz 2 Nr. 7 VO VwVG. Mangels weitergehender Sachverhaltsangaben bestehen keine Zweifel an der formellen Rechtmäßigkeit des Kostenbescheides.

Prüfer: Korrekt. Bitte prüfen Sie die materielle Rechtmäßigkeit.

Kandidat: Die materielle Rechtmäßigkeit setzt sich aus verschiedenen Ebenen zusammen, die grundsätzlich voneinander zu trennen sind. Auf der ersten Ebene geht es um die Rechtmäßigkeit des Kostenbescheids. Dieser ist rechtmäßig, wenn ein Kostengrund gegeben ist, der richtige Kostenschuldner vorliegt, die Kosten nach Art und Höhe angemessen sind und gegebenenfalls Ermessen bezüglich der Heranziehung zu den Kosten fehlerfrei ausgeübt wurde.

Prüfer: Gut. Besteht denn ein Kostengrund?

Kandidat: Ein Kostengrund ist dann gegeben, wenn ein ordnungsgemäßer Zwangsmitteleinsatz gegeben ist. Vorliegend geht es damit um die ordnungsgemäße Ersatzvornahme nach § 59 VwVG.

Prüfer: Könnte es auch eine Sicherstellung sein?

Kandidat: Dies wird tatsächlich teilweise angenommen, vgl. z.B. § 14 Absatz 1 Satz 2 HmbSOG. Allerdings greift eine solche nur dann, wenn das Ziel der Maßnahme ist, den Eigentümer oder Inhaber der tatsächlichen Gewalt vor Verlust oder Beschädigung der Sache zu schützen. Beispielsweise kann dies der Fall sein bei einem sehr teuren Auto, bei dem die Gefahr besteht, dass dieses entwendet wird.

Prüfer: Korrekt. Welche Rechtsgrundlage ist vorliegend gegeben?

Kandidat: Die Rechtsgrundlage für die Ersatzvornahme ergibt sich aus §§ 55 Absatz 1, 59 VwVG. Das nachträglich aufgestellte Halteverbotsschild stellt den Verwaltungsakt dar, der der Ersatzvornahme zugrunde liegt. Dieser stellt sich vorliegend als Allgemeinverfügung nach § 35 Satz 2 VwVfG dar.

Prüfer: Aber ist es überhaupt möglich ein Verbot im Wege der Ersatzvornahme zu vollstrecken?

Kandidat: Nein, das geht grundsätzlich nicht. Allerdings muss beachtet werden, dass das Parkverbot nur den einen Teil der Regelung darstellt. Gleichzeitig enthält das Verbotszeichen ein Wegfahrgebot. Und diese Regelung des Verwaltungsaktes ist vollzugsfähig.

Prüfer: Das stimmt. Bitte prüfen Sie weiter die Rechtmäßigkeit der Ersatzvornahme.

Kandidat: Die formelle Rechtmäßigkeit ist mangels anderslautender Aspekte gegeben. Einzig zu nennen ist die Anhörung, die nach § 28 Absatz 2 Nr. 5 VwVfG nicht erforderlich war, da das Abschleppen eine Maßnahme in der Verwaltungsvollstreckung darstellt. Bezüglich der materiellen Rechtmäßigkeit ist zu sagen, dass zunächst die allgemeinen Vollstreckungsvoraussetzungen gegeben sein müssen, mithin ein Verwaltungsakt, der auf die Vornahme einer Handlung gerichtet ist, und dieser muss unanfechtbar oder sofort vollziehbar sein. Der zugrundeliegende Verwaltungsakt muss in dem gestreckten Verfahren nur wirksam sein. Auf die Rechtmäßigkeit des Verwaltungsaktes kommt es hingegen nicht an. Fraglich ist damit, ob das Halteverbotsschild wirksam geworden ist.

Prüfer: Richtig. Wie werden Verwaltungsakte denn wirksam?

Kandidat: Normalerweise wird ein Verwaltungsakt gemäß § 43 Absatz 1 Satz 1 VwVfG in dem Zeitpunkt wirksam, in dem er dem Adressaten bekanntgegeben wird. Die Bekanntgabe erfolgt nach § 41 Absatz 1 Satz 1 VwVfG gegenüber demjenigen, für den der Verwaltungsakt bestimmt ist oder der von ihm betroffen wird.

Prüfer: Das ist korrekt. Ist dies bei Verkehrszeichen ebenso?

Kandidat: Ein Verwaltungsakt kann nach § 41 Absatz 3 Satz 1 VwVfG auch öffentlich bekanntgegeben werden, wenn dies durch Rechtsvorschrift zugelassen ist. Insbesondere bei Allgemeinverfügungen bietet es sich an diese öffentlich bekannt zu geben, wenn eine Bekanntgabe an die Beteiligten untunlich ist. Dabei werden Verkehrsschilder als Allgemeinverfügungen durch Aufstellung bekanntgegeben, vgl. §§ 39 Absatz 1, 45 Absatz 4 StVO. Erforderlich ist dabei, dass das Verkehrszeichen so aufgestellt ist, dass ein durchschnittlicher Kraftfahrer bei der Einhaltung der nach § 1 StVO erforderlichen Sorgfalt das Schild schon mit einem raschen und beiläufigen Blick erfassen kann. Regeln die Verkehrszeichen den ruhenden Verkehr, ist eine einfache Umschau nach dem Aussteigen erforderlich, um die nach § 1 StVO erforderliche Sorgfalt zu erfüllen. Im vorliegenden Fall wurden die Schilder ordnungsgemäß aufgestellt und der abgegrenzte Bereich ist gut sichtbar. Somit ist der Verwaltungsakt, mithin das Verkehrszeichen, wirksam.

Prüfer: Und hat sich gegebenenfalls etwas dadurch geändert, dass Ihre Mandantin den Verdacht äußert, dass die Schilder bzw. Verkehrszeichen bestimmt noch einmal abgebaut worden seien?

Kandidat: Hierbei handelt es sich lediglich um einen Verdacht. Wenn die Behörde die ordnungsgemäße Aufstellung der Verkehrszeichen und auch die Anwesenheit und Wahrnehmbarkeit zu Beginn der Vollstreckungsmaßnahme nachweist, besteht ein Anscheinsbeweis dafür, dass die Halteverbotszone entsprechend errichtet und in der Zwischenzeit auch nicht verändert wurde. Gegenteilige Anhaltspunkte bis auf die Behauptung der Mandantin habe ich nicht, sodass aus meiner Sicht der Anscheinsbeweis greift.

Prüfer: Korrekt. Dafür, dass die Verkehrszeichen zwischenzeitlich noch einmal abgebaut oder verrückt worden sind, bestehen keine Anhaltspunkte. Ist denn ist der Verwaltungsakt auch vollstreckbar?

Kandidat: Dies ist nach § 55 Absatz 1 VwVG gegeben, wenn der Verwaltungsakt unanfechtbar ist oder wenn ein Rechtsmittel keine aufschiebende Wirkung hat. Eine Unanfechtbarkeit scheidet mangels Ablaufs einer Widerspruchsfrist bzw. des Ablaufs einer Jahresfrist nach § 58 Absatz 2 VwGO aus. Jedoch stehen Verkehrszeichen unaufschiebbaren Anordnungen von Polizeivollzugsbeamten gleich, sodass der Verwaltungsakt nach § 80 Absatz 2 Satz 1 Nr. 2 VwGO analog sofort vollziehbar ist. Auch die besonderen Vollstreckungsvoraussetzungen der Ersatzvornahme nach § 52 Absatz 1 VwGO sind gegeben. Insbesondere liegt mit Blick auf das Wegfahrgebot eine vertretbare Handlung vor. Schließlich müsste auch die Ersatzvornahme ordnungsgemäß hinsichtlich der Art und Weise der Vollstreckung angewendet worden sein. Grundsätzlich müssen Vollstreckungsmaßnahmen im gestreckten Verfahren angedroht und festgesetzt werden. Dies ist offensichtlich nicht der Fall gewesen. Allerdings kann aufgrund eines Erst-recht-Schlusses aus § 55 Absatz 2 VwVG davon abgesehen werden. Danach kann der Verwaltungszwang auch ohne vorhergehenden Verwaltungsakt angewendet werden, wenn das zur Abwehr einer gegenwärtigen Gefahr notwendig ist und die Vollzugsbehörde hierbei innerhalb ihrer Befugnisse handelt. Vorliegend ist ein Verwaltungsakt bereits erlassen worden und durch das verkehrswidrige Parken über eine Gefahr hinaus eine Störung der öffentlichen Sicherheit eingetreten. Damit kann auf die Androhung und Festsetzung verzichtet werden.

Prüfer: Das ist richtig. Ist denn Ihre Mandantin die richtige Adressatin der Maßnahme?

Kandidat: Sie hat ihr Fahrzeug auf der Straße abgestellt und das Fahrzeug steht nunmehr im Halteverbot. Damit ist sie jedenfalls Zustandsstörerin.

Prüfer: Richtig. Wurde denn das Zwangsmittel ordnungsmäßig eingesetzt?

Kandidat: Daran bestehen keine Zweifel. Auch dass die Mandantin zunächst das Fahrzeug ordnungsgemäß abgestellt hat und das Auto später abgeschleppt wurde, ist nicht zu berücksichtigen, weil es um effektive Gefahrenabwehr geht.

Prüfer: Das ist richtig.

Kandidat: Damit ist die Vollstreckung in Form des Abschleppens rechtmäßig und ein Kostengrund ist gegeben.

Prüfer: Ja. Prüfen Sie bitte weiter.

Kandidat: Weiter muss der richtige Kostenschuldner in Anspruch genommen worden sein und die Kosten müssen nach Art und Höhe angemessen sein. Daran bestehen keine Bedenken. Schließlich müsste im Rahmen des Ermessens darüber entschieden werden, ob die Heranziehung zu den Kosten verhältnismäßig ist. Dies könnte aufgrund der Vorlaufzeit zum Abschleppen nicht gegeben sein.

Prüfer: Bitte erläutern Sie dies.

Kandidat: Die Mandantin hat ihr Auto ordnungsgemäß geparkt und erst danach wurde in kurzem Abstand das mobile Halteverbotsschild aufgestellt und dann das Auto abgeschleppt. Zunächst ist festzuhalten, dass es grundsätzlich erlaubt ist, sein Fahrzeug auf öffentlichem Straßengrund und auch für einen längeren Zeitraum dort abzustellen. Dies ergibt sich insbesondere daraus, dass nicht jeder Fahrzeughalter über einen eigenen Parkplatz oder eine Garage verfügt. Auf der anderen Seite muss auch jedem Fahrzeughalter klar sein, dass sich die Verkehrsregelungen ändern können, teilweise auch sehr kurzfristig, beispielsweise wenn ein Rohrbruch in der Straße gegeben ist oder der öffentliche Verkehrsraum für einen Umzug genutzt wird. Zusammenfassend wird also das Vertrauen in die Möglichkeit der, auch dauerhaften, Straßennutzung durch die im Straßenverkehr stets erforderliche gegenseitige Rücksichtnahme nach § 1 Absatz 1 StVO beschränkt.

Prüfer: Korrekt. Und was bedeutet dies für den vorliegenden Fall?

Kandidat: Das Bundesverwaltungsgericht hat für diese Konstellation eine Rechtsprechung entwickelt. Danach muss eine Mindestvorlaufzeit von drei vollen Tagen eingehalten werden, bevor ein Fahrzeug abgeschleppt werden darf. Erst dann ist die Kostenlast für die erfolgte Abschleppmaßnahme am vierten Tag nach der Aufstellung des Verkehrszeichens verhältnismäßig. Damit ist auch eine typische Abwesenheit während eines Wochenendes abgedeckt.

Prüfer: Und sind diese Anforderungen erfüllt?

Kandidat: Die Klägerin flog am 2. Februar in den Urlaub. Am 4. Februar vormittags wurden die mobilen Halteverbotsschilder aufgestellt und das Fahrzeug wurde am 7. Februar nachmittags abgeschleppt. Dies entspricht etwa einer Vorlaufzeit von 72 Stunden, nicht aber drei vollen Tagen. Nach der Rechtsprechung des Bundesverwaltungsgerichts hätten die Tage vom 5. bis zum 7. Februar vollständig abgewartet und erst am 8. September abgeschleppt werden dürfen. Damit ist die Auferlegung der Kosten unverhältnismäßig. Eine Kostentragung der Mandantin darf deshalb nicht erfolgen.

Prüfer: Korrekt. Was bedeutet dies für das Gesamtergebnis?

Kandidat: Der Verwaltungsakt ist rechtswidrig und verletzt die Mandantin in ihren Rechten. Eine Klage hätte damit Aussicht auf Erfolg, sodass ich meiner Mandantin hierzu raten würde.

Prüfer: Richtig. Vielen Dank.

Auf einen Blick

Ein Verwaltungsakt wird in dem Zeitpunkt wirksam, in dem er dem Adressaten bekanntgegeben wird, § 43 Absatz 1 Satz 1 VwVfG. Die Bekanntgabe erfolgt nach § 41 Absatz 1 Satz 1 VwVfG gegenüber demjenigen, für den der Verwaltungsakt bestimmt ist oder der von ihm betroffen wird.

Verkehrsschilder werden grundsätzlich durch Aufstellung bekanntgegeben, vgl. §§ 39 Absatz 1, 45 Absatz 4 StVO. Dabei muss das Verkehrszeichen so aufgestellt werden, dass ein durchschnittlicher Kraftfahrer bei der Einhaltung der nach § 1 StVO erforderlichen Sorgfalt das Schild schon mit einem raschen und beiläufigen Blick erfassen kann.

Das Bundesverwaltungsgericht hat zur Vorlaufzeit bei mobilen Halteverbotsschildern eine Rechtsprechung entwickelt nach der erst nach einer Mindestvorlaufzeit von drei vollen Tagen ein Fahrzeug abgeschleppt werden darf. Die Kostenlast für die erfolgte Abschleppmaßnahme ist damit am vierten Tag nach der Aufstellung des Verkehrszeichens verhältnismäßig.

Zur Vertiefung

Das Prüfungsgespräch basiert auf: BVerwG, Urteil v. 24. Mai 2018 – 3 C 25.16 und VG München, Urteil v. 2. Dezember 2022 – M 23 K 21.3603

Wirksamkeit und Bekanntgabe von Verwaltungsakten:	*Siegel*, Allgemeines Verwaltungsrecht, 15. Auflage 2024, S. 131 f., 137 ff.
	Maurer/Waldhoff, Allgemeines Verwaltungsrecht, 21. Auflage 2024, S. 262 ff., 270 ff.
	Kopp/Ramsauer, VwVfG, 24. Auflage 2023, § 41 Rn. 1 ff.
Verwaltungsvollstreckung:	*Detterbeck*, Allgemeines Verwaltungsrecht mit Verwaltungsprozessrecht, 21. Auflage 2023, 405 ff.
	Maurer/Waldhoff, Allgemeines Verwaltungsrecht, 21. Auflage 2024, S. 548 ff.

Fall 4
Die Fußfessel

Verfassungsprozess-recht:	Verfassungsbeschwerde
Grundrechte:	Menschenwürde, Artikel 1 GG Allgemeines Persönlichkeitsrecht, Artikel 2 Absatz 1 i.V.m. Artikel 1 Absatz 1 GG Recht auf informationelle Selbstbestimmung, Artikel 2 Absatz 1 i.V.m. Artikel 1 Absatz 1 GG Recht auf Freizügigkeit, Artikel 11 GG Berufsfreiheit, Artikel 12 GG Recht auf Unverletzlichkeit der Wohnung, Artikel 13 GG Gesetzesvorbehalt und Verhältnismäßigkeitsprüfung

Sie sind Anwalt und haben folgenden Fall vor sich liegen:

A wurde vom Landgericht wegen Mordes und gefährlicher Körperverletzung zu einer Gesamtfreiheitsstrafe von 14 Jahren verurteilt. Während seiner Haft war A Teil von mehreren Gefangenenmeutereien für die dieser ebenfalls vom zuständigen Landgericht zu mehreren Jahren Haft verurteilt wurde. Nach Verbüßung seiner Strafen wurde auf Grundlage von § 68b Abs. 1 StGB gegenüber A durch Beschluss des zuständigen Landgerichts die Weisung erteilt, eine elektronische Fußfessel zu tragen. Gem. § 68b Abs. 1 Satz 1 Nr. 12, Satz 3 StGB kann Straftätern nach ihrer Entlassung eine elektronische Fußfessel angelegt werden, welche den Aufenthaltsort der Person durchgehend festgestellt und mittels GPS-Technik an einen bei der Aufsichtsstelle dafür bestimmten Rechner sendet. Nach Beschwerde des A wurde die Weisung durch Beschluss des zuständigen Oberlandesgerichts bestätigt. Wesentliche Begründung für die Weisung ist, dass von A weiterhin die Gefahr von Straftaten gegen die körperliche Unversehrtheit ausgehe.

A möchte sich gegen die betreffende Weisung wehren. Er ist der Auffassung die Weisung verletze ihn in seinen Grundrechten. Die Vorschrift des § 68b StGB verstoße gegen Grundrechte, weil die Rundumüberwachung den Betroffenen zum bloßen Objekt staatlichen Handelns mache. Auch werde er durch das Gerät beim Sport, beim öffentlichen Baden oder bei der Durchleuchtung am Flughafen sowie bei der Arbeit als überwachter Krimineller stigmatisiert. Da die Fußfessel spätestens nach 22 Stunden aufgeladen werden müsse, beeinträchtige sie ihn auch bei der Arbeit. Der Bund habe zudem keine Kompetenz einen Paragraphen wie § 68b StGB zu erlassen.

Prüferin: Gibt es eine Möglichkeit für A, gegen die Weisung jetzt noch vorzugehen? Der Rechtsweg zu den Strafgerichten erscheint ja ausgeschöpft.

Kandidat: Ja, A macht die Verletzung von Grundrechten geltend. Er könnte das Bundesverfassungsgericht anrufen und im Wege einer Verfassungsbeschwerde gegen die Urteile vorgehen. Ich schlage einmal das Gesetz auf. Die Zulässigkeit einer Verfassungsbeschwerde richtet sich nach Artikel 93 Absatz 1 Nr. 4a GG, §§ 13 Nr. 8a, 90 ff. BVerfGG.

Prüferin: Sie sprechen von einem Vorgehen gegen die Urteile. A greift auch die Verfassungsmäßigkeit des § 68b StGB selbst an. Ist es dem A auch möglich unmittelbar die Verfassungsmäßigkeit des § 68b StGB anzugreifen?

Kandidat: Das kommt darauf an. Nach Artikel 93 Absatz 1 Nr. 4a GG, § 90 Absatz 1 BVerfGG kann Gegenstand einer Verfassungsbeschwerde jeder Akt der öffentlichen Gewalt sein, somit jede Maßnahme aller drei Gewalten, der Legislative, der Exekutive und der Judikative. Deshalb ist es grundsätzlich denkbar, dass A unmittelbar gegen § 68b StGB als Maßnahme der Legislative vorgehen könnte. Nach § 93 Absatz 3 BVerfGG muss die Verfassungsbeschwerde gegen ein Gesetz jedoch innerhalb einer Frist von einem Jahr nach Erlass des Gesetzes erhoben werden. Es ist mangels Anhaltspunkte im Sachverhalt davon auszugehen, dass § 68b StGB länger als ein Jahr in Kraft ist. Weiterhin ist bei einer Rechtssatzverfassungsbeschwerde stets zu prüfen, ob der Beschwerdeführer selbst, gegenwärtig und unmittelbar durch das Gesetz betroffen ist. Auch das ist hier fraglich, da § 68b StGB seine Wirkung erst durch richterliche Anordnung entfaltet. Jedoch wird die Verfassungsmäßigkeit des Gesetzes bei einer Verfassungsbeschwerde gegen einen Akt der Judikative inzident im Rahmen der Grundrechtsverletzung geprüft.

Prüferin: Super, sehr richtig. Dann konzentrieren wir uns auf die Urteilsverfassungsbeschwerde. Fahren Sie bitte mit der Prüfung der Zulässigkeit fort.

Kandidat: Nach Feststellung der Zuständigkeit des Bundesverfassungsgerichts gem. Artikel 93 Absatz 1 Nr. 4a GG, § 90 Absatz 1 BVerfGG, ist die Beschwerdefähigkeit des A zu prüfen. Gemäß § 90 Absatz 1 BVerfGG ist „jedermann", der Träger von Grundrechten ist, beschwerdefähig. A ist eine natürliche Person und damit beschwerdefähig.

Der Beschluss des Landgerichts, aber auch der Beschluss des Oberlandesgerichts sind gemäß Artikel 93 Absatz 1 Nr. 4a GG, § 90 Absatz 1 BVerfGG als Akt der Judikative auch ein tauglicher Beschwerdegegenstand.

Prüferin: Soweit gut gesehen. Fahren Sie fort.

Kandidat: A müsste weiterhin beschwerdebefugt sein und gemäß § 90 Absatz 1 BVerfGG geltend machen, durch die Beschlüsse in seinen Grundrechten verletzt zu sein. A behauptet hier einen Verstoß gegen Grundrechte. Ins Auge springt mir hier sofort ein Verstoß gegen die Menschenwürde des Art. 1 GG, das Allgemeine Persönlichkeitsrecht aus Artikel 2 Absatz 1 i.V.m. Artikel 1 Absatz 1 GG sowie das Recht auf informationelle Selbstbestimmung aus Artikel 2 Absatz 1 i.V.m. Artikel 1 Absatz 1 GG und das Recht auf Berufsfreiheit aus Art. 12 GG.

Prüferin: Gibt es im Rahmen der Urteilsverfassungsbeschwerde weitere Voraussetzungen für das Vorliegen der Beschwerdebefugnis?

Kandidat: Bei einer Urteilsverfassungsbeschwerde prüft das Bundesverfassungsgericht, ob eine spezifische Verfassungsverletzung vorliegt. Diese muss A auch geltend gemacht haben. A macht geltend § 68b StGB als Rechtsgrundlage für die Beschlüsse der Gerichte verletze ihn in seinen Grundrechten und sei deshalb verfassungswidrig. Wendet das Gericht ein verfassungswidriges Gesetz an, handelt es sich um eine spezifische Verfassungsverletzung. Eine Beschwerdebefugnis des A liegt also vor.

Prüferin: Gut. Sehen Sie weitere Probleme in der Zulässigkeit?

Kandidat: Nicht wirklich. Man könnte noch auf das Gebot der Rechtswegerschöpfung gemäß § 90 Absatz 2 BVerfGG eingehen. Hier sehe ich aber kein Problem, da A die Weisung bereits durch erfolglose Beschwerde beim Oberlandesgericht angegriffen hat. Der Beschluss des Oberlandesgerichts ist auch unanfechtbar geworden. Weitere Zulässigkeitsvoraussetzungen wären die Schriftform gemäß § 23 BVerfGG sowie die Wahrung der Monatsfrist seit Erlass des Beschlusses des Oberlandesgerichts gemäß § 93 Absatz 1 BVerfGG. Hier sehe ich jedoch ebenfalls keine Probleme.

Prüferin: Richtig. Dann sind wir mit der Prüfung der Zulässigkeit fertig. Und wie würden Sie die Begründetheit der Beschwerde beurteilen?

Kandidat: Ich prüfe im Rahmen der Begründetheit ob der Beschluss des Landgerichts bzw. des Oberlandesgerichts den A in seinen Grundrechten verletzt. Liegt eine Grundrechtsverletzung vor, wäre die Verfassungsbeschwerde begründet.

Prüferin: Gibt es Besonderheiten bei der Prüfung der Grundrechtsverletzung im Rahmen einer Urteilsverfassungsbeschwerde?

Kandidat: Ja. Der Prüfungsmaßstab des Bundesverfassungsgerichts ist bei einer Überprüfung einer gerichtlichen Entscheidung begrenzt. Denn das Bundesverfassungsgericht prüft gerichtliche Entscheidungen, die auf einer verfassungsrechtlich nicht zu beanstandenden gesetzlichen Grundlage ergangen sind, nur in einem eingeschränkten Umfang nach. Ihm obliegt keine umfassende Kontrolle, ob die Gerichtsentscheidungen das jeweilige Fachrecht „richtig" anwenden. Das Bundesverfassungsgericht ist keine Superrevisionsinstanz, sondern greift vielmehr nur ein, wenn die Gerichte übersehen, dass ihre Entscheidung Grundrechte berührt, wenn sie Bedeutung und Tragweite von Grundrechten nicht hinreichend berücksichtigen oder wenn sie sonst aus sachfremden und damit objektiv willkürlichen Gründen entscheiden.

Prüferin: Sie haben den Prüfungsmaßstab sehr gut beschrieben. Fahren Sie mit der Prüfung einer möglichen Grundrechtsverletzung des A fort.

Kandidat: A trägt vor, die Weisung mache ihn in unzulässiger Weise zum Objekt staatlichen Handelns. Deshalb könnte die Weisung gemäß § 68b StGB und dessen Anwendung durch die Beschlüsse des Landgerichts bzw. Oberlandesgericht wegen der damit verbundenen Dauerüberwachung gegen die Menschenwürde gemäß Artikel 1 Absatz 1 GG verstoßen.

Der Schutz der Menschenwürde verbietet es, Personen zum bloßen Objekt des Staates zu machen oder sie einer Behandlung auszusetzen, die ihre Subjektqualität prinzipiell in Frage stellt. Die Menschenwürde wird nicht bereits dadurch verletzt, dass jemand zum Adressaten von Maßnahmen der Strafverfolgung oder Strafvollstreckung wird. Sie wird aber dann in unzulässiger Weise beeinträchtigt, wenn die Art der ergriffenen Maßnahme die Subjektqualität des Betroffenen grundsätzlich in Frage stellt.

Im vorliegenden Fall erkenne ich keinen Verstoß gegen die Menschenwürde, da kein Fall der „Rundumüberwachung" vorliegt. Die Erhebung der Daten erfolgt automatisiert. Die Datenerhebung macht lediglich die Feststellung des Aufenthaltsortes möglich und eine Verwendung der Daten gegen den Willen des Betroffenen kommt nur in Ausnahmefällen in Betracht.

Prüferin: Ändert der Fakt, dass die Daten permanent erhoben werden, etwas an Ihrer Einschätzung?

Kandidat: Nein. Zwar werden die zur Aufenthaltsbestimmung erforderlichen Daten permanent erhoben. Die Erhebung der Daten ist aber nur bezogen auf den Aufenthalt und die Daten werden lediglich anlassbezogen verwendet. Auch werden innerhalb der Wohnung keine über den Umstand der Anwesenheit hinausgehenden Daten erhoben und eine akustische oder visuelle Überwachung findet nicht statt. Demgemäß ist die mit der elektronischen Aufenthaltsüberwachung verbundene Kontrolldichte nicht derart umfassend, dass sie nahezu lückenlos alle Bewegungen und Lebensäußerungen erfasst und die Erstellung eines Persönlichkeitsprofils ermöglicht. Ich komme also zu dem Ergebnis, dass kein Verstoß gegen Artikel 1 GG vorliegt.

Prüferin: Gut argumentiert. Sie haben weiterhin einen Verstoß gegen das Allgemeine Persönlichkeitsrecht Artikel 2 Absatz 1 i.V.m. Artikel 1 Absatz 1 GG in Erwägung gezogen. Wie sieht es damit aus?

Kandidat: Hier sehe ich einen Eingriff in den Schutzbereich des Artikel 2 Absatz 1 GG i.V.m. Artikel 1 Absatz 1 GG, der aber möglicherweise gerechtfertigt ist. Artikel 2 Absatz 1 GG schützt die allgemeine Handlungsfreiheit in einem umfassenden Sinne sowie in Verbindung mit Artikel 1 Absatz 1 GG das allgemeine Persönlichkeitsrecht hinsichtlich derjenigen Elemente, die nicht Gegenstand der besonderen Freiheitsgarantien des Grundgesetzes sind. Das Anbringen der Fußfessel und das permanente Tragen am Fuß beeinträchtigt damit das allgemeine Persönlichkeitsrecht.

Der Eingriff könnte jedoch gerechtfertigt sein. Effektive Schutzwirkung entfaltet die Garantie des allgemeinen Persönlichkeitsrechts nur im Rahmen der verfassungsmäßigen Ordnung, das heißt der Gesamtheit aller Rechtsnormen, die formell und materiell im Einklang mit der verfassungsmäßigen Ordnung stehen. Gesetzliche Beschränkungen des allgemeinen Persönlichkeitsrechts verletzen Artikel 2 Absatz 1 GG daher nicht, wenn sie formell und materiell im Einklang mit der verfassungsmäßigen Ordnung stehen.

Prüferin: Richtig. Nun befinden wir uns in der inzidenten Prüfung der Verfassungsmäßigkeit des § 68b StGB.

Eine Frage abstrakt zur Falllösung. Welche Möglichkeiten gibt es grundsätzlich, einen Eingriff in ein Grundrecht zu rechtfertigen? Sind Grundrechte grenzenlos gewährleistet?

Kandidat: Nein. Grundrechte sind nicht grenzenlos gewährleistet, sondern unterliegen Einschränkungen. Dabei gibt es im Allgemeinen drei Möglichkeiten, einen Eingriff zu rechtfertigen. Eine Beschränkung entweder durch Gesetz oder aufgrund einer staatlichen Handlung, die sich auf ein Gesetz als Ermächtigungsgrundlage stützt wie bei z.B. Artikel 2 Absatz 1 oder Artikel 5 Absatz 1 GG. Auch genannt einfacher Gesetzesvorbehalt. Oder Grundrechte mit qualifiziertem Gesetzesvorbehalt, die nähere Anforderungen an das einschränkende Gesetz enthalten, z.B. Artikel 11 Absatz 2 GG. Weiterhin gibt es Grundrechte ohne Gesetzesvorbehalt bzw. schrankenlos gewährte Grundrechte, die durch kollidierendes Verfassungsrecht bzw. Rechtsgüter von Verfassungsrang begrenzt werden, z.B. Artikel 5 Absatz 3 GG.

Prüferin: Genau, beim Letzteren handelt es sich um verfassungsimmanente Schranken. Zurück zum Fall. Ist es hier sinnvoll die formelle Verfassungsmäßigkeit zu prüfen?

Kandidat: Ja. A bringt vor, der Bund habe keine Gesetzgebungskompetenz zum Erlass des § 68b StGB. Dem kann jedoch sehr schnell entgegengehalten werden, dass der Bund gemäß Artikel 74 Absatz 1 GG sehr wohl die Gesetzgebungskompetenz im vorliegenden Fall inne hat. Ich schlage hier nochmals mein Gesetz auf. Die elektronische Aufenthaltsüberwachung unterfällt als Maßnahme der Führungsaufsicht, konkret der konkurrierenden Gesetzgebung des Bundes für das Strafrecht nach Artikel 74 Absatz 1 Nr. 1 GG, weil sie sich als staatliche Reaktion darstellt, die an die vorangegangene Begehung einer Straftat anknüpft, ausschließlich für Straftäter gilt und ihre sachliche Rechtfertigung aus der Anlasstat bezieht.

Prüferin: Gut gesehen. Und wie verhält es sich mit der materiellen Verfassungsmäßigkeit?

Kandidat: Für die materielle Verfassungsmäßigkeit muss das Gesetz dem Verhältnismäßigkeitsgrundsatz entsprechen. Dies bedeutet, dass die gesetzliche Regelung einen legitimen Zweck verfolgen muss und geeignet, erforderlich sowie angemessen sein muss. Geeignet ist sie, wenn die Möglichkeit besteht, dass der mit der gesetzlichen Regelung angestrebte Zweck erreicht werden kann. Erforderlich ist die Regelung, wenn der Gesetzgeber nicht ein anderes, gleich wirksames, aber das Grundrecht nicht oder weniger stark einschränkendes Mittel hätte wählen können. Bei der Beurteilung der Eignung und Erforderlichkeit des gewählten Mittels zur Erreichung der erstrebten Ziele, sowie der in diesem Zusammenhang vorzunehmenden Einschätzungen und Prognosen, steht dem Gesetzgeber ein Beurteilungsspielraum zu. Dabei spielt die Schwere des Eingriffs eine maßgebliche Rolle. Ferner muss bei einer Gesamtabwägung zwischen der Schwere des Eingriffs und dem Gewicht, sowie der Dringlichkeit der ihn rechtfertigenden Gründe die Grenze der Zumutbarkeit gewahrt sein.

Prüferin: Welche Voraussetzung ist aus Ihrer Sicht hier problematisch?

Kandidat: Ich sehe keine Probleme beim legitimen Zweck und der Geeignetheit. Die Weisung verfolgt den Zweck des Schutzes der Allgemeinheit vor schweren Straftaten und zugleich dem Schutz der entlassenen Verurteilten vor erneuter Straffälligkeit. Sie ist auch zur Erreichung des Ziels eines verbesserten Schutzes der Allgemeinheit vor schweren Straftaten nicht ungeeignet. Auch sehe ich derzeit kein milderes Mittel. Eine individuelle Überwachung der Person oder gar Sicherheitsverwahrung wäre ein schwerer wiegender Eingriff.

Prüferin: Und die Angemessenheit der Maßnahme?

Kandidat: Hierfür müssen die Intensität der Beeinträchtigung einerseits und das Gewicht der zu schützenden Rechtsgüter andererseits bewertet und gegeneinander abgewogen werden. Die Fußfessel führt einerseits zu einer ständigen Erhebung der Aufenthaltsdaten des Betroffenen und ermöglicht deren Verwendung zur Feststellung des Aufenthaltsortes. Sie dringt damit tief in die Privatsphäre des Betroffenen ein. Sie ist somit ein Grundrechtseingriff von hoher Intensität. Auf der anderen Seite verlangt § 68b StGB, dass der Betroffene eine schwere Straftat begangen hat und dass die Gefahr weiterer schwerer Straftaten besteht. Die Weisung soll dem Schutz hochrangiger Schutzgüter, nämlich der körperlichen Unversehrtheit, dienen. Unter Berücksichtigung insbesondere der Beschränkung auf einen eng begrenzten Personenkreis besonders gefährlicher und rückfallgefährdeter Straftäter einerseits und der – gegenüber einer Freiheitsentziehung durch Sicherungsverwahrung oder polizeiliche Dauerobservation – verminderten Eingriffstiefe andererseits habe ich keine Bedenken, dass der Gesetzgeber den Sicherungsbelangen der Allgemeinheit gegenüber dem Interesse des Betroffenen auf eine nicht durch staatliche Maßnahmen beeinträchtigte Lebensführung den Vorrang eingeräumt hat.

Ich komme also zu dem Ergebnis, dass § 68b StGB sowohl formell als auch materiell verfassungsgemäß ist. Der Eingriff in den Schutzbereich des allgemeinen Persönlichkeitsrechts ist damit gerechtfertigt und ein Verstoß liegt nicht vor.

Prüferin: Sehr gut. Sehen Sie noch weitere Grundrechte, die verletzt sein könnten?

Kandidat: Ja, in Betracht kommt weiterhin eine Verletzung des Rechts auf informationelle Selbstbestimmung gemäß Artikel 2 Absatz 1 i.V.m. Artikel 1 Absatz 1 GG, da durch die Fußfessel Daten des A gesammelt und auch anlassbezogen verwendet werden. Denn das durch Artikel 2 Absatz 1 i.V.m. Artikel 1 Absatz 1 GG geschützte Grundrecht auf informationelle Selbstbestimmung gewährleistet die Befugnis des Einzelnen, grundsätzlich selbst über die Preisgabe und Verwendung seiner persönlichen Daten zu bestimmen.

Prüferin: Sehen Sie hier eine Kollision des Schutzbereiches mit der durch den Europäischen Gesetzgeber erlassenen DSGVO?

Kandidat: Das sehe ich nicht, da die DSGVO keine Anwendung auf die Verarbeitung personenbezogener Daten durch die zuständigen Behörden zum Zwecke der Verhütung, Ermittlung und Verfolgung von Straftaten oder der Strafvollstreckung findet.

Prüferin: Richtig, die Fußfessel greift also in den Schutzbereich der informationellen Selbstbestimmung ein. Ist der Eingriff gerechtfertigt?

Kandidat: Das Recht auf informationelle Selbstbestimmung unterliegt ebenfalls dem aus der „verfassungsmäßigen Ordnung" des Artikel 2 Absatz 1 GG entwickelten Gesetzesvorbehalt. Die Einschränkung ist also, wie im Rahmen des allgemeinen Persönlichkeitsrechts bereits geprüft, ebenfalls gerechtfertigt. Insbesondere werden neben den Daten zum Aufenthalt keine darüber hinausgehenden Daten gesammelt werden. Der Grundsatz der Verhältnismäßigkeit ist damit gewahrt.

Prüferin: In Ordnung. Und wie gehen Sie mit dem Vorwurf um, das regelmäßige Aufladen der Fußfessel behindere den A in seiner Arbeit?

Kandidat: Hier könnte das Recht der Berufsfreiheit gemäß Artikel 12 Absatz 1 GG verletzt sein. Jedoch fehlt es aus meiner Sicht bereits an einem Eingriff. § 68b Absatz 1 StGB greift in das Grundrecht der Freiheit der beruflichen Betätigung bereits deshalb nicht ein, weil es an einer objektiv berufsregelnden Tendenz der Vorschrift fehlt. Die Weisung der Fußfessel beinhaltet keine Verbote hinsichtlich der Wahl des Berufs. Sie betrifft die Berufsausübung auch nicht in einem Umfang, der die Annahme einer objektiv berufsregelnden Tendenz rechtfertigen könnte.

Prüferin: Gut. Jetzt haben wir alle von Ihnen im Rahmen der Prüfung der Zulässigkeit genannten möglichen Grundrechtsverletzungen diskutiert. Fallen Ihnen noch weitere Grundrechte ein, die durch die Beschlüsse der Gerichte verletzt sein könnten?

Kandidat: Ich denke man könnte hier noch in Erwägung ziehen, das Recht auf Freiheit der Person gemäß Artikel 2 Absatz 2 GG zu prüfen. Denkbar wäre auch noch das Recht auf Unversehrtheit der eigenen Wohnung gemäß Artikel 13 GG oder der Freizügigkeit gemäß Artikel 11 GG zu prüfen. Als Letztes fällt mir noch ein Verstoß gegen das rechtsstaatliche Vertrauensgebot gemäß Artikel 20 Absatz 3 GG ein. A könnte geltend machen, die nachträgliche Erteilung der Weisung verstoße gegen das Rückwirkungsverbot.

Prüferin: Sehr gut gesehen. Aus Zeitgründen verzichten wir jedoch auf eine detaillierte Prüfung der genannten Rechte. Zu welchem Ergebnis kommen Sie also?

Kandidat: Mein Ergebnis ist, dass A das Bundesverfassungsgericht nicht erfolgreich anrufen kann. Die Verfassungsbeschwerde ist zwar zulässig, aber unbegründet.

Prüferin: Vielen Dank. Damit sind wir am Ende der Prüfung.

Auf einen Blick

Die Verfassungsbeschwerde ermöglicht es natürlichen und juristischen Personen, ihre grundrechtlich garantierten Freiheiten gegenüber dem Staat durchzusetzen. Die Verfassungsbeschwerde kann von jeder natürlichen oder juristischen Person mit der Behauptung erhoben werden, durch die deutsche öffentliche Gewalt in ihren Grundrechten (vgl. Artikel 1 bis Artikel 19 GG) oder bestimmten grundrechtsgleichen Rechten (Artikel 20 Absatz 4, Artikel 33, Artikel 38, Artikel 101, Artikel 103, Artikel 104 GG) verletzt zu sein.

Angegriffen werden können deutsche Hoheitsakte aller drei staatlicher Gewalten, d.h. Legislative, Exekutive und Judikative (Beachte: Voraussetzungen des Sonderfalls der Rechtssatzverfassungsbeschwerde). Entscheidend ist, ob die angegriffenen Hoheitsakte aufgrund verfassungsmäßiger Gesetze ergangen und ob die Grundrechte bei Anwendung dieser Gesetze beachtet worden sind. Fehler bei der Rechtsanwendung, die keinen spezifischen Bezug zu den Grundrechten haben, können mit der Verfassungsbeschwerde nicht erfolgreich geltend gemacht werden.

Mit der sogenannten Rechtssatzverfassungsbeschwerde können ausnahmsweise auch Gesetze, Rechtsverordnungen oder Satzungen unmittelbar angegriffen werden. In der Regel bedürfen Rechtsvorschriften jedoch des Vollzuges durch eine behördliche oder gerichtliche Entscheidung, gegen die die betroffene Person zunächst den Rechtsweg vor den zuständigen Gerichten erschöpfen muss. In aller Regel ist die Verfassungsbeschwerde in solchen Fällen daher erst nach der Entscheidung des letztinstanzlichen Gerichts zulässig.

Der Bund ist nur für die sogenannte ausschließliche und die konkurrierende Gesetzgebung zuständig. Ausschließliche Gesetzgebung meint, dass der Bund das alleinige Recht hat, Gesetze zu erlassen. Konkurrierende Gesetzgebung bezeichnet die gesetzgeberischen Bereiche, in denen weder der Bund noch die Länder über die ausschließliche Zuständigkeit verfügen.

Von überragender Bedeutung für die Grundrechtsprüfung ist die Schranken-Schranke des Verhältnismäßigkeitsgrundsatzes. Der Grundsatz der Verhältnismäßigkeit verlangt, dass ein Grundrechtseingriff einem legitimen Zweck dient und als legitimes Mittel zu diesem Zweck geeignet, erforderlich und angemessen ist. Dabei handelt es sich stets um eine Einzelfallprüfung.

Zur Vertiefung

Das Prüfungsgespräch basiert auf: BVerfG, Beschluss v. 1. Dezember 2020 – 2 BvR 636/12

Verfassungsbeschwerde:	*Schmidt*, Staatsrecht II Grundrechte, Rechtsfälle in Frage und Antwort, 4. Auflage 2021, S. 169. *Lang/Wilms*, Staatsrecht II Grundrechte, 2. Auflage 2020, S. 1243 (mit Prüfungsaufbau in Anhang B Sch 4 Rn. 132). *Lenz/Hansel*, Bundesverfassungsgerichtsgesetz, 3. Auflage 2020, § 90 Rn. 170 ff. *Burkiczak/Dollinger/Schorkopf*, Bundesverfassungsgerichtsgesetz, 2. Auflage 2021, § 90 Rn. 64.
Gesetzgebungskompetenz:	*Hömig/Wolff*, Grundgesetz, 13. Auflage 2022 Art. 74, Rn. 2. *Papier/Krönke*, Grundkurs Öffentliches Recht 1, 4. Auflage 2022, Rn. 268 ff.
Gesetzesvorbehalt:	*Schmidt*, Staatsrecht II Grundrechte, Rechtsfälle in Frage und Antwort, 4. Auflage 2021, S. 32.
Verhältnismäßigkeitsgrundsatz:	*Lang/Wilms*, Staatsrecht II Grundrechte, 2. Auflage 2020, Rn. 265 ff. *Papier/Krönke*, Grundkurs Öffentliches Recht 1, 4. Auflage 2022, Rn. 242 ff.

Fall 5
Die Baugenehmigung

Verwaltungsprozess-recht:	Nachbarklage gegen Baugenehmigung
Baurecht:	Befreiung von Festsetzungen des Bebauungsplans
	Gebietserhaltungsanspruch
	(Befristete) Sonderregelungen für Flüchtlingsunterkünfte
	Rücksichtnahmegebot

Sie sind Richter und haben folgenden Fall vor sich liegen:

Die Klägerin ist Eigentümerin eines Grundstücks in Bayern, das mit zwei jeweils als Bürozentren genehmigten Gebäudekomplexen bebaut ist. Das Grundstück der Klägerin („Baugrundstück") grenzt unmittelbar an das Baugrundstück der Beklagten. Beide Grundstücke befinden sich im Geltungsbereich eines Bebauungsplans, der als Art der baulichen Nutzung „Gewerbegebiet" festsetzt. Mit Bescheid vom 9. Dezember 2023 erteilte die Beklagte sich selbst die Baugenehmigung zum Umbau und zur Nutzungsänderung von Büroflächen zur vorübergehenden Unterbringung von Flüchtlingen auf dem Baugrundstück. In den Gründen des Genehmigungsbescheids wird ausgeführt, dass eine Befreiung von den Festsetzungen des Bebauungsplans wegen der Errichtung einer sozialen Einrichtung „Flüchtlingsunterkunft" in einem Gewerbegebiet erteilt werde. Es handele sich um eine rechtmäßige Abweichung des Bebauungsplans gemäß § 246 Absatz 10 Satz 1 BauGB. Die Abweichung sei auch unter Würdigung der nachbarlichen Interessen und dem Gebot der Rücksichtnahme mit öffentlichen Belangen vereinbar.

Die Klägerin hat gegen die Baugenehmigung Klage beim zuständigen Verwaltungsgericht erhoben. Die Klägerin bringt vor, dass die Entscheidung der Beklagten über die Befreiung von der Festsetzung des Bebauungsplans hinsichtlich der Gebietsart „Gewerbegebiet" ermessensfehlerhaft sei. Nachdem die Gemeinschaftsunterkunft für Flüchtlinge der spezifischen Zweckbestimmung des Baugebietstypus widerspreche, da in Gewerbegebieten nicht gewohnt werden soll, widerspreche das Vorhaben der allgemeinen Zweckbestimmung des Gewerbegebietes. Es seien zudem Störungen durch Auseinandersetzungen zwischen untergebrachten Personen oder lautstarke Aktivitäten im Freien zu erwarten.

Prüferin:	Wir beginnen die Prüfung im Öffentlichen Recht mit einem klassischen Problem des Baurechts. Welcher Begriff fällt Ihnen sofort zum Sachverhalt ein?
Kandidat:	Es handelt sich verfahrensrechtlich um eine Drittanfechtungsklage. Materiell-rechtlich denke ich bei einem Vorgehen gegen eine Baugenehmigung an den Gebietserhaltungsanspruch und das Rücksichtnahmegebot.
Prüferin:	Gut gesehen. Das waren die richtigen Stichwörter. Bitte beginnen Sie mit der Prüfung der Erfolgsaussichten der Drittanfechtungsklage.

Kandidat: Die Klage hat Aussicht auf Erfolg, wenn der Verwaltungsrechtsweg eröffnet ist und sie zulässig und begründet ist.

Bei den streitentscheidenden Normen des BauGB und der Bauordnung handelt es sich ausschließlich um öffentlich-rechtliche Vorschriften i.S.d. Sonderrechtstheorie. Es liegt eine Streitigkeit nichtverfassungsrechtlicher Art vor, da keine Verfassungsorgane oder ihnen gleichgestellte Personen am Sachverhalt beteiligt sind oder die Auslegung von Verfassungsrecht betroffen ist. Abdrängende Sonderzuweisungen sind nicht ersichtlich.

Der Verwaltungsrechtsweg ist damit eröffnet, da es sich vorliegend um eine öffentlich-rechtliche Streitigkeit nichtverfassungsrechtlicher Art handelt und keine Sonderzuweisungen vorliegen.

Prüferin: Gut. Welcher Prüfungspunkt folgt?

Kandidat: Ich prüfe nun die statthafte Klageart. Die statthafte Klageart richtet sich gemäß § 88 VwGO nach dem klägerischen Begehren. Die Klägerin wendet sich gegen die erteilte Baugenehmigung und damit gegen einen Verwaltungsakt i.S.d. § 35 Satz 1 VwVfG. Statthaft ist damit eine Anfechtungsklage nach § 42 Absatz 1 Variante 1 VwGO.

Prüferin: Richtig. Und wie sieht es mit der Klagebefugnis der Klägerin aus?

Kandidat: Die Klägerin ist gem. § 42 Absatz 2 VwGO klagebefugt, wenn sie durch die Baugenehmigung möglicherweise in ihren eigenen Rechten verletzt ist. Da sie aber nicht Regelungsadressat der Baugenehmigung ist, kann hier nicht mit der Stellung als Adressat einer belastenden Regelung argumentiert werden. Dritte können sich gegen eine Baugenehmigung nur dann mit Aussicht auf Erfolg zur Wehr setzen, wenn die angefochtene Baugenehmigung rechtswidrig ist und diese Rechtswidrigkeit zumindest auch auf der Verletzung von im Baugenehmigungsverfahren zu prüfenden Normen beruht, die gerade dem Schutz des betreffenden Nachbarn zu dienen bestimmt sind.

Prüferin: Was bedeutet das für den Prüfungsumfang des Gerichts?

Kandidat: Das Gericht nimmt deshalb keine umfassende Rechtskontrolle vor. Vielmehr hat sich die gerichtliche Prüfung darauf zu beschränken, ob durch die angefochtene Baugenehmigung drittschützende Vorschriften, die dem Nachbarn einen Abwehranspruch vermitteln, verletzt werden.

Prüferin: Und welche drittschützenden Normen sehen Sie hier als betroffen an?

Kandidat: Eine solche drittschützende Norm könnte hier die Festsetzung der Gebietsart als Gewerbegebiet gemäß § 30 Absatz 1 BauGB i.V.m. § 1 Absatz 3 Satz 2, Absatz 8 BauNVO darstellen. Generell ist es anerkannt, dass Anwohner einen Anspruch auf Einhaltung der festgelegten Gebietsart haben und dieser drittschützenden Charakter hat. Die Klägerin ist Nachbarin des Baugrundstücks und hat damit einen Anspruch auf Einhaltung der Gebietsart.

Die Klägerin trägt vor, dass die Unterbringung der Asylbewerber in dem geplanten Gebäude nicht mit der Eigenart des durch den Bebauungsplan festgeschriebenen Gewerbegebietes vereinbar ist. Da das Gebiet grundsätzlich als Gewerbegebiet genutzt wird, kann nicht ausgeschlossen werden, dass die Unterbringung von Asylbewerbern zum Wohnen den Gebietserhaltungsanspruch der Klägerin verletzt.

Prüferin: Mich würde interessieren, wie der Begriff „Nachbar" definiert wird?

Kandidat: Der Begriff „Nachbar" wird funktional und nicht räumlich bewertet. Dies bedeutet, dass als Nachbar jeder angesehen wird, der durch die Errichtung, die Nutzung oder den Betrieb einer (baulichen) Anlage beeinträchtigt wird. Im vorliegenden Fall ist dies unproblematisch, da die Klägerin bereits räumlich direkter Nachbar des Baugrundstücks ist.

Prüferin: Sehr gut. Zurück zum Fall. Fahren Sie mit der Prüfung der Klagebefugnis fort.

Kandidat: Weiterhin kommt ein Verstoß gegen das bauplanungsrechtliche Rücksichtnahmegebot in Betracht, da die Klägerin geltend macht, die befürchteten Störungen durch Auseinandersetzungen zwischen untergebrachten Personen oder lautstarke Aktivitäten im Freien. Auch das Rücksichtnahmegebot hat grundsätzlich drittschützenden Charakter.

Prüferin: Ok. Sehen Sie weitere Probleme in der Zulässigkeit?

Kandidat: Nach § 74 Absatz 1 Satz 2 VwGO ist die Klage innerhalb eines Monats nach Bekanntgabe der Baugenehmigung zu erheben. Die Klägerin ist gemäß § 61 Nr. 1 Variante 1 VwGO und die Behörde nach § 61 Nr. 1 Variante 2 VwGO zur Beteiligung am Prozess fähig. Eine Beiladung gem. § 65 Absatz 2 VwGO muss nicht erfolgen, da die Beklagte sich die Baugenehmigung selbst erteilt hat. Weitere Probleme sehe ich in der Zulässigkeit nicht. Ich komme deshalb zu dem Ergebnis, dass die Klage zulässig ist.

Prüferin: Richtig. Und wie würden Sie die Begründetheit der Klage beurteilen?

Kandidat: Ich prüfe im Rahmen der Begründetheit, ob die erteilte Baugenehmigung rechtswidrig ist und die Klägerin in ihren Rechten verletzt. Der Normbezug dazu ist § 113 Absatz 1 Satz 1 VwGO.

Die Baugenehmigung ist rechtmäßig, wenn es sich bei der geplanten Unterkunft um ein genehmigungspflichtiges Vorhaben handelt und sie formell und materiell rechtmäßig ist.

Prüferin: Welche Probleme können sich bei der formellen Rechtmäßigkeit einer Baugenehmigung denn ergeben? Auf was müssen Sie bei der Prüfung achten?

Kandidat: Die die Baugenehmigung erlassende Behörde muss sachlich und örtlich zuständig sein. Sachlich zuständig zur Durchführung des Genehmigungsverfahrens sind die Bauaufsichtsbehörden i.S.d. Artikel 53

BayBO (z.B. auch § 57 BauO NRW oder § 48 LBO Baden-Württemberg). Dabei wird nach Artikel 53 Absatz 1 Satz 1 BayBO unterschieden zwischen den unteren Bauaufsichtsbehörden, den höheren Bauaufsichtsbehörden und der obersten Bauaufsichtsbehörde. Soweit nichts anderes bestimmt ist, ergibt sich nach Artikel 53 Absatz 1 Satz 2 BayBO die Zuständigkeit der unteren Bauaufsichtsbehörde. Grundsätzlich ist das Landratsamt nach Artikel 53 Absatz 1 Satz 1 BayBO i.V.m. Artikel 37 Absatz 1 Satz 2 LKrO untere Bauaufsichtsbehörde.

Örtlich ist stets die Bauaufsichtsbehörde zuständig, in welcher das Grundstück liegt.

Prüferin: Gut erklärt. Zurück zum Fall. Fahren Sie bitte mit der Genehmigungspflicht des Vorhabens und der Genehmigungsfähigkeit der Baugenehmigung fort.

Kandidat: Für die Prüfung der Genehmigungspflichtigkeit schlage ich Artikel 55 BayBO (z.B. auch § 60 BauO NRW oder § 49 LBO Baden-Württemberg) auf. Grundsätzlich bedarf die Errichtung sowie die Nutzungsänderung von Anlagen einer Baugenehmigung. Die Unterkunft ist eine bauliche Anlage gemäß § 29 Absatz 1 BauGB. Bauliche Anlagen sind mit dem Erdboden verbundene, aus Bauprodukten hergestellte Anlagen. Die Änderung der Nutzung der baulichen Anlage von einem Bürogebäude zu Wohnzwecken stellt eine Nutzungsänderung dar, für die es einer Baugenehmigung bedarf. Eine Genehmigungspflicht liegt also vor.

Als weiteres prüfe ich die Genehmigungsfähigkeit des Bauvorhabens. Ein Vorhaben ist genehmigungsfähig, wenn keine öffentlich-rechtlichen Vorschriften, d.h. keine Vorschriften des Bauplanungs- oder Bauordnungsrechts, entgegenstehen.

Fraglich ist, ob das Vorhaben eine in einem Gewerbegebiet zulässige Anlage ist. Durch die Festsetzungen des Bebauungsplanes werden die Vorschriften der §§ 2 bis 14 BauNVO Bestandteil des Bebauungsplanes. Zu prüfen ist daher, ob eine Unterkunft eine den Vorgaben der BauNVO entsprechende Anlage ist. Die in einem Gewerbegebiet zulässigen Anlagen sind in § 8 Absatz 2 Nr. 1 bis 4 BauNVO aufgeführt. Ich finde dort keine Hinweise im Gesetzestext auf Wohnnutzung. Ich gehe deshalb davon aus, dass eine Unterkunft, sei sie auch nur temporär, die dem Zweck „Wohnen“ dient, nach den Vorgaben des § 8 Absatz 2 BauNVO erst einmal nicht zulässig ist. Die Gemeinschaftsunterkunft entspricht daher nicht den Maßgaben des Bebauungsplans und ist gem. § 30 BauGB nicht genehmigungsfähig.

Prüferin: Gut. Eine Zwischenfrage. Welche Arten von Gebietstypen kennt das BauGB überhaupt?

Kandidat: Das BauGB kennt drei Arten von Gebietstypen. Nach § 30 BauGB das Plangebiet, den Innenbereich gemäß § 34 BauGB und den Außenbereich gemäß § 35 BauGB.

Prüferin: Richtig. Wie prüfen Sie grundsätzlich, welche Bauvorhaben in einem Gebiet zulässig sind?

Kandidat: Welche Bauvorhaben grundsätzlich zulässig sind ergibt sich aus § 1 Absatz 2 BauNVO.

Prüferin: Sehr gut. Fahren Sie bitte mit der Prüfung des Falls fort.

Kandidat: Zwar widerspricht das Vorhaben § 30 BauGB. Jedoch könnte es sich hier um eine rechtmäßige Befreiung von den Festsetzungen des Bebauungsplans nach § 246 Absatz 10 Satz 1 BauGB handeln.

Nach § 246 Absatz 10 Satz 1 BauGB kann in Gewerbegebieten für Aufnahmeeinrichtungen, Gemeinschaftsunterkünfte oder sonstige Unterkünfte für Flüchtlinge oder Asylbegehrende von den Festsetzungen des Bebauungsplans befreit werden, wenn an dem Standort Anlagen für soziale Zwecke als Ausnahme zugelassen werden können oder allgemein zulässig sind und die Abweichung auch unter Würdigung nachbarlicher Interessen mit den öffentlichen Belangen vereinbar ist.

Prüferin: Was bedeutet das? Muss die Behörde die Befreiung zulassen, sobald die tatbestandlichen Voraussetzungen des § 246 Absatz 10 BauGB vorliegen?

Kandidat: Nein. Liegen die tatbestandlichen Voraussetzungen vor, muss die Behörde bei ihrer Entscheidungsfindung das ihr zustehende Ermessen ordnungsgemäß ausgeübt haben. Wichtig ist hier hervorzuheben, dass für die Ausübung des Befreiungsermessens im Rahmen des § 246 Absatz 10 Satz 1 BauGB bei Erfüllung der tatbestandlichen Voraussetzungen wenig Spielraum bleibt. Da § 246 Absatz 10 Satz 1 BauGB die Zulassung von Flüchtlingsunterkünften trotz ihrer wohnähnlichen Nutzung im Gewerbegebiet erleichtern soll, können solche Nutzungskonflikte, die typischerweise mit der Zulassung von Flüchtlingsunterkünften in Gewerbegebieten verbunden sein können und dem Gebietscharakter widersprechen, einer Befreiung nicht entgegenstehen. Andernfalls würde die Befreiungsmöglichkeit des § 246 Absatz 10 Satz 1 BauGB ins Leere gehen. Die Entscheidung der Beklagten über die Befreiung ist hinsichtlich der Ermessensausübung mangels Anhaltspunkten im Sachverhalt aus meiner Sicht nicht zu beanstanden.

Prüferin: Sehr gut argumentiert. Und zu welchem Ergebnis kommen Sie?

Kandidat: Nachdem wie soeben dargestellt hier eine Befreiung gemäß § 246 Absatz 10 Satz 1 BauGB in rechtmäßiger Weise erfolgte, scheidet eine Rechtsverletzung aufgrund des Umstands, dass die allgemeine Zweckbestimmung des Gewerbegebietsgebiets nach § 8 Absatz 1 BauNVO durch die Zulassung des Vorhabens verfehlt wird, aus. Es liegt kein Verstoß gegen den Gebietserhaltungsanspruch vor.

Prüferin: Ok. Sie haben noch erwähnt, dass Sie der Meinung sind, das Rücksichtnahmegebot könnte betroffen sein. Fahren Sie bitte damit bei Ihrer Prüfung fort.

Kandidat: Das Rücksichtnahmegebot ergibt sich aus § 15 BauNVO. Daraus ergibt sich, dass das Vorhaben keinen nachbarlichen Interessen entgegenstehen darf. Hierbei müssen die nachbarlichen Belange und die Schutzwürdigkeit der Beteiligten gegeneinander abgewogen werden. Um eine Unterbringung in überfüllten Unterkünften zu vermeiden, erscheint es vernünftig, das geplante Vorhaben zu gestatten. Etwaige entgegenstehende nachbarschaftliche Interessen hat die Klägerin nicht ausdrücklich geltend gemacht. Die Klägerin erwähnt im Rahmen ihrer Klagebegründung nur potentielle, allgemein mögliche Auswirkungen, wie Störungen durch Auseinandersetzungen zwischen untergebrachten Personen oder lautstarke Aktivitäten im Freien, ohne einen im vorliegenden Fall zu ermittelnden Umstand zu nennen. Die auf dem Klägergrundstück bestehende Büronutzung ist weder besonders empfindlich gegenüber Immissionen, die von der streitgegenständlichen Unterkunftsnutzung ausgehen, noch handelt es sich bei der Büronutzung um einen emittierenden Betrieb, der aufgrund der genehmigten Unterkunftsnutzung mit Einschränkungen zu rechnen hätte. Das reicht nicht aus, um im vorliegenden Fall von einem Verstoß gegen das Rücksichtnahmegebot auszugehen.

Prüferin: Sehen Sie noch weitere möglichen Verstöße?

Kandidat: Ich denke nein.

Prüferin: Sehr richtig. Was ist Ihr Ergebnis?

Kandidat: Mein Ergebnis ist, dass die Klage keine Aussicht auf Erfolg hat. Die Klage ist zwar zulässig, aber unbegründet.

Prüferin: Ok, letzte Frage. Gibt es bei einem vollständigen Unterliegen im verwaltungsgerichtlichen Klageverfahren noch etwas zu beachten?

Kandidat: Die Kostenfolge des § 154 VwGO. Die Klägerin als unterliegender Teil trägt die Kosten des Verfahrens.

Prüferin: Vielen Dank. Damit sind wir am Ende der Prüfung.

Auf einen Blick

Die Drittanfechtungsklage ermöglicht es Dritten in Ausnahmefällen gegen Verwaltungsakte vorzugehen, von denen sie selbst nicht Adressat sind (z.B. Nachbar eines Grundstücks). Ein Nachbar hat aber nur dann Rechtsschutzmöglichkeiten, wenn er klagebefugt ist, das heißt wenn er geltend machen kann, in seinen eigenen Rechten verletzt zu sein. Dies ist dann der Fall, wenn die Vorschrift des öffentlichen Baurechts Drittschutz gewährt, das bedeutet ein subjektiv-öffentliches Recht begründet. Nach der Schutznormtheorie verleiht eine Norm subjektive Rechte, wenn sie neben dem Schutz öffentlicher Interessen auch dazu bestimmt ist, dem Interesse einzelnen Personen oder Personengruppen zu dienen.

Das Rücksichtnahmegebot schafft einen Ausgleich zwischen den Bauherren, sowie seinen Nachbarn und seiner Umgebung. Das Rücksichtnahmegebot schützt Individualinteressen mit unterschiedlicher Zielrichtung (z.B. Trennung von miteinander unverträglicher Nutzung von Grundstücken, Schutz vor Immissionen/Emmissionen). Es handelt sich dabei nicht um ein eigenständiges Prinzip, auf dessen Grundlage Rechte und Ansprüche geltend gemacht werden können, sondern es ist in unterschiedlichen Rechtsnormen enthalten, z.B. wie hier § 15 BauNVO.

Zur Vertiefung

Das Prüfungsgespräch basiert auf: VG München, Urteil v. 7. Februar 2022 – M 8 K 19.6345 sowie OVG Nordrhein-Westfalen, Beschluss v. 11. September 2023 – 10 B 695/23

Drittanfechtungsklage:	*Schenke*, Verwaltungsprozessrecht, 18. Auflage 2023, Rn. 552 ff. *Stollmann*, Öffentliches Baurecht, 13. Auflage 2022, S. 312. *Eyermann/Schnübel-Pfister*, VwGO, 16. Auflage 2022, § 42 Rn. 89 ff. *Kopp/Schenke/Schenke*, VwGO, 29. Auflage 2023, § 42 Rn. 42 sowie Rn. 83.
Gebietserhaltungsanspruch:	*Stollmann*, Öffentliches Baurecht, 13. Auflage 2022, S. 329 ff.
(Befristete) Sonderregelungen für Flüchtlingsunterkünfte:	*Battis/Kratzberger/Löhr*, BauGB, 15. Auflage 2022, § 246 Rn. 10.
Rücksichtnahmegebot:	*Mucke/Stemmler*, Fälle zum öffentlichen Baurecht, 9. Auflage 2022, Rn. 273 ff. *Stollmann*, Öffentliches Baurecht, 13. Auflage 2022, S. 95.

III. Strafrecht

Fall 1
Überfall im Auto

Strafrecht AT:	Mittäterschaft
Strafrecht BT:	Abgrenzung Raub und räuberische Erpressung und Qualifikationen, Erpresserischer Menschenraub, Räuberischer Angriff auf Kraftfahrer

T1 und T2 haben einen Plan entwickelt. Sie wollen gemeinsam entlegene Bankfilialen ausspähen und deren Kunden, die dort Geld abheben, auflauern und überfallen. Sie vereinbaren, dass T1 ein Butterflymesser mitnimmt. Es könnte schließlich sein, dass jemand Widerstand leistet. Die Beute wollen sie teilen. T1 und T2 begeben sich, ihrem Tatplan entsprechend, zu einer Bankfiliale. Dort beobachten sie O, der gerade 500 Euro abgehoben hat. O verlässt den Schalterraum der Bank und betritt die Straße. T1 und T2 stürzen sich auf ihn. O gelingt zunächst die Flucht in sein am Straßenrand geparktes Auto. O startet den Motor. Er kann jedoch nicht mehr rechtzeitig die Türen verriegeln, sodass T1 und T2 ebenfalls in das Fahrzeug des O gelangen. T1 sitzt auf dem Rücksitz und T2 auf dem Beifahrersitz. O macht den Motor wieder aus. Eine Flucht durch das Losfahren hält er für sinnlos. T1 hält dem O, auf der Rückbank sitzend, das Butterflymesser von hinten in die rechte Seite über der Hüfte, während T2 O auffordert: „Geld und Handy her!". O händigt T2 daraufhin den abgehobenen Geldbetrag in Höhe von 500 Euro und sein Handy aus. Er bemerkt das Messer jedoch nicht wegen seiner dicken, derben Lederjacke. Das Geld und das Handy gibt der O allein aufgrund des insgesamt bedrohlichen Verhaltens von T1 und T2 heraus. Schließlich gelingt T1 und T2, nachdem sie das Fahrzeug des O verlassen haben, die Flucht.

Wie haben sich T1 und T2 strafbar gemacht?

Prüfer: Haben Sie den Sachverhalt verstanden?

Kandidat: Ja, ich denke, ich habe den Sachverhalt vollständig erfasst.

Prüfer: Beginnen Sie bitte mit der Prüfung und bilden zunächst einen in einer Klausur üblichen Obersatz.

Kandidat: T1 und T2 könnten sich wegen einer gemeinschaftlichen räuberischen Erpressung strafbar gemacht haben, indem sie sich vom O in dessen Auto das Geld und das Handy aushändigen ließen.

Prüfer: Sie stellen direkt auf die räuberische Erpressung ab. Wo ist die räuberische Erpressung geregelt? Was hat Sie bewogen, mit der räuberischen Erpressung Ihre strafrechtliche Prüfung zu beginnen?

Kandidat: Die räuberische Erpressung ist geregelt in den §§ 253 Absatz 1, 255 StGB, und vorliegend ist noch § 25 Absatz 2 StGB der Vollständigkeit halber zu zitieren, da T1 und T2 nach einem gemeinsamen Tatplan gemeinschaftlich, gewissermaßen arbeitsteilig, wechselseitige Tatbeiträge geleistet haben und sich nach ihrem gefassten Tatplan die Beute teilen wollten. Sie handeln als Mittäter, nach § 25 Absatz 2 StGB. Auf die räuberische Erpressung habe ich deshalb sofort abgestellt, weil nach dem äußeren Erscheinungsbild keine Raubstrafbarkeit in Betracht kommt.

Prüfer: Können Sie das bitte näher erläutern? Was verbirgt sich hinter Ihrer Aussage, *„nach dem äußeren Erscheinungsbild liegt keine Raubstrafbarkeit vor"*?

Kandidat: Es bietet sich hier an, näher auf die Abgrenzung zwischen räuberischer Erpressung und Raub einzugehen. Nach der ständigen obergerichtlichen Rechtsprechung ist für die Abgrenzung von Raub und räuberischer Erpressung, auf das äußere Erscheinungsbild abzustellen. Maßgeblich ist auf das vermögensschädigende Verhalten des Verletzten, hier des O, abzustellen. Nach dem äußeren Erscheinungsbild hat O die 500 Euro ebenso wie das Handy herausgegeben. Er hat über sein Vermögen verfügt. Nach dem äußeren Erscheinungsbild liegt hier eine Weggabe und keine Wegnahme vor.

Prüfer: Und wann spricht folgerichtig die Rechtsprechung von Raubstrafbarkeit?

Kandidat: Eine Raubstrafbarkeit liegt nach der Rechtsprechung des BGH immer dann vor, wenn der Einsatz des Nötigungsmittels nicht zu einer Gewahrsamsübertragung durch den Genötigten geführt hat, sondern lediglich die Möglichkeit eines Gewahrsamsbruchs durch den Täter geschaffen wird, also die Wegnahme durch den Nötigenden, äußerlich erkennbar, festzustellen ist. Dann geht der BGH von einer Raubstrafbarkeit aus.

Prüfer: Das haben Sie sehr anschaulich dargestellt. Und wie steht die herrschende Lehre zu dieser in ständiger Rechtsprechung vertretenen Ansicht?

Kandidat: Die Literatur verlangt eine Vermögensverfügung, wobei nach der herrschenden Lehre es ausreichend erscheint, wenn der Genötigte an der Vermögensverschiebung in einer Weise mitwirkt, die nach seiner Vorstellung unerlässlich ist. Auf unseren Fall bezogen bedeutet das: Der O hält seine Mitwirkung für notwendig. Er muss das Geld und das Handy herausgeben, den beiden T1 und T2 übergeben. Im Ergebnis ist nach beiden Ansichten, sowohl nach der Rechtsprechung als auch nach der Ansicht der herrschenden Lehre hier eher von einer räuberischen Erpressung, in Mittäterschaft begangen, auszugehen, deshalb habe ich bereits eingangs direkt auf die gemeinschaftliche räuberische Erpressung abgestellt.

Prüfer: Was setzt eine Strafbarkeit mit Blick auf die räuberische Erpressung weiter voraus?

Kandidat: Es bedarf noch einer Nötigungshandlung.

Prüfer: Was heißt das? Und welches Problem ergibt sich hier in unserem Sachverhalt?

Kandidat: Problematisch ist, ob hier Gewalt oder Drohung mit einer gegenwärtigen Gefahr für Leib oder Leben angewandt wurde. Gewalt ist der physisch vermittelte Zwang zur Überwindung eines Widerstands.

Prüfer: Wenden Sie das bitte auf den Sachverhalt an!

Kandidat: Der Einsatz des Butterflymessers kann hier nicht als Gewalt gewertet werden. O hat den Einsatz des Messers aufgrund der derb gepolsterten Lederjacke nicht bemerkt. Aus demselben Grund scheitert auch eine Drohung mit dem Messer.

Prüfer: Lag also keine Bedrohungssituation vor? Und fehlt damit der Einsatz eines Nötigungsmittels?

Kandidat: Ich möchte zunächst noch erläutern, was wir unter einer Drohung i.S.d. räuberischen Erpressung verstehen. Der Drohende stellt ein Übel in Aussicht für den Fall, dass sich der Bedrohte, dem Willen des Drohenden nicht zu beugen, bereit ist. D.h. mit Blick auf unseren Sachverhalt, müsste es für O eine Zwangslage bestanden haben. Dem Sachverhalt habe ich entnommen, dass O das Geld und das Handy herausgegeben hat unter dem Eindruck des bedrohlichen Verhaltens von T1 und T2 insgesamt. Es lag hier eine allgemein bedrohliche Situation vor. T1 und T2 haben den O eingeschüchtert, sie haben einen bedrohlichen Eindruck auf O gemacht. Diese Bedrohung ist auch objektiv als eine Zwangslage zu verstehen, in der ein Dritter eine gegenwärtige Gefahr für Leib oder Leben verspürt. Hier haben T1 und T2 nachts an einem abgelegenen Ort dem O gegenüber ein Bedrohungsszenario aufgebaut, bei dem O objektiv betrachtet, um seine Gesundheit und sein Leben fürchten musste und diese Bedrohungslage bestand für O, ohne dass er das Butterflymesser überhaupt sah oder an seinem Körper spürte.

Prüfer: Das lässt sich gut hören. Führen Sie das Ganze – an dieser Stelle – noch zum Abschluss, bitte.

Kandidat: T1 und T2 haben sich durch ihre wechselseitigen Handlungen aufgrund der zuvor von ihnen getroffenen Verabredung arbeitsteilig einer räuberischen Erpressung gemäß den §§ 253 Absatz 1, 255, 25 Absatz 2 StGB strafbar gemacht, sie handelten vorsätzlich, rechtswidrig i.S.d. § 253 Absatz 2 StGB und auch schuldhaft.

Prüfer: Wie gehts weiter?

Kandidat: Einer räuberischen Erpressung in der qualifizierten Form nach § 250 Absatz 1 Nr. 1a StGB, in der Form des Beisichführens einer Waffe oder eines anderen gefährlichen Werkzeugs in der Vollendung, haben sich T1 und T2, trotz des Mitführens des Butterflymessers durch T1, nicht strafbar gemacht. Denn das Beisichführen setzt die Kenntnis des Opfers, hier des O, voraus.

Prüfer: Folgerichtig prüfen Sie also was?

Kandidat: Ich widme mich nun der Prüfung einer versuchten schweren räuberischen Erpressung nach §§ 253, 255, 250 Absatz 1 Nr. 1a StGB.

Prüfer: Das wollen wir zunächst kurz zurückstellen. Schauen Sie sich bitte die Struktur der Qualifikation des § 250 StGB einmal an. Worauf könnten Sie zunächst noch eingehen?

Kandidat: Man könnte zunächst auch an eine Qualifikation nach § 250 Absatz 2 Nr. 1 StGB denken, nämlich, wenn der Täter oder ein anderer Beteiligter bei der Tat eine Waffe oder ein anderes gefährliches Werkzeug verwendet.

Prüfer: Richtig, das ist zutreffend, dass Sie hierauf eingehen. Immerhin ist die Qualifikation nach Absatz 2 mit Blick auf das Strafmaß „nicht unter fünf Jahren" nochmals eine gesteigerte, qualifizierte Form.

Kandidat: Dann müsste T1 das Messer verwendet haben und zwar zur Herbeiführung der Zwangslage. Hier hat O das Messer aber nicht wahrgenommen und somit ist das Messer nicht Drohmittel geworden. § 250 Absatz 2 Nr. 1 StGB ist nicht erfüllt. § 250 Absatz 2 Nr. 1 StGB setzt nämlich voraus, dass das gefährliche Tatmittel, die Waffe oder das andere gefährliche Werkzeug, zur Verwirklichung der raubspezifischen Nötigung eingesetzt wird. Das gefährliche Tatmittel muss zur Gewaltanwendung oder zur Drohung mit Gewalt eingesetzt werden.

Hier hat T1 das Messer weder zur Gewaltausübung noch zur Drohung verwandt. Von dem Messer an sich ging keine Gewalt aus. Es gab vom Butterflymesser ausgehend keine körperliche Zwangseinwirkung. Auch eine Drohung auf O ist seitens des von T1 genutzten Butterflymessers nicht ausgegangen. Das ausdrückliche oder konkludente In-Aussicht-Stellen eines Übels, auf welches der T1 vorgibt, Einfluss zu haben, erfordert, dass der Bedrohte, hier O, sich dem Willen des Drohenden, hier T1, beugt. Dafür muss O jedoch die Zwangslage spüren. O hatte keine Kenntnis von dem Messer und insoweit auch keine Kenntnis von der Drohung. O hat das Messer überhaupt nicht bemerkt. Daher fehlt es an einer entsprechend qualifizierten Nötigungshandlung auf den Willen des O.

Prüfer: Ihre Arbeit mit den Sachverhaltsangaben war sehr ansprechend. Im Ergebnis scheidet also eine Strafbarkeit wegen einer vollendeten schweren räuberischen Erpressung aus. Sie hatten bereits die Versuchsstrafbarkeit angedeutet. Gehen Sie hierauf bitte nochmals ein.

Kandidat: Ja, T1 und T2 haben vereinbart, das Butterflymesser für den Fall einzusetzen, dass ihnen Widerstand entgegengebracht wird. Der Tatentschluss der beiden bezog sich also auf die Erfüllung des Qualifikationstatbestandes nach § 250 Absatz 2 Nr. 1 StGB. Ihnen kam es gerade darauf an, dass der O das Messer bemerkt und indem T1 ihm, dem O, das Messer in die Seite hielt, haben beide auch unmittelbar zur Tatbestandsverwirklichung angesetzt. Somit liegt ein Versuch der schweren räuberischen Erpressung nach § 255 i.Vm. § 250 Absatz 2 Nr. 1 StGB vor.

Prüfer: Es bleibt also bei der Strafbarkeit einer versuchten schweren räuberischen Erpressung. Oder sehen Sie noch weitere Delikte, die hier in Betracht kommen?

Kandidat: Möglich erscheint noch eine Strafbarkeit von T1 und T2 bezüglich eines erpresserischen Menschenraubes gemäß §§ 239a Absatz 1, 25 Absatz 2 StGB.

Prüfer: Einverstanden. Kommen Sie bitte direkt auf das Problem zu sprechen.

Kandidat: Problematisch ist, ob sogenannte Zwei-Personen-Konstellationen vom Anwendungsbereich des erpresserischen Menschenraubs erfasst sind.

Prüfer: Können Sie das bitte näher ausführen, was Sie hierunter verstehen?

Kandidat: Vom Grundverständnis her betrachte ich den erpresserischen Menschenraub in den meisten Fällen in einer Dreiecksstruktur. Damit meine ich, wir haben einen Täter, wir haben einen Entführten, (das Entführungsopfer) und wir haben einen Genötigten. Hier in unserem Fall ist es jedoch so, dass wir lediglich ein Zwei-Personen-Verhältnis haben.

Prüfer: Wie sollen wir das verstehen? Wir haben hier doch auch den O und zwei Täter, T1 und T2. Ist das nicht auch eine sog. Dreiecksstruktur, von der Sie sprechen?

Kandidat: Nein, hier haben wir keine Dreiecksstruktur, weil zwei Personen gewissermaßen wie eine Person, nämlich gemeinschaftlich auf ein Opfer, hier den O, einwirken. Das steht einem sog. Zwei-Personen-Verhältnis gleich. Beide haben sich des O bemächtigt. Beide Täter üben gemeinschaftlich eine gewisse physische Herrschaft über O aus. Diese haben sie in dem Moment erreicht, indem sie zu dem O in das Auto steigen und insgesamt die für ihn bedrohliche Situation geschaffen haben. Dem steht nicht entgegen, dass sie hier den O nicht fortgeschafft haben, an einen anderen Ort verbracht haben. Allerdings – und hier kommt es zu der durch die ständige Rechtsprechung entwickelten Einschränkung – erfordert das Vorliegen einer Bemächtigungssituation, dass diese über die eigentlich angestrebte Erpressungshandlung hinaus, eine eigenständige Bedeutung erlangt.

Im Ergebnis ist Voraussetzung für das Ausnutzen der Bemächtigungssituation eine gewisse Stabilisierung des Beherrschens des Nötigungsopfers, es wird gemeinhin von der Stabilisierung der Beherrschungslage gesprochen, die hier durch T1 und T2 ausgenutzt werden müsste.

Prüfer: Was bedeutet das für unseren Sachverhalt?

Kandidat: Es fehlt hier gerade an der gewissen Stabilisierung wegen der Kürze des Tatgeschehens. T1 und T2 haben über die Schaffung der allgemeinen Bedrohungssituation keine darüberhinausgehende Beherrschungslage geschaffen, die sie für eine Erpressung ausgenutzt haben.

Prüfer: Das ist vollkommen richtig, wie Sie es darstellen.

Die Rechtsprechung hat insoweit versucht, den Anwendungsbereich des § 239a StGB – im Übrigen auch den des § 239b StGB – einzuschränken und zu den §§ 177, 253, 255 StGB für sog. Zwei-Personen-Verhältnisse abzugrenzen und spricht in diesem Zusammenhang von einem unvollkommenen zweiaktigen Delikt.

Sehen Sie noch ein weiteres Delikt, auf dass sich unsere Prüfung erstrecken könnte?

Kandidat: T1 und T2 könnten sich noch wegen eines räuberischen Angriffs auf Kraftfahrer strafbar gemacht haben gemäß §§ 316a Absatz 1, 25 Absatz 2 StGB.

Prüfer: Ja. Bitte kommen Sie auch mit Blick auf diesen Tatbestand und eine mögliche Strafbarkeit direkt zum Problem.

Kandidat: Der objektive Tatbestand setzt einen Angriff auf Leib, Leben oder die Entschlussfreiheit des Führers eines Kraftfahrzeugs (oder eines Mitfahrers) voraus. Und hier ist problematisch, ob O der Führer eines Kraftfahrzeugs ist. Führer eines Kraftfahrzeuges ist derjenige, der als Fahrer mit der Bewältigung von Verkehrsvorgängen beschäftigt ist. Hier hat O zunächst den Betriebsvorgang durch das Starten des Motors in Gang gesetzt. Er war insoweit mit Betriebs- und Verkehrsvorgängen beschäftigt. Er war im Begriff, loszufahren. Im Ergebnis kann ich festhalten, dass O mit dem Starten des Motors zum Führer i.S.d. § 316a Absatz 1 StGB geworden ist.

Prüfer: Das lässt sich hören, wie geht Ihre Prüfung weiter?

Kandidat: T1 und T2 haben sich auf O gestürzt. Somit liegt auch ein Angriff auf einen Führer, nämlich hier O i.S.d. § 316a Absatz 1 StGB vor.

Prüfer: Ist das tatsächlich überzeugend? Kann man das auch anders sehen, immerhin hat der Angriff bereits außerhalb des Autos stattgefunden. T1 und T2 haben den Angriff auf O begonnen, nachdem er aus der Bankfiliale auf die Straße getreten ist.

Kandidat: Der ursprüngliche Angriff von T1 und T2 noch außerhalb des Autos, auf der Straße, hat sich meiner Ansicht nach zumindest fortgesetzt, wenn nicht gar verstärkt innerhalb des Autos, als T1 auf der Rückbank und T2 auf dem Beifahrersitz Platz genommen haben.

Prüfer: Das kann man so vertreten, denn ein Angriff ist jede auf die Verletzung eines der genannten Rechtsgüter gerichtete, feindselige Handlung. Hier haben die T1 und T2 als Mittäter auf den O als Kraftfahrzeugführer und dessen Entschlussfreiheit eingewirkt. Ist damit die Prüfung beendet?

Kandidat: Nein, T1 und T2 müssten darüber hinaus die besonderen Verhältnisse des Straßenverkehrs für ihren Angriff ausgenutzt haben. Das Tatbestandsmerkmal ist dann erfüllt, wenn gerade die Beschäftigung des Opfers mit den Betriebsvorgängen, die mit dem Führen eines Kraftfahrzeuges verbunden sind und wegen derer für das Opfer eine gewisse Schutzlosigkeit und Einschränkung der Verteidigungsfähigkeit entsteht, ausgenutzt werden.

Das ist hier fraglich. Bereits vom subjektiven Tatbestand betrachtet, wollten T1 und T2 ihren Beutezug bereits auf der Straße vollenden. Der O war es, der mit seiner Flucht in das Fahrzeug und dem Starten des Motors seine aktive Abwehrfähigkeit und sein Reaktionsvermögen eingeschränkt und beeinträchtigt hat. Das spricht eher gegen die Annahme, dass T1 und T2 die besonderen Verhältnisse des Straßenverkehrs für ihren Angriff ausgenutzt haben.

Prüfer: Das ist, wie Sie es darstellen, vertretbar. Auch hier kann man, denke ich, eine andere Auffassung vertreten. Immerhin haben T1 und T2 die besondere Gefährdung des O in dem Moment erkannt, als O in das Auto flüchtete und den Motor startete. Sie sind ihm dennoch gefolgt und haben das Bedrohungsszenario weiter vervollkommnet, intensiviert, zumindest aufrechterhalten. Damit haben sich T1 und T2 die besonderen Verhältnisse des Straßenverkehrs zumindest zunutze gemacht. Sie haben diese Verhältnisse hingenommen. Ich denke, hier sind beide Auffassungen gut vertretbar.

Wollen Sie bitte noch mit Blick auf die Konkurrenzen ein Gesamtergebnis kurz darstellen?

Kandidat: Hier haben sich T1 und T2 einer versuchten schweren räuberischen Erpressung nach den §§ 253, 255, 250 Absatz 2 Nr. 1, 22, 23, 25 Absatz 2 StGB und einer vollendeten schweren räuberischen Erpressung nach § 250 Absatz 1 Nr. 1a StGB strafbar gemacht. Fraglich ist, wie die beiden Delikte zueinander im Verhältnis stehen. Einerseits könnte man die Auffassung vertreten, dass die vollendete Qualifikation des § 250 Absatz 1 Nr. 1a StGB die versuchte Qualifikation nach § 250 Absatz 2 Nr. 1, 22, 23 StGB verdrängt. Daneben könnte jedoch ebenso Tateinheit zwischen beiden vorliegen. Und schließlich könnte man auch die Auffassung vertreten, dass die versuchte Qualifikation spezieller ist als die vollendete Qualifikation.

Prüfer: Was spricht gegen die von Ihnen skizzierte konkurrenzrechtliche Bewertung der Spezialität?

Kandidat: Ich weiß nicht, worauf Sie hinauswollen. Meinen Sie möglicherweise, dass immerhin eine vollendete Qualifikation, wenn auch im Strafmaß geringerwertige, vorliegt?

Prüfer: Ja, das geht durchaus in die Richtung, die ich vor Augen habe.

Mit Blick auf die Klarstellungsfunktion des Tenors eines Urteils ist es wichtig, dass zum Ausdruck gebracht wird, dass eine qualifizierte räuberische Erpressung vollendet wurde. Und insoweit könnte man auch wiederum die Klarheit des Tenors als Argument dafür anführen, dass dieser nicht überfrachtet werden soll, etwa durch die Darstellung, dass zwischen der versuchten Qualifikation und der vollendeten Qualifikation Tateinheit bestehe. Damit haben wir auch ein Argument gegen die Auffassung, die zwischen beiden Delikten, wie wir sie hier dargestellt haben, Tateinheit annehmen würde.

Kandidat: Dann würde ich vorschlagen, dass die lediglich versuchte Qualifikation nach § 250 Absatz 2 Nr. 1 StGB von der vollendeten Qualifikation nach § 250 Absatz 1 Nr. 1a StGB verdrängt wird.

Prüfer: Das lässt sich hören. Damit haben wir hier auch die Auffassung des BGH als die vorzugswürdige Auffassung im Ergebnis dargestellt. Vielen Dank.

Auf einen Blick

Das Verhältnis der Delikte Raub und räuberische Erpressung nach den §§ 249, 253, 255 StGB ist umstritten. Der BGH sieht in jedem Raub eine räuberische Erpressung. Der Raub sei lex specialis zur räuberischen Erpressung. Nach Ansicht der ständigen Rechtsprechung ist für eine Raubstrafbarkeit ausreichend, dass das Nötigungsopfer die Wegnahme duldet. Eine Vermögensverfügung sei nicht erforderlich. Schließlich erfolge eine Abgrenzung auf der Konkurrenzebene. Der BGH stellt auf das äußere Erscheinungsbild ab, wonach ein Nehmen für § 249 StGB und ein Geben für die §§ 253, 255 StGB spräche. Demgegenüber sieht die h.M. in der Literatur zwischen Raub und räuberischer Erpressung ein Exklusivitätsverhältnis. Beide Tatbestände schließen sich aus. Die räuberische Erpressung sei ein Selbstschädigungsdelikt, ähnlich wie der Betrug, und erfordere deshalb eine Vermögensverfügung.

Der schwere Raub, die Qualifikation nach § 250 Absatz 1 Nr. 1a und Nr. 1b StGB stellt das Beisichführen von Waffen und anderen gefährlichen Werkzeugen unter die Mindeststrafe von drei Jahren. Erfasst wird schließlich die abstrakte Gefährdung von Leib und Leben anderer Personen durch die bloße Möglichkeit der Verwendung, generell gefährlicher Gegenstände. Das Beisichführen von Waffen und gefährlichen Werkzeugen zu irgendeinem Zeitpunkt, zwischen dem Ansetzen zum Versuch und der Tatbeendigung ist ausreichend. Der Qualifikationstatbestand, § 250 Absatz 1 Nr. 1b StGB ist nach h.M. ein Auffangtatbestand. Die Tatmittel können nach ständiger Rechtsprechung auch sog. Scheinwaffen sein, d.h. Gegenstände, von denen aufgrund ihrer bestimmungsgemäßen Eigenschaften oder ihrer objektiven Beschaffenheit weder eine Gefahr ausgeht und darüber hinaus vom Täter im konkret beabsichtigten Einsatz auch keine objektive Gefahr für Leib und Leben eines anderen erzeugt, jedoch eine Bedrohungswirkung vom Täter auf den Betroffenen entfaltet wird. Neben den Scheinwaffen erkennt die Rechtsprechung noch die sog. scheinuntauglichen Gegenstände als Drohmittel an, die offensichtlich ungefährlich sind und deshalb nicht als Scheinwaffen dienen können. Hierbei geht der motivatorische Druck in erster Linie von einer Täuschung aus und nicht von dem Gegenstand selbst. Geprägt wird die Rechtsprechung durch eine Entscheidung zu einem Lippenpflegestift, Labello. Derartige Gegenstände können nicht den Schein einer Waffe begründen. Die Kritiker in der Literatur an der „Labello-Rechtsprechung“ – unter Berücksichtigung einer neueren Entscheidung des BGH (4 StR 61/23 „Luftpumpe“) – weisen auf die Widersprüchlichkeit und die Nichtvereinbarkeit mit der Systematik von §§ 244, 250 StGB hin. Die Rechtsprechung sei mit dem Wortlaut des § 250 Absatz 1 Nr. 1 StGB nicht vereinbar. Ergebnisse seien eher zufällig, worauf in der Literatur eindrucksvoll hingewiesen wird.

Die §§ 239a, 239b StGB führen jeweils in der Bemächtigungsvariante im Bereich der Absicht zum Problem und der Frage, ob in jeder räuberischen Erpressung ein erpresserischer Menschenraub zu sehen ist. Der deutlich höhere Strafrahmen des § 239a StGB von 5 bis 15 Jahren ist zu berücksichtigen. In der h.M. wird eine stabile Bemächtigungslage verlangt mit einer eigenständigen Nötigungswirkung. Dies mit der Folge, dass eine Strafbarkeit nach § 239a StGB und nach § 239b StGB dann ausscheidet, wenn das Nötigungsmittel i.S.d. Raubes und der räuberischen

Erpressung lediglich zugleich das Mittel der Bemächtigung ist. Nach diesem Verständnis wird eine – nach Vorstellung des Täters – Zweiaktigkeit des Geschehens verlangt; einerseits das Entführen, Sich-bemächtigen und andererseits die Nötigung. Berechtigte Kritik wird insoweit geäußert, dass die Unterscheidung nach stabilisierten und nicht stabilisierten Gewaltverhältnissen eher zufällig erscheint und möglicherweise einen rigoros vorgehenden, besonders brutal agierenden Täter, demjenigen gegenüber privilegiert, der eine zuvor geschaffenen Nötigungslage ausnutzt.

Die Prüfung des § 316a Absatz 1 StGB ist ebenso über den Angriff auf die Entschlussfreiheit unter Ausnutzung der besonderen Verhältnisse des Straßenverkehrs und den subjektiven Tatbestand, nämlich die Absicht, einen Raub, einen räuberischen Diebstahl oder eine räuberische Erpressung zu begehen, mit der Raubstrafbarkeit und den dortigen Problemen verbunden.

Die Prüfung der Mittäterschaft erfolgt in der Form, dass mit der Prüfung der Strafbarkeit des Tatnächsten begonnen wird. Die Prüfung der Strafbarkeit des Mittäters schließt sich an. Im Rahmen des objektiven Tatbestands erfolgt die Zurechnung der Tathandlungen (hier Gewalt- und Wegnahmehandlung) des jeweiligen Mittäters, der den Verursachungsbeitrag leistet aufgrund eines gemeinsamen Tatplans.

Zur Vertiefung

Abgrenzung Raub und räuberische Erpressung:	*Fischer*, StGB, 71. Auflage 2024, § 255, Rn. 5 f. *Bosch* in Schönke/Schröder, StGB, 30. Auflage 2019, § 253, Rn. 31. *Wessels/Hillenkamp/Schuhr*, Strafrecht BT 2, 46. Auflage 2023, S. 163 ff., 369 ff. *Krey/Hellmann/Heinrich*, Strafrecht BT 2, 18. Auflage 2021, Rn. 278 ff., 310 ff., 477 ff. *Mitsch*, Strafrecht BT 2, 3. Auflage 2015, S. 491 ff., 581 ff.
Beisichführen von Waffen und anderen gefährlichen Werkzeugen:	*Fischer*, StGB, 71. Auflage 2024, § 250, Rn. 3 m.w.N. auf die Rechtsprechung. *Bosch* in Schönke/Schröder, 30. Auflage 2019, § 250, Rn. 5. *Wessels/Hillenkamp/Schuhr*, Strafrecht BT 2, 46. Auflage 2023, S. 176 ff. *Mitsch*, Strafrecht BT 2, 3. Auflage 2015, S. 491 ff.
Sich-Bemächtigen im Zwei-Personen-Verhältnis:	*Fischer*, StGB, 71. Auflage 2024, § 239a, Rn. 6 ff. *Eisele* in Schönke/Schröder, 30. Auflage 2019, § 239a, Rn. 13a. *Mitsch*, Strafrecht BT 2, 3. Auflage 2015, S. 671.
Räuberischer Angriff auf Kraftfahrer, § 316a StGB:	*Fischer*, StGB, 71. Auflage 2024, § 316a, Rn. 4 ff. m.w.N. auf die Rechtsprechung. *Hecker* in Schönke/Schröder, 30. Auflage 2019, § 316a, Rn. 4 ff.

Wessels/Hillenkamp/Schuhr, Strafrecht BT 2, 46. Auflage 2023, S. 206 ff.

Krey/Hellmann/Heinrich, Strafrecht BT 2, 18. Auflage 2021, Rn. 359 ff.

Mitsch, Strafrecht BT 2, 3. Auflage 2015, S. 641 ff.

Konkurrenzen:

BGH NJW 2004, 3734.

Fischer, StGB, 71. Auflage 2024, § 250, Rn. 30 ff.

Fall 2
Fahrt auf der Avus

Strafrecht AT:	Schuldfähigkeit, Actio libera in causa
Strafrecht BT:	Verbotene Kraftfahrzeugrennen, Widerstand gegen Vollstreckungsbeamte, Gefährlicher Eingriff in den Straßenverkehr, Einfache und gefährliche Körperverletzung, Unerlaubtes Entfernen vom Unfallort, Trunkenheit im Verkehr, Vollrausch
Strafprozessrecht:	Relative und absolute Antragsdelikte, Körperliche Untersuchung des Beschuldigten, Beweisverwertungsverbot

T gibt sich gern der Geschwindigkeit hin. Sie liebt es, über die Avus zu brettern. An einem Sonntagabend nach Sonnenuntergang fährt sie an der Anschlussstelle Berliner Funkturm auf die zu diesem Zeitpunkt wenig befahrene Berlin Autobahn – Avus, auf der lediglich 100 km/h erlaubt sind, gibt Vollgas und erreicht Geschwindigkeiten bis zu 200 km/h über eine Strecke von mehreren Kilometern. T benutzt die linke Fahrspur, die zu diesem Zeitpunkt komplett frei ist. T überholt eine Zivilstreife. Die Polizeibeamten P1 und P2 ordnen sich direkt hinter T auf der linken Spur ein und verfolgen T. P1 fährt den Streifenwagen und schaltet Blaulicht und das akustische Signal (Martinshorn) und darüber hinaus eine in der Frontscheibe installierte elektronische Anzeigetafel an. Auf der Anzeigetafel wird in Spiegelschrift in großen roten Buchstaben, für T wahrnehmbar in ihrem Rückspiegel, „Stopp Polizei“ angezeigt. T bemerkt die Zivilstreife mit P1 und P2 hinter sich und liest „Stopp Polizei“. T will sich jedoch der befürchteten Strafverfolgung entziehen. Die Verfolgung führt T und die Zivilstreife an der Ausfahrt Hüttenweg vorbei. An der nächsten Ausfahrt Spanische Allee fährt T ab. Die Fahrt führt nunmehr durch Wohngebiete des Berliner Grunewalds. Die zulässige Höchstgeschwindigkeit von 50 km/h hält T nunmehr ein. P1 und P2 verfolgen T weiter. Sie können jedoch wegen des Gegenverkehrs und der kurvenreichen Strecke T nicht überholen und zum Anhalten bewegen. T fährt gefolgt von der Zivilstreife mit P1 und P2 auf eine grüne Ampel zu. Die Ampel schaltet wenige Meter vor T's Kandidat: an der Kreuzung von grün auf gelb. T fasst den Entschluss, einen Auffahrunfall zu provozieren. T will damit endgültig die weitere Verfolgung verhindern. T hätte durchaus in die Kreuzung einfahren dürfen, ohne eine Ordnungswidrigkeit zu begehen. Das wusste T auch. Dennoch: T macht eine Vollbremsung und wie von ihr beabsichtigt, bremst P1 ebenfalls scharf. Die Zivilstreife jedoch schafft es nicht mehr, rechtzeitig zum Stehen zu kommen und stößt frontal auf das Heck des Fahrzeugs der T. Beide Fahrzeuge sind beträchtlich beschädigt, sowohl der Pkw der T als auch das Fahrzeug der Zivilstreife. Das Polizeifahrzeug hat einen Schaden von 8000 Euro. P1 erleidet ein Schleudertrauma und P2, der versuchte, sich abzustützen, bricht sich den Arm. Schlimme Verletzungen werden durch die ausgelösten Airbags im Polizeifahrzeug verhindert, was von T vorhergesehen wurde. Eine Weiterfahrt mit dem Polizeifahrzeug ist jedoch nicht möglich. T bleibt unverletzt. Sie fährt mit ihrem am Heck stark beschädigten, aber fahrtüchtigen Fahrzeug über eine nächste rote Ampel, biegt auf einen Waldweg in den Grunewald ein und hält dort auf einem 5 km entfernten öffentlichen Parkplatz. Zur eigenen Beruhigung trinkt die T mehrere große Schlucke Vodka, den sie im Handschuhfach aufbewahrte. Sie beabsichtigt, sich volllaufen zu lassen und erst danach weiterzufahren. Nachdem sie die halbe Flasche Vodka ausgetrunken hat und zutreffend davon ausgeht, dass sie nicht mehr fahren dürfe, da sie sich kaum auf den Beinen halten kann, fährt T um 20:00 Uhr Richtung Glienicker Brücke nach Potsdam. Unmittelbar hinter der Glienicker Brücke stellt sie das Fahrzeug ab und geht zu Fuß. Eine Polizeistreife stellt das am Straßenrand geparkte Fahrzeug fest, erkennt aufgrund der Fahndung das Kennzeichen und den Unfallschaden am Heck und sieht T unweit des Fahrzeugs auf dem Gehweg Richtung Innenstadt torkeln. Der Streifenpolizist S nimmt T mit auf die Polizeidienststelle und ordnet eine Blutentnahme an, da T nachvollziehbar stark nach Alkohol riecht, sich kaum artikulieren kann. Im Krankenhaus Ernst von Bergmann in Potsdam wird T schließlich vom Krankenpfleger K ohne ihr Einverständnis um 00:00 Uhr eine Blutprobe entnommen, die eine Blutalkoholkonzentration von 2,1 ‰ aufweist.

Wie hat sich T strafbar gemacht? Auf § 114 StGB ist nicht einzugehen. Sämtliche erforderlichen Strafanträge sind wirksam gestellt.

Prüferin: Haben Sie den zugegebenermaßen etwas komplexen Sachverhalt verstanden?

Kandidat: Vom zeitlichen Ablauf haben Sie 20:00 Uhr genannt und 0:00 Uhr. Zur Trinkmenge haben Sie keine konkreten Angaben gemacht, habe ich das insoweit richtig verstanden?

Prüferin: Das ist zutreffend. Wenn Sie keine weiteren Fragen zum Sachverhalt haben, beginnen Sie bitte mit der Prüfung.

Kandidat: Zunächst einmal möchte ich den Sachverhalt in drei Tatkomplexe unterteilen und beginne mit der Fahrt auf der Avus.

Prüferin: Das ist nachvollziehbar. Welche Strafbarkeit der T kommt hier in Betracht? Bilden Sie bitte einen in der Klausur üblichen Obersatz.

Kandidat: T könnte sich wegen eines verbotenen Kraftfahrzeugrennens strafbar gemacht haben, indem sie mit 200 km/h über die Avus bei einer zulässigen Höchstgeschwindigkeit von 100 km/h fuhr.

Prüferin: Es fehlt noch die Norm.

Kandidat: Ja richtig, es handelt sich insoweit um § 315d Absatz 1 Nr. 3 StGB. T müsste ein Kraftfahrzeug geführt haben, das ist hier unproblematisch. T ist hier Fahrzeugführerin und sie ist auch im öffentlichen Verkehrsraum, nämlich auf der Stadtautobahn, der Avus und damit im Straßenverkehr gefahren. Nach Nr. 3 müsste T mit nicht angepasster Geschwindigkeit gefahren sein. Hier fährt T 200 km/h über mehrere Kilometer. Die erhebliche Geschwindigkeitsüberschreitung ist ein objektives Indiz dafür, dass die Geschwindigkeit nicht angepasst gewesen ist. Hier betone ich die Geschwindigkeitsüberschreitung als objektives Moment.

Prüferin: Welche objektiven Gegebenheiten sind vorliegend noch mitgeteilt worden und kommt es ausschließlich auf die objektiven Umstände an oder spielen auch subjektive Komponenten eine Rolle mit Blick auf § 315d Absatz 1 Nr. 3 StGB?

Kandidat: Zunächst einmal sind die objektiven Umstände, nämlich die konkreten, verkehrssituativen Gegebenheiten maßgeblich. Entscheidend sind hier neben der deutlichen Überschreitung der Höchstgeschwindigkeit um 100 km/h die konkreten Lichtverhältnisse. Sie teilten mit, dass die Fahrt an einem Sonntagabend, nach Sonnenuntergang stattgefunden hat. Das spricht für schlechtere Lichtverhältnisse als zur Tageszeit. Auf der anderen Seite war die Autobahn zu diesem Zeitpunkt (Sonntagabend) wenig befahren und die linke Spur war nach Ihrer Darstellung vollkommen frei. Auf der anderen Seite jedoch halte ich wiederum die 100 %ige Geschwindigkeitsüberschreitung mit Blick auf die zulässige Höchstgeschwindigkeit über einen Streckenabschnitt von mehreren Kilometern für ausschlaggebend, auch wenn ich subjektive Merkmale, wie beispielsweise das Leistungsvermögen, die fahrerischen Fähigkeiten der T, zu denen Sie uns wenig mitgeteilt haben, in einer Gesamtbetrachtung, ob sich die Fortbewegung mit *„nicht angepasster Geschwindigkeit"* vollzogen hat, einfließen lassen würde.

Prüferin: Das haben Sie sehr ansprechend dargestellt.

Kandidat: Ein Argument, welches mir noch einfällt ist, dass bei Schaffung des Tatbestandes verbotenes Kraftfahrzeugrennen nach § 315d StGB in Abgrenzung zu „normalen Geschwindigkeitsüberschreitungen" nicht lediglich erhebliche Geschwindigkeitsüberschreitungen für ausreichend erachtet werden sollten, sondern es sollte das Nachstellen von Kraftfahrzeugrennen mit einem einzigen Fahrzeug strafrechtlich erfasst werden.

Prüferin: In Ordnung. Wie geht die Prüfung weiter?

Kandidat: Der hier festgestellte besonders schwere Verstoß gegen Verkehrsvorschriften kann als grob verkehrswidrig eingeordnet werden. Darüber hinaus müsste T vorsätzlich gehandelt haben, d.h. mit Wissen und Wollen die objektiven Tatbestandsmerkmale verwirklicht haben. Das ist hier aus meiner Sicht unproblematisch der Fall. Darüber hinaus müsste T auch rücksichtslos gehandelt haben.

Prüferin: Wann handelt ein Täter rücksichtslos?

Kandidat: T hat rücksichtslos gehandelt, wenn sie sich aus eigensüchtigen Motiven über ihre Pflichten als Verkehrsteilnehmerin gegenüber anderen Verkehrsteilnehmern hinweggesetzt hat – allein dem eigenen Fortkommen willen -- oder auch dann, wenn sie gleichgültig von vornherein Bedenken gegen ihr Verhalten nicht aufkommen lässt und, so wie hier, einfach drauf losfährt. T gibt sich hier gern ihrem Geschwindigkeitsrausch hin. Ihre Motive sind eigensüchtig. Die Rücksichtnahmepflicht aus der Straßenverkehrsordnung verletzt sie in gravierender Weise. Vollgasfahren über die Avus ist ihr Hauptmotiv. Sie versucht, so schnell wie möglich zu fahren. Das Erreichen der höchstmöglichen Geschwindigkeit ist ihr Ziel.

Prüferin: Wie nennt man Delikte, in denen eine solche gesetzgeberische Konstruktion vorhanden ist, nämlich hier das Hauptmotiv – wie Sie zutreffend hervorgehoben haben – *„eine höchstmögliche Geschwindigkeit zu erreichen"*?

Kandidat: Ich weiß gerade nicht, worauf Sie hinauswollen?

Prüferin: Ich habe die Begrifflichkeit *„überschießende Innentendenz"* vor Augen. Sagt Ihnen das etwas?

Kandidat: Ach so, das meinen Sie. Von überschießender Innentendenz spricht man dann, wenn im subjektiven Tatbestand mehr verlangt wird, als im objektiven Tatbestand geschehen sein muss. Subjektive Tatbestandselemente haben keine Entsprechung – wenn Sie so wollen – auf der Ebene des objektiven Tatbestands.

Prüferin: Genau, das haben Sie zutreffend dargestellt. Sie sprachen davon, dass T vom Hauptmotiv getragen wird, eine höchstmögliche Geschwindigkeit zu erreichen. Muss das Erreichen der höchstmöglichen Geschwindigkeit der Hauptbeweggrund sein oder könnte die höchstmögliche Geschwindigkeit auch als notwendiges Zwischenziel, zum Erreichen eines anderen, ferneren Ziels, ausreichen?

Kandidat: Ich meine, dass der BGH das Erreichen der höchstmöglichen Geschwindigkeit nicht als Hauptmotiv, sondern auch als notwendiges Zwischenziel zum Erreichen eines anderen Hauptziels ausreichen lässt, beispielsweise in sogenannten Fluchtsituationen. Hier ist das Fluchtmotiv, sich vor der Polizei in „Sicherheit" zu bringen, z.B. das Hauptmotiv und die höchstmögliche, zu erreichende Geschwindigkeit, ist lediglich ein Zwischenziel. Der BGH wird in dieser Situation ebenfalls zu einer Strafbarkeit nach § 315d Absatz 1 Nr. 3 StGB kommen.

Prüferin: Was könnten Sie dagegen einwenden?

Kandidat: Eine Gegenansicht führt die Systematik des § 315d Absatz 1 StGB an. Die Gegenansicht stellt bei der Nr. 3 auf die Sicht des Täters ab, das Erreichen der höchstmöglichen Geschwindigkeit müsse das Hauptmotiv sein, nur so lasse sich eine Harmonisierung zu den Tatvarianten zu Nr. 1 und Nr. 2 herstellen.

Prüferin: Genau, dafür spricht einiges. Zu welchem Ergebnis gelangen Sie?

Kandidat: Da T auch rechtswidrig und schuldhaft gehandelt hat, hat T sich eines verbotenen Kraftfahrzeugrennens strafbar gemacht gemäß § 315d Absatz 1 Nr. 3 StGB.

Prüferin: Sehen Sie in der Weiterfahrt der T, nachdem sie die Zivilstreife um P1 und P2 hinter sich fahrend wahrgenommen hat, einen Widerstand gegen Vollstreckungsbeamte? Wo ist das geregelt?

Kandidat: Der Widerstand gegen Vollstreckungsbeamte ist in § 113 StGB geregelt. Dafür müsste T jedoch Widerstand geleistet haben. Aus meiner Sicht sind die bloße Weiterfahrt und die Missachtung der Aufforderung, anzuhalten, kein Widerstandleisten gegen Vollstreckungsbeamte. Es fehlt schlicht an einem aktiven, nötigenden, gegen die Polizeibeamten P1 und P2 gerichteten Handeln, so dass im Ergebnis hier in der bloßen Weiterfahrt eine Widerstandshandlung nicht zu erblicken ist und sich T insoweit nicht wegen eines Widerstands gegen Vollstreckungsbeamte nach § 113 Absatz 1 StGB strafbar gemacht hat.

Prüferin: Kommen wir zum zweiten Tatkomplex, dem Verhalten an der Ampel.

Kandidat: Ja, insoweit könnte sich T eines gefährlichen Eingriffs in den Straßenverkehr gemäß § 315b Absatz 1 Nr. 1, Nr. 2, Absatz 3 StGB strafbar gemacht haben, indem sie an der gelb abstrahlenden Ampel so scharf abbremste, dass es zu einer Kollision mit dem Polizeifahrzeug der Zivilstreife kam. Und § 315b Abs. 3 verweist auf § 315 Absatz 3 Nr. 1a und Nr. 1b StGB kommen hier möglicherweise in Betracht.

Prüferin: Das haben sie sehr schön aus dem Gesetz auf Anhieb zitiert. T beschädigt durch die Vollbremsung, das abrupte Anhalten das Polizeifahrzeug der Zivilstreife, damit wäre Nr. 1 insoweit erfüllt. Wo liegt hier jedoch das Problem?

Kandidat: Im weiteren Wortlaut heißt es *„und dadurch Leib oder Leben eines anderen Menschen“* usw. gefährdet. Das könnte hier problematisch sein.

Prüferin: Warum soll das hier problematisch sein? P1 hat ein Schleudertrauma erlitten und P2 hat sich den Arm gebrochen. Die Gefahr hat sich also bereits realisiert. Hinzu kommt, dass das Polizeifahrzeug erheblich beschädigt ist. Ich hatte mitgeteilt, dass ein Sachschaden in Höhe von 8000 Euro entstanden ist. Damit ist Leib und Leben eines anderen Menschen und eine fremde bewegliche Sache von bedeutendem Wert, nicht nur gefährdet, sondern geschädigt.

Kandidat: Zwischen der Beschädigung z.B. eines Fahrzeugs und der Gefahr für Leib und Leben muss ein spezifischer Gefahrverwirklichungszusammenhang bestehen. Es scheiden unmittelbare Beschädigungen eines anderen Fahrzeugs, hier des Polizeifahrzeugs oder Verletzungen der Fahrzeuginsassen, hier der Polizeibeamten P1 und P2, die durch eine Tathandlung des § 315b StGB unmittelbar verursacht wurden aus, weil die Verletzung einerseits und Beschädigungen andererseits keine von der Gefahr abgrenzbare Folge ist, sondern unmittelbar, originär verursacht wurden durch das scharfe Abbremsen der T. Im Ergebnis scheidet damit die Nr. 1 von § 315b Absatz 1 StGB aus. Die Alternative ist nicht erfüllt.

Prüferin: Was kommt also eher in Betracht?

Kandidat: In Betracht kommt ein Hindernisbereiten nach Nr. 2.

Prüferin: Aha, sind von § 315b Absatz 1 Nr. 2 StGB nicht lediglich externe Eingriffe erfasst, also solche, die von außen in den Verkehr eingreifen, von außen getätigt werden. Hier ist es doch eher so, dass T als

Verkehrsteilnehmerin selbst im Straßenverkehr auf der Avus fahrend, wenn Sie so wollen, sich zum Hindernis macht?

Kandidat: Ja das ist zutreffend, jedoch gibt es eine Ausnahme. Nach ganz herrschender Meinung ist die Nr. 2 des § 315b Absatz 1 StGB auch dann erfüllt, wenn das Fahrzeug in bewusst verkehrsfeindlicher Weise, zweckentfremdet, d.h. bewusst zweckwidrig eingesetzt wird. In Rechtsprechung und Literatur wird der Begriff geprägt, das Fahrzeug wird *„pervertiert"*. Hier ist T diejenige, die scharf abbremst. Sie macht es nicht, weil die Verkehrssituation das erfordert. Im Sachverhalt teilen Sie mit, dass sie durchaus unter Berücksichtigung der straßenverkehrsrechtlichen Vorschriften hätte über die gelb abstrahlende Ampel fahren dürfen. T zwingt die Polizeistreife zum Anhalten und provoziert einen Auffahrunfall. Ihr Auto setzt sie bewusst zweckwidrig ein, und zwar als Hindernis. Objektiv hat sie mit ihrem Fahrzeug ein Hindernis bereitet und ihr eigenes Auto zweckentfremdet. Und dieser zweckfremde Inneneingriff wird nach ganz herrschender Meinung von § 315b Absatz 1 Nr. 2 StGB ebenso erfasst, wie ein Eingriff von außen.

Prüferin: Sie haben zutreffend meine Intervention gekontert. Zur Vervollständigung kann ich noch sagen, dass grundsätzlich § 37 StVO, es der T erlaubt hätte, in die Kreuzung einzufahren, auch wenn die für sie maßgebliche Ampel ein gelbes Signal zeigte.

Setzen Sie bitte die Prüfung fort. Sie können sich kurz und knapp insoweit fassen.

Kandidat: Eine konkrete Gefährdung von Leib und Leben und fremder Sachen von bedeutendem Wert lag vor. P1 erlitt ein Schleudertrauma. P2 hat sich den Arm gebrochen. Das Fahrzeug der Polizeistreife ist erheblich beschädigt. Ein Schaden von 8000 Euro lag vor. T handelte vorsätzlich bezüglich der Verwirklichung aller objektiven Tatbestandsmerkmale. Damit hat sie sich insoweit nach § 315b Absatz 1 Nr. 2 StGB strafbar gemacht.

Prüferin: Sie hatten eingangs noch § 315b Absatz 3 StGB zitiert.

Kandidat: Ja richtig, T könnte in der Absicht gehandelt haben, einen Unglücksfall herbeizuführen i.S.d. § 315 Absatz 3 Nr. 1a StGB; auf den § 315b StGB verweist. Hier bremste die T bewusst scharf ab, um einen für P1 und P2 nicht erwarteten, unvorhergesehenen Zusammenstoß zu provozieren. Eine entsprechende Absicht lag also vor.

Prüferin: Wenn Sie sich noch weiter den § 315 Absatz 3 StGB anschauen, was fällt Ihnen dann noch auf?

Kandidat: T könnte darüber hinaus noch in der Absicht gehandelt haben, eine andere Straftat zu verdecken – in Absatz 3, Nr. 1b. Hier handelt es sich bei der Fahrt auf der Avus um ein verbotenes Autorennen i.S.d. § 315b Abs. 1 Nr. 3 StGB. Das hatten wir bereits eingangs festgestellt. Der T kam es darauf an, die Strafverfolgung bezüglich ihres Rasens auf der Avus zu verdecken. Mithin handelte sie in Verdeckungsabsicht. Insgesamt hat sich T gemäß § 315b Absatz 1 Nr. 2, Absatz 3, der auf § 315 Absatz 3, Nr. 1a, 1b StGB verweist, strafbar gemacht.

Prüferin: Setzen Sie die Prüfung bitte mit Blick auf die Körperverletzungsdelikte fort und kommen Sie bitte direkt auf das Problem zu sprechen.

Kandidat: In Ordnung. Eine einfache Körperverletzung liegt tatsächlich unproblematisch durch T in zurechenbarer Weise herbeigeführt – in dem Schleudertrauma ebenso wie in dem gebrochenen Arm – vor. T hat das körperliche Wohlbefinden der beiden Polizeibeamten beeinträchtigt und die körperliche Unversehrtheit nicht unerheblich beschädigt. Das Problem könnte hier darin liegen, ob die Körperverletzung mittels eines gefährlichen Werkzeugs begangen wurde. Dafür spricht das hier eingesetzte Fahrzeug der T. Das Fahrzeug der T könnte ein gefährliches Werkzeug i.S.d. § 224 Abs. 1 Nr. 2 Variante 2 StGB sein. Ein gefährliches Werkzeug ist ein Gegenstand, der nach seiner Beschaffenheit und seiner konkreten Verwendung geeignet ist, erhebliche Verletzungen zu bewirken. Wegen des erheblichen Gewichts des Autos, noch dazu in Betrieb genommen, eingesetzt gewissermaßen als Prellbock, als Hindernis zum Provozieren eines Auffahrunfalls, wird das Auto der T zu einem gefährlichen Werkzeug.

Prüferin: Ja, soweit in Ordnung, worin aber liegt nun das konkrete Problem?

Kandidat: Fraglich ist, ob die Körperverletzung mittels des Autos begangen wurde. Problematisch könnte hier nämlich sein, dass das Auto der T nicht unmittelbar mit dem Körper der Verletzten, P1 und P2 in Kontakt kam, sondern sich das Schleudertrauma und der Armbruch lediglich als kausale Folgen des Zusammenpralls der Fahrzeuge und der sich daraus entwickelnden und resultierenden Schleuderbewegung für P1 und P2 dargestellt haben. Nach der Rechtsprechung des BGH wird verlangt, dass das Tatmittel unmittelbar auf den Körper des Opfers einwirkt.

Prüferin: Das ist zutreffend dargestellt. Wie begegnet eine in der Literatur vertretene Meinung dieser Ansicht des BGH?

Kandidat: Nach der Literatur genügt jede Einwirkung, die kausal und objektiv zurechenbar für den Verletzungserfolg ist.

Prüferin: Welche Meinung halten Sie für vorzugswürdig?

Kandidat: Hier spricht die hohe Strafandrohung für eine restriktive Auslegung. Die Ansicht der Rechtsprechung halte ich deshalb für vorzugswürdig. Ein direkter Kontakt hat hier zwischen dem Auto der T und P1 und P2 nicht stattgefunden, weshalb das Qualifikationsmerkmal aus meiner Sicht nicht vorliegt. Insgesamt verbleibt es also bei der vorsätzlich, rechtswidrig und schuldhaft begangenen einfachen Körperverletzung nach § 223 Absatz 1 StGB.

Prüferin: Die vorsätzliche Körperverletzung ist was für ein Deliktstyp?

Kandidat: Die vorsätzliche Körperverletzung ebenso wie die fahrlässige Körperverletzung sind Antragsdelikte. Es handelt sich um relative Antragsdelikte. Der Strafantrag ist entsprechend Ihres Hinweises gestellt worden. Der Strafantrag ergibt sich aus § 230 Absatz 1 StGB, jedenfalls das Erfordernis eines Strafantrags. Darüber hinaus gibt es noch Vorschriften in den §§ 77 ff. StGB.

Prüferin: Worin unterscheiden sich die relativen von den absoluten Antragsdelikten?

Kandidat: Relative Antragsdelikte werden, dem Wortlaut z.B. des § 230 Abs. 1 StGB entsprechend, nur auf Antrag verfolgt, *„es sei denn, dass die Strafverfolgungsbehörde wegen des besonderen öffentlichen Interesses an der Strafverfolgung ein Einschreiten von Amts wegen für geboten hält."* Im Gegensatz dazu sind absolute Antragsdelikte dergestalt formuliert, z.B. der Hausfriedensbruch nach § 123 Absatz 2 StGB: *„Die Tat wird nur auf Antrag verfolgt."* Hier kann der Antrag nicht durch ein besonderes öffentliches Interesse ersetzt werden.

Prüferin: Das haben Sie sehr ansprechend dargestellt. Wie geht unsere Prüfung weiter?

Kandidat: Im ersten Tatkomplex schied noch eine Strafbarkeit wegen Widerstands gegen Vollstreckungsbeamte aus. Hier im zweiten Tatkomplex könnte sich T wegen der Handlung, nämlich des abrupten Abbremsens, wegen eines Widerstands gegen Vollstreckungsbeamte strafbar gemacht haben. In Betracht kommt hier § 113 Absatz 1 StGB. Ich sehe hier kein großes Problem. P1 und P2 sind Amtsträger. Beide sind im Begriff, eine Vollstreckungshandlung i.S.d. § 113 Absatz 1 StGB zu begehen. Hiergegen richtet sich der aktive Widerstand der T.

Prüferin: Wo ist der Begriff des Amtsträgers definiert?

Kandidat: Eine Definition findet sich in § 11 Absatz 1 Nr. 2b StGB.

Prüferin: Das ist zutreffend.

Kandidat: Der Versuch von P1 und P2, T anzuhalten, ist eine hoheitliche Maßnahme. Hierauf haben die Polizeibeamten T aufmerksam gemacht mittels des Blaulichts, des Signaltons und der Anzeigetafel. Das scharfe Abbremsen stellt insoweit ein Widerstandleisten dar. Hier nämlich ist T im Gegensatz zum ersten Tatkomplex aktiv tätig geworden. Ihr aktives, gegen die Polizeibeamten gerichtetes Verhalten war geeignet, die Vollstreckungshandlung von P1 und P2 zu vereiteln.

Prüferin: Prima. Es fehlt noch ein Aspekt in Ihrer Darstellung.

Kandidat: Sie meinen sicher die Frage, ob die Diensthandlung rechtmäßig i.S.d. § 113 Absatz 3 Satz 1 StGB war. Das ist hier der Fall. Da T rechtswidrig und schuldhaft handelte, liegt eine Strafbarkeit nach § 113 Absatz 1 StGB vor.

Prüferin: Darüber hinaus kommt noch eine Strafbarkeit eines besonders schweren Falls des Widerstands gegen Vollstreckungsbeamte in Betracht.

Kandidat: Das sehe ich ebenfalls und zwar nach § 113 Absatz 2 Satz 2 Nr. 1 StGB. Auch hier spielt das Auto der T eine wesentliche Rolle. Das Auto ist nämlich ein gefährliches Werkzeug i.S.d. § 113 Absatz 2 Satz 2 Nr. 1 StGB. Dieses gefährliche Werkzeug müsste T bei sich geführt haben.

Prüferin: Sie bejahen hier sehr schnell das Merkmal des gefährlichen Werkzeugs. Wie kommen Sie darauf?

Kandidat: Es bietet sich eine Parallele zu § 244 Absatz 1 Nr. 1a StGB an.

Prüferin: Ok, das ist nachvollziehbar. Kann man hier auch Kritik üben?

Kandidat: Soweit ich mich erinnere, gibt es tatsächlich im Schrifttum Kritik. Kritisiert wird vor allen Dingen, dass es zu § 244 StGB eine durchaus unübersichtliche Kasuistik gibt, die durch einen Brückenschlag von § 244 Absatz 1 Nr. 1a StGB auf § 113 Absatz 2 Satz 2 Nr. 1 StGB hierher übertragen würde.

Prüferin: Wann wird nach der überwiegenden Meinung im Schrifttum von einem gefährlichen Werkzeug gesprochen?

Kandidat: Es handelt sich dabei immer um Gegenstände, die in der konkreten Situation keine andere Funktion haben, als Waffe verwandt zu werden, sog. Waffenersatzfunktion. Z.B. hat ein Kraftfahrzeug dann die Qualität eines gefährlichen Werkzeugs, wenn wegen seines Einsatzes erhebliche Leibes- und Lebensgefahren drohen. Hier bremst T plötzlich aus hoher Geschwindigkeit ab, ohne dass für die Zivilstreife, P1 und P2 eine Ausweichmöglichkeit bestand. T verursacht mit dem Auto, hier eingesetzt als gefährliches Werkzeug, einen Unfall.

Prüferin: Das ist vertretbar. Die Rechtsprechung der Oberlandesgerichte und des BGH ist insoweit uneinheitlich. Sie sprachen zu Recht die nahezu unüberschaubare Kasuistik an. Wir wollen das Thema hier auf sich beruhen lassen. Kommen wir nun noch zu § 113 Absatz 2 Satz 2 Nr. 2 StGB.

Kandidat: Richtig, T könnte durch ihr Bremsen P1 und P2 die Gefahr des Todes oder einer schweren Gesundheitsbeschädigung gebracht haben. Eine Gewalttätigkeit i.S.d. § 113 Absatz 2 Satz 2 Nr. 2 StGB der T kann hier bejaht werden. Diese liegt in dem abrupten Abbremsen. T ist aktiv in ihrem Handeln und entfaltet physische Kraft gegen die Polizeibeamten P1 und P2, was man durchaus als Gewalt bezeichnen kann. Darüber hinaus müssten das Abbremsen und das so erzwungene Auffahren von P1 und P2 auf das Auto der T geeignet gewesen sein, eine schwere Gesundheitsbeschädigung herbeizuführen. Eine schwere Gesundheitsbeschädigung ist eine solche i.S.d. § 226 StGB. Erfasst werden insoweit schwerwiegende und lebensbedrohende Verletzungen. Hier ist eine schwere Gesundheitsbeschädigung nicht verursacht worden. Das ist jedoch, lediglich einem Zufall zu verdanken. Die Airbags haben schwerere Verletzungen von P1 und P2 verhindert. Eine konkrete Gefahr lag vor. Diese ist für § 226 Absatz 1 StGB ausreichend. Dies war T auch bewusst. T hat die Folge billigend in Kauf genommen, so dass im Ergebnis T sich auch eines Widerstands gegen Vollstreckungsbeamte nach § 113 Absatz 2 Satz 2 Nr. 2 StGB strafbar gemacht hat.

Prüferin: Das ist zutreffend und von mir zur Ergänzung: Die miterfüllte Nötigung wird von § 113 StGB als lex specialis verdrängt.

Kandidat: Stellt das Überfahren der roten Ampel eine Strafbarkeit dar?

Prüferin: Stellen Sie mir diese Frage?

Kandidat: Das war eher rhetorisch gemeint. Ich meine durch das Überfahren der roten Ampel und das Missachten der Vorfahrt liegt zwar eine Ordnungswidrigkeit vor, aber die Kreuzung war nach Ihrer Darstellung im Sachverhalt leer. Eine konkrete Gefährdung scheidet insoweit aus, weshalb eine Strafbarkeit nach § 315c Absatz 1 Nr. 2a StGB, die allein in Betracht käme, nicht gegeben ist.

Prüferin: Na bitte, das haben Sie kurz und knapp und zutreffend erkannt. Was steht noch im Raum? Welche Strafbarkeit könnten Sie noch in Erwägung ziehen mit Blick auf das Handeln der T?

Kandidat: T könnte sich noch wegen eines unerlaubten Entfernens vom Unfallort strafbar gemacht haben, indem sie über die rote Ampel weiterfuhr, ohne Feststellungen zu ihrer Person ermöglicht zu haben, § 142 Absatz 1 Nr. 1 StGB.

Prüferin: Was setzt eine Strafbarkeit insoweit voraus?

Kandidat: Zunächst einmal wird ein Unfall im Straßenverkehr vorausgesetzt. Ein Unfall ist ein ungewolltes plötzliches Ereignis, welches im öffentlichen Straßenverkehr stattfindet und in denen sich die typischen Gefahren des öffentlichen Straßenverkehrs verwirklicht haben, in dem ein nicht ganz unbedeutender Körper- und/oder Sachschaden entstanden ist. Ein solches Ereignis liegt hier vor. Zwischen T – provoziert – und dem Fahrzeug der Zivilstreife kam es zu einer Kollision. Diese Kollision stellt grundsätzlich einen Unfall im Straßenverkehr dar. Es ist hierbei unerheblich, dass T diesen bewusst vorsätzlich herbeigeführt hat. Diesen Ort des Auffahrunfalls, den T verursacht hat, somit war sie Unfallbeteiligte i.S.d. § 142 Absatz 5 StGB, hat T ohne relevante Feststellungen zu ermöglichen, verlassen. T war bewusst, dass ein Unfall geschehen ist und dass am Unfallort auch feststellungsbereite Personen anwesend waren, nämlich P1 und P2. Sie handelte auch vorsätzlich, rechtswidrig und schuldhaft.

Prüferin: Moment, nicht so schnell. Handelte T tatsächlich schuldhaft? Woran könnten Sie jedenfalls denken?

Kandidat: In Betracht kommt ein Entschuldigungsgrund, meinen Sie das? Ich sehe hier keinen Grund für eine Entschuldigung, ein ggf. in Betracht kommender entschuldigender Notstand scheidet aus.

Prüferin: Den entschuldigen Notstand hatte ich tatsächlich nicht vor Augen. Aber man könnte noch fragen, ob es der T zumutbar war, sich normgemäß zu verhalten.

Kandidat: Ich meine, dass ein Entschuldigungsgrund nicht einschlägig ist und T schuldhaft gehandelt hat. Die grundsätzlich bestehende Selbstbelastungsfreiheit ist bereits durch die Schaffung des Tatbestands des § 142 StGB eingeschränkt. Selbst mit Blick auf die vorherige Straftat, das verbotene Autorennen, sehe ich hier eine Duldungspflicht. Die T muss Feststellungen dulden. Diese sind ihr zumutbar. Deshalb bleibe ich dabei, dass eine Strafbarkeit insoweit nach § 142 Absatz 1 Nr. 1 StGB gegeben ist.

Prüferin: Das ist ein zutreffendes, vertretbares Ergebnis.

Kommen wir zum dritten Tatkomplex, die Fahrt vom Waldparkplatz Richtung Glienicker Brücke nach Potsdam.

Kandidat: T könnte sich wegen Trunkenheit im Verkehr gemäß § 316 Absatz 1 StGB strafbar gemacht haben, indem sie nach dem Genuss des Vodkas auf dem Parkplatz in Richtung Potsdam fuhr.

Prüferin: Wo liegt hier das entscheidende Problem, nachdem sie festgestellt haben, dass T ein Fahrzeug führte und dies auch im öffentlichen Straßenverkehr tat.

Kandidat: T müsste in fahruntüchtigem Zustand gefahren sein.

Prüferin: Was heißt das?

Kandidat: Aufgrund des Genusses von alkoholischen Getränken könnte T fahruntüchtig gewesen sein. Entscheidend ist, wie hoch die Blutalkoholkonzentration (BAK) zum Tatzeitpunkt war. Hier liegt lediglich eine BAK zum Zeitpunkt der Blutentnahme 0:00 Uhr in Höhe von 2,1 ‰ vor. Zum Tatzeitpunkt muss die BAK durch Rückrechnung festgestellt werden.

Prüferin: Wie macht man das?

Kandidat: Hierfür gibt es eine sog. Rückrechnungsformel, die Widmark-Formel. Die Rückrechnung, die hier anzustellen ist, ist strafbarkeitsbegründet, weshalb man grundsätzlich von einer möglichst niedrigen Blutalkoholkonzentration zum Tatzeitpunkt ausgeht und diese errechnet.

Prüferin: Wie hoch ist der Abbauwert je Stunde, wissen Sie das?

Kandidat: Die Abbauwerte pro Stunde liegen zwischen 0,1 ‰ und 0,2 ‰.

Prüferin: Das ist zutreffend.

Kandidat: Dann sind hier, unter Berücksichtigung des niedrigstmöglichen Abbauwertes, vier Stunden á 0,1 ‰ hinzuzurechnen, macht zum Tatzeitpunkt eine Blutalkoholkonzentration von 2,5 ‰.

Prüferin: Das Überprüfen Sie bitte nochmals. Wird tatsächlich die gesamte Zeit vom Trinkende – wir nehmen hier 20.00 Uhr an – bis zur Blutentnahme berücksichtigt? Was sagt Ihnen der Begriff Resorptionsphase?

Kandidat: Ach ja, ich erinnere mich. Die Resorptionsphase ist die Phase, in der nach dem Trinkende zugewartet wird, bis der Alkohol insgesamt biologisch durch den Körper aufgenommen ist. Das führt letztlich dazu, dass die ersten zwei Stunden nach Trinkende, man liest manchmal den Begriff der „Anflutungsphase“, unberücksichtigt bleiben. D.h., es werden nur für je zwei Stunden 0,1 ‰ hinzugerechnet, was zu einer Tatzeit-BAK von 2,3 ‰ führt. Das ist lediglich rechnerisch entscheidend. Beide Werte, sowohl der von mir ermittelte, zugegebenermaßen fehlerhaft festgestellte, Wert als auch der zutreffende Wert von 2,3 ‰ liegen über der Grenze der absoluten Fahruntüchtigkeit, die bei 1,1 ‰ liegt. Insoweit wird für T unwiderlegbar die Fahruntüchtigkeit vermutet. T ist also um 20:00 Uhr in fahruntüchtigem Zustand gefahren. Ihr war dieser fahruntüchtige Zustand bewusst. Sie handelte vorsätzlich. Sie handelte auch rechtswidrig.

Prüferin: Sie zögern mit Blick auf die Schuld?

Kandidat: Ja. T könnte allerdings wegen des Alkoholgenusses schuldunfähig gemäß § 20 StGB gewesen sein. Insoweit wird wiederum für T eine möglichst günstige, in diesem Fall hohe BAK zu errechnen sein. Wieder angewandt, die Berechnungsformel, ergibt sich nunmehr einen Abbauwert von 0,2 Promille und zusätzlich noch 0,2 ‰, ein sog. Sicherheitszuschlag. Das führt im Ergebnis zu einer Tat-BAK von 3,1 ‰. Diese liegt über dem anerkannten Wert von 3 ‰, der für die Schuldunfähigkeit angenommen wird. Insoweit handelte T in schuldunfähigem Zustand und hat sich grundsätzlich nicht strafbar gemacht.

Prüferin: Ändert sich an dem Ergebnis, dass T schuldunfähig ist, etwas, wenn Sie bedenken, dass sich T bewusst in diesen Zustand versetzt und von vornherein vorgenommen hatte, im Anschluss an das Trinken des Vodkas in Richtung Potsdam zu fahren.

Kandidat: Rechtlich wird ein solches Verhalten unter dem Stichwort „actio libera in causa“ eingeordnet. Es erscheint nämlich unbillig, dass T, obwohl sie grundsätzlich in schuldunfähigem Zustand, jedoch aus freien Stücken vorsätzlich den Entschluss gefasst hatte, eine Trunkenheitsfahrt zu begehen, sie insoweit straffrei gewähren zu lassen.

Prüferin: Wie geht man also mit diesem „unbilligen Ergebnis“ um?

Kandidat: Hier werden unterschiedliche Ansätze verfolgt. Zum Teil wird im Schrifttum eine Ausdehnung der Strafbarkeit wegen eines Verstoßes gegen Artikel 103 Absatz 2 GG gänzlich abgelehnt. Das hat zur Folge, dass T tatsächlich und rechtlich straflos bezüglich der Trunkenheitsfahrt bleibt. Die Meinung wird in der Rechtsprechung und teilweise auch in der Literatur abgelehnt. Insoweit wird vertreten, dass der Unrechtsgehalt in dem Sich-Versetzen, in einen schuldunfähigen Zustand zu sehen sei. Ein Verstoß gegen Artikel 103 Absatz 2 GG läge darin nicht. Als Argument wird angeführt, dass das Strafrecht grundsätzlich auch Vorbereitungshandlungen teilweise einer Strafbarkeit unterwirft.

Prüferin: Was bedeutet das für unsere Sachverhaltskonstellation?

Kandidat: Im Ergebnis bleibt es dabei, dass T wegen des Fahrens in fahruntüchtigem Zustand nicht nach § 316 Absatz 1 StGB strafbar ist.

Prüferin: Folgerichtig müssen Sie also was, jetzt noch erwägen, wenn Sie der Rechtsprechung des BGH folgen?

Kandidat: T könnte sich gemäß § 316 Absatz 1 StGB in Verbindung mit den Grundsätzen der actio libera in causa strafbar gemacht haben, indem sie die Flasche Vodka zur Hälfte ausgetrunken hat in der Absicht, unmittelbar danach mit dem Auto Richtung Potsdam zu fahren.

Prüferin: Das würde jedoch bedeuten, dass T bereits durch das Trinken des Vodkas ein Fahrzeug im Verkehr geführt hat. Ist eine solche Konstruktion nicht zu weitgehend?

Kandidat: Ich meine ja, das geht zu weit. Das Rechtsinstitut der actio libera in causa soll nur auf Erfolgsdelikte anwendbar sein, bei denen es auf die Ursächlichkeit ankommt. Die Trunkenheitsfahrt ist jedoch ein sog. Tätigkeitsdelikt. Im Tatbestand wird eine Tathandlung beschrieben, nämlich, ein Fahrzeug führen. Würde man auf das Alkoholtrinken, das Sich-Betrinken/Sich-Berauschen abstellen, würde man die Tathandlung, festgeschrieben in § 316 Absatz 1 StGB, durch eine andere Tathandlung ersetzen, nämlich das Trinken des Alkohols. Im Ergebnis – es bleibt dabei – hat sich T daher nicht nach § 316 Absatz 1 StGB strafbar gemacht, indem sie den Vodka vor der Fahrt nach Potsdam getrunken hat.

Prüferin: Aber das Gesetz kennt noch einen Auffangtatbestand, den Sie uns freundlicherweise benennen wollen.

Kandidat: Es handelt sich um § 323a Absatz 1 StGB, den sog. Vollrausch. In dem sich T vorsätzlich in einen Rausch versetzt hat, in einen Zustand der Schuldunfähigkeit nach § 20 StGB, ist der Tatbestand erfüllt. T beging im Rausch eine Tat nach § 316 Absatz 1 StGB. Es handelt sich insoweit um eine rechtswidrige Tat, wegen derer sie nicht bestraft werden kann. In Folge des Rausches war sie nämlich schuldunfähig. Die objektive Bedingung der Strafbarkeit ist damit erfüllt. Hier handelte T rechtswidrig und schuldhaft und hat sich nach § 323a Absatz 1 StGB strafbar gemacht.

Prüferin: Ja prima. Dann stellt sich noch eine strafprozessuale Zusatzfrage. Sagen Sie bitte, ist die Blutprobe in einer künftigen Hauptverhandlung verwertbar, was meinen Sie?

Kandidat: Die Anordnung der Blutentnahme erfolgte durch den Streifenpolizist S. Die Eingriffsgrundlage ist § 81a StPO, die körperliche Untersuchung des Beschuldigten. Die Anordnung setzt einfachen Tatverdacht voraus und dass die körperliche Untersuchung des Beschuldigten zur Feststellung von Tatsachen dient, die für das Verfahren von Bedeutung sind. Nach § 81a Absatz 1 Satz 2 StPO dürfen Blutproben entnommen werden, nach den Regeln der ärztlichen Kunst ohne Einwilligung des Beschuldigten, wenn kein Nachteil für seine Gesundheit zu befürchten ist. Die Anordnungskompetenz liegt, soweit es sich um Straßenverkehrsdelikte handelt, neben dem Richter auch bei der Staatsanwaltschaft und ihren Ermittlungspersonen. Hier lag grundsätzlich eine Katalogstraftat nach § 316 StGB vor, weshalb S die Untersuchung selbst anordnen durfte.

Prüferin: Ja, die Anordnungskompetenz ist insoweit beachtet, wo liegt jedoch das Problem?

Kandidat: Hier hat die Blutentnahme der Krankenpfleger K vorgenommen. Die Untersuchung erfolgte also nicht durch einen Arzt, wie es in § 81a Absatz 1 StPO vorausgesetzt ist. Damit ist die Blutentnahme rechtswidrig erfolgt. Es liegt also ein strafprozessualer Verstoß gegen § 81a Absatz 1 Satz 2 StPO vor.

Prüferin: Was folgt daraus für die Hauptverhandlung und wie wird eine BAK in die Hauptverhandlung grundsätzlich eingeführt?

Kandidat: Grundsätzlich erfolgt das Verlesen eines rechtsmedizinischen/sachverständigen Untersuchungsberichts zur Bestimmung der BAK nach § 256 Absatz 1 Nr. 4 StPO. Hier ist fraglich ob die rechtswidrige Blutentnahme zu einem Beweisverwertungsverbot führt.

Prüferin: Was meinen Sie damit?

Kandidat: Nicht jeder Verstoß gegen strafprozessuale Normen führt konsequent zu einem Beweisverwertungsverbot. Denkbar wäre ein Beweisverwertungsverbot, wenn ein besonders schwerer Verfahrensverstoß vorläge, beispielsweise wenn die Ermittlungsbehörden vorsätzlich gegen Verfahrensvorschriften strafprozessualer Natur – oder willkürlich gegen diese – verstoßen hätten. Sodann wäre im Rahmen der Abwägung das Strafverfolgungsinteresse einerseits mit dem Beschuldigteninteresse andererseits mit Blick auf ein mögliches Beweisverwertungsverbot abzuwägen. Vorliegend ist nicht ersichtlich, dass S willkürlich, rechtsstaatswidrig den Arztvorbehalt durch bewusste Auswahl des Krankenpflegers K missachtet hat. Daraus folgt, dass die ganz herrschende Meinung einen körperlichen Eingriff durch nichtärztliches Personal und die hieraus gewonnenen Beweise für verwertbar erachtet. Die Qualität des Beweismittels wird durch § 81a StPO nicht geschützt, sondern lediglich die körperliche Integrität des Beschuldigten soll durch § 81a Absatz 1 StPO gewahrt werden. Die Ergebnisse der Blutprobe können folglich in der Hauptverhandlung gegen T verwertet werden.

Prüferin: Haben Sie vielen Dank.

Auf einen Blick

Das Prüfungsgespräch hat zentrale Probleme der Verkehrsdelikte zum Gegenstand.

§ 315d StGB schützt die Sicherheit des Straßenverkehrs, Leib und Leben von Verkehrsteilnehmern und Vermögenswerte. Der Begriff *„im Straßenverkehr“* entspricht demjenigen, der §§ 316, 315c StGB. Besondere Bedeutung erlangt immer wieder das Fahren mit *„nicht angepasster Geschwindigkeit“* nach § 315d Absatz 1 Nr. 3 StGB. Die Alternative wird als *„Raser-Tatbestand“* bezeichnet. Das Fahren mit *„nicht angepasster Geschwindigkeit“* muss *„grob verkehrswidrig und rücksichtslos“* erfolgen. Die Tathandlung muss von der Absicht getragen sein, eine höchstmögliche Geschwindigkeit zu erreichen. Der Begriff der *„höchstmöglichen Geschwindigkeit“* bietet Raum für eine Vielzahl nicht vollends rekonstruierbaren Bedingungen der konkreten Verkehrssituation. Die im Einzelfall konkrete Verkehrssituation ist maßgeblich. § 315d Absatz 1 StGB setzt Vorsatz voraus. Absatz 1 Nr. 3 verlangt neben dem Vorsatz, Absicht. § 315d StGB ist ein Delikt mit überschießender Innentendenz, d.h. im subjektiven Tatbestand wird mehr verlangt, als im objektiven Tatbestand passiert sein muss.

Der gefährliche Eingriff in den Straßenverkehr, § 315b StGB erfüllt den gleichen Schutzzweck wie § 315d StGB. Tathandlungen sind die Beeinträchtigungen der Sicherheit des Straßenverkehrs. Maßgeblich geht es um die verkehrsspezifischen Gefahren des Straßenverkehrs. Anerkannt ist, dass die Tathandlung unmittelbar zu einem bedeutenden Fremdschaden führt. Der sogenannte verkehrsfremde Inneneingriff wird von der Strafbarkeit des § 315b StGB erfasst. Nach ständiger Rechtsprechung und h.M. kann § 315b StGB ebenso bei Tathandlungen im Straßenverkehr zur Anwendung kommen, wenn diese sich als verkehrsfremde Eingriffe darstellen, wenn also der Täter als Verkehrsteilnehmer einen Verkehrsvorgang zu einem Eingriff in den Straßenverkehr *„pervertiert“*. Der Täter muss im fließenden Straßenverkehr – aus ihm heraus – bewusst zweckwidrig sein Fahrzeug einsetzen und die verkehrswidrige Absicht zu einem Eingriff in den Straßenverkehr verfolgen, sog. Pervertierungsabsicht. § 315 Absatz 3 Nr. 1 StGB ist aufgrund der Verweisung des Absatz 3 in § 315b StGB eine Qualifikation zu § 315b Absatz 1 StGB. Diese Qualifikation zeichnet sich dadurch aus, dass der Täter zusätzlich zu dem normalen Tatbestandsvorsatz eine Absicht hat.

Die Blutalkoholkonzentration (BAK) zur Tatzeit muss mitunter durch Rückrechnung ermittelt werden. Auf der Tatbestandsebene muss dabei ein möglichst niedriger Wert errechnet werden, weil dieser tätergünstig ist. Es ist von einem stündlichen Abbauwert, von 0,1 ‰ auszugehen. Um bei längerer Resorptionsdauer, das ist die Zeit bis zu der der Alkohol in das Blut gelangt, jede Benachteiligung des Täters auszuschließen, sind die ersten zwei Stunden nach Trinkende grundsätzlich von der Rückrechnung auszunehmen. Ab einem BAK-Wert von 2 ‰ ist an Schuldunfähigkeit nach §§ 20 f. StGB zu denken. Wiederum tätergünstig ist nunmehr möglichst hohe BAK-Werte zu ermitteln, so dass maximal ein stündlicher Abbauwert von 0,2 ‰ und ein einmaliger Sicherheitszuschlag von 0,2 ‰ angesetzt werden, wobei die beiden ersten Stunden nach Trinkende hier einbezogen werden.

Zur Vertiefung

Tathandlung des § 315d Absatz 1 Nr. 3 StGB:	*Fischer*, StGB, 71. Auflage 2024, § 315d, Rn. 13 ff. *Hecker* in Schönke/Schröder, 30. Auflage 2019, § 315d, Rn. 8. *Wessels/Hettinger/Engländer*, Strafrecht BT 1, 47. Auflage 2023, S. 317 ff. *Krey/Hellmann/Heinrich*, Strafrecht BT 1, 17. Auflage 2021, Rn. 1334 ff.
Merkmale des § 315b StGB gefährlicher Eingriff in den Straßenverkehr:	*Fischer*, StGB, 71. Auflage 2024, § 315b, Rn. 13 ff. *Hecker* in Schönke/Schröder, 30. Auflage 2019, § 315b, Rn. 8. *Wessels/Hettinger/Engländer*, Strafrecht BT 1, 47. Auflage 2023, S. 310 ff. *Krey/Hellmann/Heinrich*, Strafrecht BT 1, 17. Auflage 2021, Rn. 1291 ff.
BAK-Ermittlung im Rahmen des Tatbestandes und der Schuld:	*Fischer*, StGB, 71. Auflage 2024, § 20, Rn. 19 f. *Perron/Weißer* in Schönke/Schröder, 30. Auflage 2019, § 20, Rn. 16 ff. *Hillenkamp/Cornelius*, 32 Probleme aus dem Strafrecht Allgemeiner Teil, 2023, 13. Problem, S. 108 ff. *Wessels/Beulke/Satzger*, Strafrecht AT, 53. Auflage 2023, Rn. 649 ff.
Beweisverwertungsverbot im Zusammenhang mit § 81a StPO:	*Meyer-Goßner/Schmidt*, 67. StPO, 2024, § 81a, Rn. 26, 32 ff. m.w.N.
Auslegung des Merkmals *„gefährliches Werkzeug“ – „Waffenersatzfunktion“*:	*Fischer*, StGB, 71. Auflage 2024, § 244, Rn. 14 ff., 19a f. *Bosch* in Schönke/Schröder, 30. Auflage 2019, § 244, Rn. 2 ff., 12 ff.

Fall 3
Nicht bezahlte Schulden

Strafrecht AT:	Versuch, Notwehr,
Strafrecht BT:	Totschlag, Mord, Körperverletzung mit Todesfolge,

O versorgt T regelmäßig mit Kokain. O verlangt entgegen der bisher praktizierten Vereinbarung von T sofortige Bezahlung. T ist zahlungsunfähig und bittet, wie bisher, um Zahlungsaufschub bis zum Monatsende. O ist dem T körperlich weitaus überlegen und verlangt wegen des Zahlungsaufschubs Strafzinsen. In der Folgezeit erhebt O gegenüber T weitere exorbitant hohe, aus Sicht des T, unberechtigte Forderungen, die O wiederholt mit teils massiven Schlägen und Drohungen gegen T bekräftigt. Die erheblichen Gewaltanwendungen und Drohungen schüchtern T derart ein, dass er O wahrheitswidrig erklärt, seine Mutter habe einen Kredit aufgenommen und er könne den zuletzt geforderten Betrag in Höhe von 8000 Euro bezahlen; auch wenn das unberechtigt ist. O und T vereinbaren eine gemeinsame Fahrt zur Mutter des T. Hier angekommen, die Wohnung der Mutter liegt in einem Hochhaus, welches sich an einer viel befahrenen Schnellstraße befindet, begleitet O den T in den Hausflur und schlägt ihm hier mit voller Wucht in den Bauch und sagt, wenn T nicht mit dem Geld zum verabredeten Parkplatz vor dem Haus komme, werde, er, O „nach oben kommen und alles auseinandernehmen". T geht in die Wohnung seiner Mutter und holt von dort eine Selbstladepistole, Kaliber 6,35 mm Browning, steckt diese in die Jackentasche und begibt sich zum vereinbarten Standort zu O, der in dem Pkw auf T wartet. T setzt sich in das Auto des O, hinter den Beifahrersitz auf die Rückbank, um zu verhindern, dass O ihm die Waffe entreißt oder ihn schlägt. O dreht sich nach hinten und fragt nach dem Geld. T zieht die Waffe und sagt, dass er mehr Zeit für die Beschaffung des Geldes benötige. O lacht den T aus und fragt ihn, was dieser mit dem „Spielzeug" wolle und sagt „Schieß doch, Hurensohn, ich lasse dich nicht so einfach in Ruhe". Darüber hinaus macht O, von der Waffe unbeeindruckt, mit seiner Hand eine Bewegung in Richtung des T. T schießt aus kurzer Distanz mit der zuvor entsicherten Waffe ins Gesicht des O, der damit nicht gerechnet hat.

O ist schwer verletzt, jedoch nicht tödlich getroffen. O kann geistesgegenwärtig aus dem Auto stürzen und die Flucht ergreifen, noch bevor T weitere Male auf O schießen kann. O will sich in Sicherheit bringen. Er rennt, benommen vor Schmerzen, auf die Schnellstraße, um diese zu überqueren und wird von einem 40-Tonner/Lkw, erfasst und verstirbt an den Folgen des Überfahrens noch am Unfallort.

Wie hat sich T strafbar gemacht?

Prüfer: Der Sachverhalt hat eine ganze Reihe von Informationen. Haben Sie die Sachverhaltskonstellation erfasst? Wir werden uns Schritt für Schritt den Problemen im Einzelnen nähern. Sollten Sie Verständnisfragen zum Sachverhalt haben, dann bitte stellen Sie diese sofort.

Kandidat: Ja, tatsächlich ist das ein sehr umfassendes Sachverhaltsgeschehen. Ich denke jedoch, dass ich die beiden Sachverhaltskomplexe erfasst habe und widme mich in der Prüfung und Darstellung zunächst dem

Geschehen im Auto und später dem Geschehen auf der Schnellstraße.

Prüfer: Das klingt sehr vernünftig. Dann beginnen Sie bitte mit der Formulierung eines Obersatzes bezüglich des ersten Tatkomplexes.

Kandidat: T könnte sich wegen eines versuchten Totschlags strafbar gemacht haben, indem er dem O aus kurzer Distanz in den Kopf schoss, §§ 212 Absatz 1, 22, 23 StGB.

Prüfer: Dazu habe ich zwei Anmerkungen. Erstens: Warum beginnen Sie mit der Prüfung der Versuchsstrafbarkeit, letztendlich ist O verstorben? Und zweitens: Könnten Sie die Prüfung mit einer möglichen Strafbarkeit wegen Mordes beginnen?

Kandidat: O ist nicht an den Folgen des Schusses gestorben. O war zunächst schwer verletzt, aber nicht tödlich getroffen. Der Tod tritt erst auf der Schnellstraße ein und ist schließlich durch das Überfahren des 40-Tonners verursacht. Dazu würde ich mich – wie angedeutet – erst bei der Darstellung des zweiten Tatkomplexes widmen.

Und zu Ihrer zweiten Frage: Die Prüfung könnte auch mit dem Mordtatbestand nach § 211 StGB begonnen werden. Der jeweilige Aufbau richtet sich danach, wie das systematische Verhältnis zwischen den §§ 211 und 212 StGB betrachtet wird. Hier besteht zwischen der ständigen Rechtsprechung des BGH und der herrschenden Meinung in der Literatur keine Einigkeit. Der BGH sieht § 211 StGB als abgeschlossenes, eigenständiges Delikt. Folgt man der Ansicht des BGH, so wäre es folgerichtig gewesen, mit der Prüfung des Mordtatbestands zu beginnen. Ich wollte in meinem Aufbau dagegen der herrschenden Meinung in der Literatur folgen. § 211 wird insoweit als Qualifikation des § 212 StGB betrachtet.

Prüfer: Ich verstehe. Dann fahren Sie bitte fort.

Kandidat: Durch den Schuss ins Gesicht des O mit der Selbstladepistole, Kaliber 6,35 mm Browning, hat T jedenfalls billigend in Kauf genommen und damit eventualvorsätzlich gehandelt, unmittelbar den Tod des O herbeizuführen. T hatte insoweit Tatentschluss.

Prüfer: Dogmatisch ganz sauber wäre es, wenn Sie zunächst ausdrücklich die Nichtvollendung ebenso feststellen wie die Strafbarkeit des Versuchs.

Kandidat: Sie haben Recht. Hierüber bin ich hinweggegangen. Über die Nichtvollendung hatten wir gerade eingangs gesprochen und die Strafbarkeit eines versuchten Totschlags liegt evident auf der Hand.

Im Weiteren müsste T zur Tat unmittelbar angesetzt haben. Vom unmittelbaren Ansetzen spricht man, wenn der Täter die Schwelle zum „jetzt geht's los" überschritten hat. Hier hat T auf O geschossen und damit die Tathandlung vollzogen. T hat unmittelbar zur Tatbestandsverwirklichung angesetzt.

Prüfer: Wo liegt hier das eigentliche Problem?

Kandidat: T könnte gerechtfertigt sein. Ich denke insoweit an die Notwehr nach § 32 StGB.

Prüfer: Was setzt eine Rechtfertigung nach § 32 StGB voraus?

Kandidat: Zunächst müsste eine Notwehrlage vorliegen. Eine Notwehrlage ist gegeben, wenn ein gegenwärtiger, rechtswidriger Angriff vorliegt. Von einem Angriff spricht man immer dann, wenn durch menschliches Handeln rechtlich geschützte Interessen, Rechtsgüter bedroht sind. Ein Angriff ist gegenwärtig, wenn er unmittelbar bevorsteht, gerade stattfindet oder noch andauert. Ein Angriff ist rechtswidrig, wenn er ganz allgemein betrachtet, im Widerspruch zur Rechtsordnung steht.

Prüfer: Und wie stellt sich das in unserem Sachverhalt dar?

Kandidat: Grundsätzlich liegt im Verhalten des O aus meiner Sicht ein Angriff. Er hat T massiv gedroht und ihm ggü. wiederholt Körperverletzungshandlungen begangen, dem T Schmerzen zugefügt. Er hat ihn noch unmittelbar im Hausflur, bevor T in die Wohnung seiner Mutter ging, mit voller Wucht in den Bauch geschlagen. Die Drohungen und Schläge, mit denen er T zu Geldzahlungen, aus Sicht des T zu unberechtigten Strafzinsen aufforderte, lag ein Angriff auf die Willensfreiheit ebenso vor wie eine Beeinträchtigung des Vermögens des T. Die Handlung war auch rechtswidrig, weil O keine Ansprüche auf die Strafzinsen hatte. Fraglich ist hier allein, ob der Angriff gegenwärtig war.

Prüfer: Sie hatten den Begriff der Gegenwärtigkeit bereits definiert. Warum sehen Sie hier, in der vorliegenden Sachverhaltskonstellation, ein Problem?

Kandidat: T nahm auf der Rückbank im Auto Platz, hinter dem Beifahrersitz. Ein faktischer Übergriff – ein konkreter Angriff – seitens des O auf den T fand im Auto nicht statt. O drehte sich lediglich zu T um, lachte ihn aus, unternahm zwar eine Handbewegung und begleitete diese Situation mit der Bemerkung: *„Schieß doch, Hurensohn, ich lasse dich nicht so einfach in Ruhe"*. O machte sich lustig über das *„Spielzeug"*. An der Gegenwertigkeit könnte deshalb gezweifelt werden, weil zum Zeitpunkt des Schusses keine unmittelbare Einwirkung von O auf T gegeben war.

Prüfer: Richtig, Sie erkennen das Problem. Was lässt diese Betrachtung, die lediglich das Geschehen im Auto in den Blick nimmt, außer Acht?

Kandidat: T wurde von O fortlaufend bedroht. O hat wiederholt T angegriffen und seine Forderungen nach Strafzinsen mit den massiven Drohungen und Schlägen bekräftigt. Diese gewalttätigen Übergriffe wirkten ununterbrochen auf T. Sie dauerten an. O hatte diese Angriffe im Laufe der Zeit intensiviert. Sie nahmen zu. Ich sehe hier einen dauerhaften, auch im Auto fortwirkenden, gegenwärtigen, rechtswidrigen

Angriff auf die freie Willensentscheidung und das Vermögen des T. Folglich bejahe ich eine Notwehrlage.

Prüfer: Das ist nachvollziehbar und sehr gut vertretbar. Was setzt eine Rechtfertigung nach § 32 StGB noch voraus?

Kandidat: Des Weiteren müsste eine Notwehrhandlung erforderlich und geboten gewesen seien. Eine Verteidigungs-/Notwehrhandlung ist erforderlich, wenn aus einer ex-ante-Sicht die Verteidigungshandlung als Abwehr des Angriffs geeignet und unter den zur Verfügung stehenden Mitteln als das mildeste, unter allen gleich geeigneten Mitteln ist. Geeignet ist eine Verteidigungshandlung immer dann, wenn sie den Angriff sofort und endgültig beenden oder zumindest erheblich abschwächen kann. Das wird man bei dem Schuss auf den O durch T ebenfalls annehmen können. Ob dieser Schuss jedoch erforderlich gewesen ist, kann mit guten Argumenten verneint werden. Für T ist es möglich und zumutbar gewesen, sich zur Abwehr der Angriffe des O, an die Strafverfolgungsbehörden zu wenden. T hätte eine Anzeige machen können.

Prüfer: Das bringt mich zu einer strafprozessualen Frage. Kennen Sie in der StPO hierzu eine Regel, die auf die Anzeige, von der Sie sprechen, abstellt?

Kandidat: Meinen Sie den Anklagegrundsatz?

Prüfer: Nein, den Grundsatz, meine ich nicht. Jedoch, wenn Sie den erwähnen, wo ist der geregelt?

Kandidat: Der Anklagegrundsatz ist in § 151 StPO geregelt. Er besagt, dass die Eröffnung einer gerichtlichen Untersuchung durch die Erhebung der Klage erfolgt. Umgangssprachlich kann man sagen: „*Wo kein Kläger, da kein Richter.*“

Prüfer: Das ist zutreffend und zur Erklärung: Die Strafanzeige findet sich in § 158 StPO. Dort wird sie in der amtlichen Überschrift ebenso wie der Strafantrag erwähnt. Sie sehen, dort hat der Gesetzgeber genau das geregelt, wovon Sie sprachen, wenn Sie ausgeführt haben, dass O sich hätte an die Strafverfolgungsbehörden, nämlich die Staatsanwaltschaft und die Beamten des Polizeidienstes wenden können.

Prüfer: Widmen wir uns wieder unserem Fall. Gibt es mit Blick auf die Sachverhaltskonstellation ein Argument, was gegen die Zumutbarkeit spräche? Weshalb könnte man daran denken, dass eine Strafanzeige möglicherweise für T doch unzumutbar erscheint?

Kandidat: T würde sich mit einer Strafanzeige gewissermaßen selbst belasten. Strafprozessual existiert das Verbot des Zwangs zur Selbstbelastung. Im Zuge der Anzeige würde für die Strafverfolgungsbehörden eine Beteiligung des T an den Betäubungsmittelstraftaten offenbar. Diese Gesamtsituation könnte gegen die Zumutbarkeit ins Feld geführt werden.

Prüfer: Das haben Sie zutreffend erkannt. Hierzu hat der Gesetzgeber wiederum in der StPO eine Norm geschaffen, die derartige Interessenkonflikte auflöst. Kennen Sie diese Vorschrift?

Kandidat: Da muss ich leider passen.

Prüfer: Es handelt sich insoweit um § 154c Absatz 2 StPO, der insoweit eine Auflösung des von Ihnen skizzierten Interessenkonflikts bietet.

Kandidat: Mir fällt noch ein, dass unter Berücksichtigung der sog. Drei-Stufen-Theorie, nämlich zunächst einen Schuss androhen, dann einen Warnschuss abgeben und schließlich einen finalen Schluss auf den Angreifer vollziehen, die Voraussetzung der Erforderlichkeit nicht beachtet wurde durch T.

Prüfer: Das ist zutreffend von Ihnen festgestellt worden. Und schauen wir auf die von mir dargestellte Sachverhaltskonstellation. In der konkreten Situation im Auto war dort ein Herbeirufen der Polizei oder anderer Strafverfolgungsbehörden realistisch, was meinen Sie?

Kandidat: Nein, da haben Sie Recht. Im Auto direkt, war das nicht möglich. Dem entgegne ich, dass noch bevor T in die Wohnung seiner Mutter gegangen ist, die Möglichkeit bestand, die Strafverfolgungsbehörden über das nötigende, erpresserische Verhalten des O in Kenntnis zu setzen.

Prüfer: Im Ergebnis also fehlt es an der Erforderlichkeit der Notwehrhandlung und T ist nicht durch Notwehr gerechtfertigt oder?

Kandidat: Ja, so möchte ich das Ergebnis festhalten. Für den Fall, dass man jedoch die Erforderlichkeit bejaht, müsste man im Weiteren noch die Gebotenheit der Notwehrhandlung diskutieren, spätestens hier ist der Kopfschuss kein adäquates Abwehrmittel und damit nicht geboten. Damit scheitert die Rechtfertigung des T jedenfalls unter den Gesichtspunkten der sozialethischen Notwehreinschränkung. Im Ergebnis ist die Tat also nicht nach § 32 StGB gerechtfertigt. T handelte demnach rechtswidrig.

Prüfer: Sehen Sie hier Entschuldigungsgründe? An welche könnte man ansatzweise denken?

Kandidat: Es könnten die Entschuldigungsgründe gemäß §§ 33, 35 StGB in Betracht kommen. Jedoch eine Entschuldung nach § 33 StGB scheidet aus, da keine Anhaltspunkte vorliegen, dass T die Grenzen des Notwehrrechts aus Verwirrung, Furcht oder Schrecken überschritten hat. Und auch eine Entschuldigung nach § 35 StGB, wonach eine gegenwärtige, nicht anders abwendbare Gefahr für Leib, Leben oder Freiheit besteht, gegen die eine rechtswidrige Tat geführt wird, ist nicht gegeben. Hier war es T möglich und zumutbar, dem O spätestens in der Wohnung der Mutter „aus dem Weg zu gehen" und durch Einschaltung der Strafverfolgungsbehörden, die Gefahr für ihn selbst abzuwenden. Ein entschuldigender Notstand nach § 35 StGB scheidet aus. T ist demnach nicht entschuldigt und hat schuldhaft einen versuchten Totschlag begangen und sich insoweit strafbar gemacht.

Prüfer: Der von Ihnen eingeschlagene Weg führt nunmehr zu welchem Prüfungspunkt? Sie sprachen vorhin von dem Mord als Qualifikation des Totschlags.

Kandidat: T könnte sich durch dieselbe Handlung wegen eines versuchten heimtückischen Mordes strafbar gemacht haben. Der Versuch des Grundtatbestands ist verwirklicht. Das hatten wir gerade festgestellt. In Betracht kommt das objektive Mordmerkmal der Heimtücke.

Prüfer: Was versteht die Rechtsprechung unter Heimtücke?

Kandidat: Nach der ständigen Rechtsprechung handelt der Täter heimtückisch, der die Arg- und Wehrlosigkeit eines anderen in feindlicher Willensrichtung ausnutzt, wobei arglos derjenige ist, der sich keines Angriffs auf sein Leben oder seinen Leib versieht. Wehrlos ist derjenige, welcher aufgrund der Arglosigkeit in seiner Abwehrbereitschaft und Abwehrfähigkeit eingeschränkt ist.

Prüfer: Muss ein heimtückisches Handeln gewissermaßen als heimliches Handeln betrachtet werden?

Kandidat: Nach der Rechtsprechung des BGH erfordert heimtückisches Handeln kein heimliches Vorgehen. Also bildlich gesprochen – es ist nicht immer der Überfall aus dem Hinterhalt erforderlich. Ohne jedes Erkennen der Gefahr, ist durch die Rechtsprechung gefordert. Ein Täter handelt auch dann heimtückisch, wenn er dem Opfer noch eine gewisse Zeit zum Erkennen der Gefahr „einräumt“, die Zeitspanne zwischen dem Erkennen der Gefahr und dem unmittelbaren Angriff aber so kurz ist, dass dem Opfer keine Möglichkeit bleibt, dem Angriff zu begegnen.

Prüfer: Wie stellt sich die Situation in unserer Sachverhaltskonstellation dar?

Kandidat: T steigt auf der Rückbank ins Auto und setzt sich hinter den Beifahrersitz. O dreht sich zu ihm um. Dann zieht T die Selbstladepistole und richtet diese auf O. Er begleitet dieses Handeln mit dem Hinweis, dass er mehr Zeit benötige, um das Geld zu beschaffen.

Prüfer: Was wollen Sie damit zum Ausdruck bringen?

Kandidat: Dieses Vortatverhalten, sich gezielt auf den Rücksitz setzen und sich damit dem Sichtfeld des O zu entziehen, spricht für das Erzeugen einer gewissen Arglosigkeit. Der Einsatz der Selbstladepistole, das Auf-den-O-richten, sollte O überraschen. O reagiert durchaus überrascht, jedoch nicht so, wie es sich T vorgestellt hat, nämlich er wird ausgelacht, ob des *„Spielzeugs“*. O ist also von der Selbstladewaffe unbeeindruckt. Ich meine, O sah sich keiner wirklichen Angriffe gegenüber und in der Selbstladepistole ein Spielzeug und keine scharfe Waffe, die zuvor von T entsichert worden war. Zwischen dem Auslachen und dem eigentlichen Schuss war lediglich eine kurze Zeitspanne. O hatte gerade keine Möglichkeit zur Abwehr. Vom Einsteigen in das Auto, dem Platznehmen auf der Rücksitzbank, dem Ziehen der Waffe und dem eigentlichen Schuss vergeht wenig Zeit. Ich meine, der Schuss traf den O vollkommen unvorhergesehen in den Kopf. Im Ergebnis war O arglos und T hat das ausgenutzt. Die Arglosigkeit des O führte zu seiner Wehrlosigkeit mit Blick auf den Schuss ins Gesicht.

Prüfer: Das lässt sich hören. Was müsste auf subjektiver Ebene bei T insoweit noch vorgelegen haben?

Kandidat: T hat das Geschehen, wie es sich im Auto abgespielt hat, geplant. Es lag keine Spontantat vor. T hat die Selbstladepistole aus der Wohnung der Mutter geholt und ist zielgerichtet zum Auto gegangen, hat sich dort dem O gegenüber so hingesetzt, dass er gezielt, ohne in einer psychischen Ausnahmesituation zu sein, mit Blick auf den Schuss in den Kopf des O, handeln konnte.

Prüfer: In Ordnung, die Argumentation hat etwas für sich. Ich möchte Sie bitten, das Mordmerkmal der Heimtücke einschränkend auszulegen und mit Blick auf die Sachverhaltskonstellation die Frage zu beantworten, ob O – tatsächlich – arglos sein konnte. Was könnte gegen Heimtücke sprechen?

Kandidat: Meine bisherige Argumentation führte zur Annahme der Arglosigkeit und daraus folgend zur Wehrlosigkeit des O. Die Heimtücke insgesamt nunmehr zu verneinen, fällt mir schwer.

Prüfer: Da will ich versuchen, Sie ein wenig zu unterstützen. Wir betrachten sämtliche Umstände des konkreten Einzelfalls. O ist hier – wenn Sie so wollen – ein Erpresser. O droht T massiv und misshandelt ihn wiederholt erheblich. O sucht regelrecht die Konfrontationen mit T.

Kandidat: Ich glaube, ich weiß, worauf Sie hinauswollen. Die von Ihnen angesprochenen, von O gesuchten Konfrontationen mit dem Erpressten, hier dem T, müssen bei O angesichts der fortdauernden, sich intensivierenden Nötigungshandlungen zu einer Annahme verfestigen, dass sich T irgendwann einmal wehren wird. O muss davon ausgehen, dass T möglicherweise zurückschlägt und er nicht „ungestraft" wiederkehrend die Rechtsgutverletzungen ohne Gegenwehr hinnimmt. Man könnte sagen, dass hier der O als Erpresser der Angreifer ist. T ist zu einem schützenden Verhalten, einem trutzwehrenden Gegenangriff regelrecht herausgefordert. Daran ändert sich nichts, wenn wir zuvor die Ausübung eines Notwehrrechts abgelehnt haben.

Prüfer: Das haben Sie zutreffend erkannt. Genau darauf wollte ich abstellen. Im Ergebnis können wir also festhalten, dass ein Erpresser mit einem Gegenangriff des Erpressten rechnen muss und unter Berücksichtigung einer restriktiven Auslegung des Merkmals – Heimtücke – gelangt auch, in dem unserer Sachverhaltskonstellation zugrundeliegenden Fall, der BGH zu dem Ergebnis, dass der gesteigerte Unwert, der dem Merkmal der Heimtücke innewohnt, hier nicht gegeben ist und deshalb ein Mord aus Heimtücke abgelehnt wird.

Kandidat: Heimtückisch ist das Verhalten des T nach diesen Ausführungen nicht.

Mir fällt in diesem Zusammenhang noch eine Parallele zu den sog. „Haustyrannen-Fällen“ ein. Im Schrifttum wird insoweit Heimtücke bejaht und – wie in den Fällen des Haustyrannen – eine Korrektur vorgenommen über die sog. Rechtsfolgenlösung, indem die Strafe nach § 49 Absatz 1 Nr. 1 StGB analog gemildert wird.

Prüfer: Diese Auffassung ist ebenso vertretbar, Sie haben Recht. Da andere Mordmerkmale nicht ersichtlich sind, hat sich T also nicht wegen eines versuchten Mordes strafbar gemacht.

Kandidat: Es bleibt daher bei der gefährlichen Körperverletzung. Der Grundtatbestand, § 223 StGB ist unproblematisch durch den Schuss mit der Selbstladepistole in den Kopf des O erfüllt. T hat den O sowohl körperlich misshandelt als auch an der Gesundheit geschädigt. Daneben greift noch die Qualifikation nach § 224 Absatz 1 Nr. 2 und Nr. 5, nämlich die Körperverletzung mittels einer Waffe begangen und mittels einer das Leben gefährdenden Behandlung.

Prüfer: Das ist zutreffend. Und damit kommen wir zum zweiten Tatkomplex, oder? Wo liegt hier im zweiten Tatkomplex das eigentliche Problem?

Kandidat: Ja. T könnte sich durch den Schuss mit der Selbstladewaffe in den Kopf des O, worauf dieser in Panik aus dem Auto, auf die Schnellstraße lief und mit tödlicher Folge von dem 40-Tonner erfasst wurde, wegen Körperverletzung mit Todesfolge strafbar gemacht haben, § 223 Absatz 1, 224 Absatz 1 Nr. 2, Nr. 5, 227 StGB. Die gefährliche vorsätzliche Körperverletzung habe ich bereits bejaht. Zudem ist die schwere Folge des § 227 Absatz 1 StGB in Gestalt des Todes des O eingetreten.

Prüfer: Was muss zwischen der Körperverletzung und der Todesfolge als Bindeglied – gewissermaßen – bestehen?

Kandidat: Es muss jedenfalls Kausalität vorliegen. Der Schuss mit der Selbstladepistole des T auf O war nach der sog. Äquivalenztheorie kausal für den Tod des O, der Schuss kann nicht hinweggedacht werden, ohne dass der Erfolg entfällt. Hätte T nicht auf den O geschossen, hätte O nicht die Flucht ergriffen, wäre in der weiteren Folge nicht in Panik geraten und hätte nicht versucht, sich in Sicherheit zu bringen durch das Überqueren der Straße. Die Flucht auf die Schnellstraße und das Überfahren durch den Lkw und damit der Tod wäre entfallen.

Prüfer: Ein bloßer ursächlicher Zusammenhang zwischen Körperverletzung und Todesfolge i.S.d. von Ihnen zutreffend genannten conditio sine qua non Formel genügt jedoch nicht.

Kandidat: Das ist richtig. Vielmehr ist ein spezifischer Gefahrverwirklichungszusammenhang in dem Sinne erforderlich, dass sich die schwere Folge als in dem Grundtatbestand angelegte, tatbestandsspezifische, eigentümliche Gefahr verwirklicht haben muss.

Prüfer: Genau, das ist richtig, wie sieht es in unserem Sachverhalt insoweit aus?

Kandidat: Einem derart geforderten spezifischen Gefahrverwirklichungszusammenhang könnte entgegenstehen, dass der Tod des O letztlich durch eine eigene Handlung verursacht wurde. Der Fluchtversuch des O hat seinen Tod herbeigeführt.

Prüfer: Sie sprechen von *„verursacht“*. Über die eigentliche Verursachung mit Blick auf die Kausalität sind wir bereits hinweg. Besser ist, wenn sie diese Überlegung an dem Merkmal „Zurechnung“ festmachen.

Kandidat: In Ordnung, ich präzisiere insoweit und möchte die Zurechnung, nämlich hier den Tod des O, dem T gegenüber bejahen. Der massive Angriff des T auf O führt bei O zu einer „kopflosen“ Reaktion, er flieht in Panik. O folgt seinem Selbsterhaltungstrieb. Er flieht aus der Gefahrensituation, die für ihn im Auto bestand. Die von T zugefügte Schwere der Kopfverletzung hat bei O Todesangst ausgelöst, die wiederum eine nicht vollends orientierte, durch Panik getragene Flucht veranlasst hat und diese Flucht führte ihn auf die stark befahrene Schnellstraße. Insgesamt ist das eine nachvollziehbare Reaktion, weshalb ich den Tod des O trotz des selbstgefährdenden Handelns dem T zurechne.

Prüfer: Das haben Sie sehr schön dargestellt. Anderenfalls, würde man den Zurechnungszusammenhang verneinen, bliebe die Strafbarkeit wegen einer vorsätzlichen gefährlichen Körperverletzung und wir müssten eine fahrlässige Tötung prüfen. Wie aber geht es in der Prüfung der Körperverletzung mit Todesfolge weiter und stellen Sie sich bitte die Frage, wie hinreichend der Zusammenhang zwischen Körperverletzung und Todesfolge gestaltet sein muss. Was wird in diesem Zusammenhang mit Blick auf die Unmittelbarkeit zwischen Körperverletzung einerseits und Todesfolge andererseits vertreten, wissen Sie das?

Kandidat: Ja, feststeht, dass der Tod nicht durch den Schuss verursacht wurde, sondern durch das Überfahren mit dem 40-Tonner. Es wird nun unterschiedlich beurteilt, ob es ausreicht, wenn nicht der Körperverletzungserfolg selbst den Tod des Opfers unmittelbar bewirkt. Sie hatten in der Sachverhaltskonstellation mitgeteilt, dass O zwar schwer verletzt, aber nicht tödlich getroffen war, durch den Schuss mit der Selbstladepistole. Nach der sog. Letalitätstheorie soll der spezifische Gefahrverwirklichungszusammenhang nur dann gegeben sein, wenn die schwere Folge unmittelbar an den Erfolg der Körperverletzung anknüpft. Also, die schwere Folge, hier die Todesfolge, muss verursacht worden sein durch den Körperverletzungserfolg. Nach dieser Ansicht fehlt es an einem entsprechenden Zusammenhang und eine Strafbarkeit nach § 227 StGB scheidet nach dieser Ansicht aus.

Prüfer: Was wird gegen diese Letalitätstheorie vorgebracht und was spricht für Sie?

Kandidat: Die Befürworter der sog. Letalitätstheorie stellen auf den Verbrechenstatbestand des § 227 StGB ab und führen die hohe Straferwartung in der Argumentation an. Würde nicht auf den Verletzungserfolg abgestellt werden, so würden von § 227 StGB nur Fälle bloßer Idealkonkurrenz von §§ 223 und 222 StGB erfasst.

Die Rechtsprechung und Teile der Literatur vertreten demgegenüber eine eher reine Kausalitätsbetrachtung. Bloße Körperverletzungshandlungen seien ausreichend für die Annahme eines Zurechnungszusammenhangs. Mit Blick auf § 227 StGB liegt die deliktsspezifische Gefahr bereits in einer bloßen Körperverletzungshandlung und nicht ausschließlich im Körperverletzungserfolg. Mir fällt in diesem Zusammenhang der in der Ausbildungsliteratur bekannte BGH-Fall ein – „Gubener Hetzjagd".

Prüfer: Ich sehe, Sie neigen der Rechtsprechungsauffassung eher zu.

Kandidat: Ja, auch der Wortlaut des § 227 StGB spricht für die Ansicht der Rechtsprechung. In § 227 StGB wird von der Körperverletzung gesprochen. Damit wird die Körperverletzungshandlung, dass Körperverletzungsgeschehen insgesamt in den Blick genommen und in den Tatbestand integriert. Deshalb sehe ich es durchaus so, dass ein tödliches Risiko auch einer Körperverletzungshandlung innewohnt und sich ein solches Risiko verwirklichen kann. Der tödliche Ausgang hier liegt im Übrigen nicht außerhalb jeglicher Lebenswahrscheinlichkeit. T konnte und musste damit rechnen, dass O, so er nicht bereits durch den ersten Schuss tödlich verletzt zusammenbricht, alles versuchen wird, der Gefahr zu entkommen. Auch, dass O aus Angst kopflos, in Panik gerät, ist insoweit von T vorhersehbar.

Prüfer: Dann kommen wir dem Ende entgegen, was ist auf subjektiver Ebene der Prüfung, noch zu beachten?

Kandidat: T handelte mit Blick auf das Grunddelikt vorsätzlich. Bezüglich der Todesfolge müsste er fahrlässig gehandelt haben. Hier ist § 18 StGB maßgeblich. Ein objektiver Sorgfaltsverstoß liegt bereits in der Begehung des Grunddelikts. Der tödliche Ausgang, der missglückte Fluchtversuch des O war objektiv vorhersehbar. Mithin hat T bezüglich der Todesfolge fahrlässig gehandelt. Darüber hinaus ist das Handeln des T subjektiv sorgfaltswidrig. Das Geschehen war individuell vorhersehbar. T konnte erkennen, dass O durch den Schuss in Panik versetzt wird, auch dass er sich weiteren Schüssen zu entziehen, versucht, war durchaus für T vorhersehbar. Das Parken an der viel befahrenen Schnellstraße war dem T ebenfalls bewusst, da T auch rechtswidrig und schuldhaft handelte, hat er sich im Ergebnis einer Körperverletzung mit Todesfolge strafbar gemacht.

Prüfer: Das Ergebnis ist zutreffend und abschließend sei noch der Hinweis gegeben, dass eine Strafbarkeit wegen fahrlässiger Tötung, § 222 StGB im Wege der Konsumtion von § 227 StGB verdrängt wird.

Damit beenden wir das Prüfungsgespräch, haben Sie vielen Dank.

Auf einen Blick

Dem Prüfungsgespräch liegen zwei BGH-Entscheidungen zugrunde, die miteinander verbunden und hier abgewandelt wurden. Es handelt sich – in Ansätzen – um die „Gubener Hetzjagd" Entscheidung – BGH (St) 48, 34 – und den aktuelleren BGH-Beschluss vom 18.11.2021, 1 StR 397/21. Beide Entscheidungen werden in der Ausbildungsliteratur umfassend besprochen.

Das Verhältnis der Tötungsdelikte Mord und Totschlag zueinander ist in Rechtsprechung und Literatur umstritten. Der BGH sieht in ständiger Rechtsprechung die §§ 211, 212 noch 216 StGB als abgeschlossene, selbstständige Tatbestände mit einem eigenen Unrechtsgehalt an. Die Literatur hingegen betrachtet § 212 StGB als den Grundtatbestand einer vorsätzlichen Tötung, zu der die unselbstständigen Abwandlungen des § 211 StGB eine Qualifikation und des § 216 StGB eine Privilegierung darstellen. Die Rechtsprechung stellt zur Begründung ihrer Ansicht auf den Wortlaut ab. Aus den Formulierungen des Gesetzgebers *„als Mörder"*, *„als Totschläger"* und *„ohne Mörder zu sein"*, leitet die Rechtsprechung den eigenständigen Charakter der jeweiligen Vorschrift ab. Darüber hinaus wird die Gesetzessystematik als Argument durch die Rechtsprechung angeführt. Wollte man – wie die Literatur – den Mord als Qualifikation begreifen, so wäre es systematisch treffender, den Mord nach dem Totschlag im Gesetz zu verorten. Das Argument der Rechtsprechung zur Gesetzessystematik erkennt die Literatur durchaus an, hebt jedoch hervor, dass § 211 StGB insgesamt eine ungewöhnliche gesetzliche Konstruktion ist. Die Norm beginne mit der Rechtsfolge, nämlich mit dem Hinweis auf die *„lebenslange Freiheitsstrafe"*. Erst im Anschluss werden in Absatz 2 die tatbestandlichen Voraussetzungen normiert. Die Literatur verweist darüber hinaus darauf, dass § 211 StGB sich auf den gesamten Tatbestand des § 212 StGB beziehe. Das sei ein übliches, gesetzessystematisches Vorgehen zwischen Qualifikation und Grundtatbestand. Dem hält die Rechtsprechung entgegen, dass der Diebstahl ebenfalls im Raub enthalten sei, ohne dass der Raub dadurch seine Eigenständigkeit verliere und als Qualifikation des Diebstahls angesehen werde.

Die Heimtücke zählt zu den Mordmerkmalen der zweiten Gruppe. Die Merkmale der zweiten Gruppe beschreiben besonders gefährliche und verwerfliche Ausführungsarten der Tötung. Heimtückisch handelt nach ständiger Rechtsprechung, wer eine zum Zeitpunkt des Angriffs bestehende Arg- und Wehrlosigkeit des Opfers bewusst zur Tat ausnutzt. Der Begriff der Hinterlist i.S.v. § 224 Absatz 1 Nr. 3 StGB ist mit dem Begriff der Heimtücke nicht gleichzusetzen. Arglos ist, wer sich zum Zeitpunkt der Tat eines Angriffs nicht versieht. Wehrlos ist, wer in seiner natürlichen Abwehrbereitschaft und -fähigkeit stark eingeschränkt ist oder wenn die Abwehrbereitschaft und -fähigkeit gänzlich fehlt. Wehrlos ist, wem die Möglichkeiten einer abwehrenden Entgegnung auf den Täter fehlt. Die Arg- und Wehrlosigkeit müssen kumulativ gegeben sein, d.h. die Wehrlosigkeit muss Folge der Arglosigkeit sein. Der Täter muss die Arglosigkeit bewusst ausnutzen. Es ist insoweit ausreichend, dass der Täter die Arg- und Wertlosigkeit des Opfers und deren Bedeutung für die Gesamtsituation, in der sich die angegriffene Person befindet, erkennt. Darüber hinaus setzt die ständige Rechtsprechung eine feindselige Haltung des Täters gegenüber dem Opfer voraus. Das Mordmerkmal Heimtücke ist Gegenstand einer umfangreichen Kasuistik. Darüber hinaus ist das Merkmal der Heimtücke inhaltlich von großer Bedeutung in der Literatur. Wegen der absoluten Strafdrohung wird teilweise eine normative Einschränkung des Merkmals verlangt. Die Rechtsprechung kommt bei Vorliegen außergewöhnlicher Umstände zu einer Korrektur auf der Ebene der Rechtsfolgen. Zu außergewöhnlichen Umständen im Einzelfall können Tatsituationen in Betracht kommen, die den Gegebenheiten eines rechtfertigenden und entschuldigenden Notstandes entsprechen oder die geprägt sind durch erhebliche Tatprovokationen des späteren Opfers.

Die Voraussetzungen der Notwehr nach § 32 StGB sind das Vorliegen einer Notwehrlage, die darin besteht, dass ein gegenwärtiger, rechtswidriger Angriff gegeben ist. Zu den Voraussetzungen der Notwehr zählt eine Notwehrhandlung, die erforderlich, geboten ist und die von einem subjektiven Notwehrelement getragen wird. Ein Angriff liegt vor, wenn menschliches Handeln eine noch nicht endgültig abgeschlossene Rechtsgutverletzung verursacht oder einen Zustand, der unmittelbar die Gefahr einer Rechtsgutverletzung begründet. Der Angriff ist gegenwärtig, wenn er unmittelbar bevorsteht, solange er noch andauert und nicht abgeschlossen ist. Der Angriff ist rechtswidrig, wenn er im Widerspruch zur Rechtsordnung steht. Der sich Verteidigende muss Verteidigungswillen haben, dass er daneben andere Ziele verfolgt, ist unschädlich, wenn seine Motive die Verteidigung nicht völlig nebensächlich erscheinen lassen. Nach § 32 Absatz 2 StGB muss die Verteidigung erforderlich sein. Das ist sie dann, wenn sie geeignet ist. Geeignet ist die Handlung, wenn der Angriff durch die Verteidigung sofort beendet wird oder zumindest so abgeschwächt wird, dass die Gefahr endgültig abgewandt oder erheblich verringert wird. Die Verteidigung muss darüber hinaus erforderlich sein. Im engeren Sinne setzt dies voraus, dass die Verteidigungshandlung nach Art und Umfang der drohenden Gefahr entsprechen muss. Der Täter muss grundsätzlich das relativ mildeste Mittel zur Abwehr wählen. Im Rahmen der Abwägung müssen lebensbedrohliche Verteidigungsmittel zunächst angedroht und dürfen erst im Folgenden konkret eingesetzt werden. Die Notwehr muss darüber hinaus geboten sein. Geboten ist die Notwehrhandlung unter Berücksichtigung einer normativen und sozialethischen Wertung und der Prämisse, dass das Recht dem Unrecht nicht zu weichen braucht, wenn nach einer derartigen Abwägung dem Angegriffenen aus besonderen Gründen ein Ausweichen oder gar Hinnehmen des Angriffs nicht zuzumuten ist.

Zur Vertiefung

Verhältnis von Mord, § 211 StGB und Totschlag, § 212 StGB:	*Fischer*, StGB, 71. Auflage 2024, § 211, Rn. 6 m.w.N. *Eser/Sternberg-Lieben* in Schönke/Schröder, 30. Auflage 2019, Vor. § 211, Rn. 6. *Wessels/Hettinger/Engländer*, Strafrecht BT 1, 47. Auflage 2023, S. 7 ff. *Krey/Hellmann/Heinrich*, Strafrecht BT 1, 17. Auflage 2021, Rn. 12 ff.
Voraussetzungen der Notwehr, § 32 StGB:	*Fischer*, StGB, 71. Auflage 2024, § 32, Rn. 4 ff., 16 ff., 21 ff. *Perron/Eisele* in Schönke/Schröder, 30. Auflage 2019, § 32, Rn. 2 ff. *Wessels/Beulke/Satzger*, Strafrecht AT, 53. Auflage 2023, S. 158 ff. *Krey/Esser*, Strafrecht AT, 7. Auflage 2021, Rn. 470 ff.
Absehen von der Verfolgung des Opfers einer Nötigung oder Erpressung, § 154c StPO:	*Meyer-Goßner/Schmitt*, 67. Auflage 2024, § 154c, Rn. 2 ff.
Mordmerkmal der Heimtücke, § 211 Absatz 2 StGB:	*Fischer*, StGB, 71. Auflage 2024, § 211, Rn. 34 ff. *Eser/Sternberg-Lieben* in Schönke/Schröder, 30. Auflage 2019, § 211, Rn. 22 ff. *Wessels/Hettinger/Engländer*, Strafrecht BT1, 47. Auflage 2023, S. 21 ff. *Krey/Hellmann/Heinrich*, Strafrecht BT 1, 17. Auflage 2021, Rn. 27 f.
Voraussetzungen der schweren Körperverletzung mit Todesfolge, §§ 223, 224, 227 Absatz 1 StGB:	*Fischer*, StGB, 71. Auflage 2024, § 227, Rn. 4 ff. *Sternberg-Lieben* in Schönke/Schröder, 30. Auflage 2019, § 227, Rn. 3 ff. *Wessels/Hettinger/Engländer*, Strafrecht BT1, 47. Auflage 2023, S. 92 ff. *Krey/Hellmann/Heinrich*, Strafrecht BT 1, 17. Auflage 2021, Rn. 313 ff.

Fall 4
Doping und Lokalderby

Strafrecht AT:	Rechtfertigende Einwilligung, Anstiftung
Strafrecht BT:	Körperverletzung, Betrug, Gefährliche Körperverletzung, Körperverletzung mit Todesfolge

S ist Profifußballer der Mannschaft von H-Berlin. A ist der Mannschaftsarzt. S bittet den A um die Injektion eines verbotenen, anabolen Steroidhormons, ohne dass eine medizinische Indikation vorliegt, allein zur Leistungssteigerung, um nach der Winterpause schneller fit zu sein und in der zweiten Halbserie von Beginn an in der Startelf Berücksichtigung zu finden. Nach entsprechender umfassender Aufklärung über die damit verbundenen gesundheitlichen Risiken durch A, entschließt sich S dennoch für die „Behandlung". Er will es um jeden Preis. Er sei Profi – durch und durch – so der S gegenüber A. A spritzt, nach den anerkannten Regeln der ärztlichen Kunst, dem S das Steroidhormon Nandrolon. Um die Einstichstelle bildet sich ein schmerzhafter, typischer Abszess, der jedoch keine bleibenden Schäden verursacht. S hat sich gegenüber H-Berlin – seinem Arbeitgeber – im für ihn lukrativen Profivertrag schriftlich verpflichtet, die Anti-Doping-Regeln von H-Berlin und die des Deutschen Fußball Bund e. V. (DFB) einzuhalten. S hat ausdrücklich das Dopingverbot anerkannt. S erhält ein Jahresgehalt von mehreren Hunderttausend Euro.

In Berlin ist U-Berlin in der laufenden Saison, dem Erzrivalen H-Berlin, deutlich überlegen. Ein Blick auf die Tabelle zeigt die Überlegenheit. Im Lokalderby will S jedoch für sein Team H-Berlin einen Sieg erringen. S weiß, dass sich alle Spieler von U-Berlin am Abend vor dem entscheidenden Spiel in einem Restaurant zum gemeinsamen Essen treffen. S bietet dem Koch K in diesem Restaurant ein großzügiges Honorar dafür an, dass er das Essen mit einem Abführmittel versieht, was bis weit in den nächsten Tag wirkt. S will so eine Reihe von Stammspielern, die Leistungsträger der Startelf von U-Berlin „aus dem Kader nehmen". Viele Spieler von U-Berlin erleiden nach dem Essen erhebliche Magenkrämpfe und klagen über Durchfall. Den meisten Spielern von U-Berlin geht es bald wieder besser, sie sind am übernächsten Tag beschwerdefrei. Bei O jedoch, der an einer chronischen Darmentzündung (Morbus Crohn) leidet und der keine Abführmittel einnehmen darf, kommt es zu schweren Darmblutungen, an denen er schließlich verstirbt.

Wie haben sich S, A und K strafbar gemacht?

Prüfer: Der Sachverhalt, der – wie Sie sehen – dem Sport entlehnt ist, spielt bezüglich des ersten Teils eine größere Rolle im Bereich des Sportrechts. Wir wollen uns dem Sachverhalt von seiner strafrechtlichen Seite widmen und Sie haben, verständlicherweise ausschließlich die Normen des StGB zu berücksichtigen. Die Vorschriften des Anti-Doping-Gesetzes (AntiDopG) sind nicht zu berücksichtigen. Ist Ihnen der Sachverhalt klar geworden?

Kandidatin: Ja, den Sachverhalt habe ich verstanden. Die Prüfung möchte ich in zwei Tatkomplexe unterteilen.

Prüfer:	Das bietet sich an, in Ordnung. Womit beginnen Sie Ihre Prüfung?
Kandidatin:	Ich beginne mit der Prüfung der Strafbarkeit des A und bilde zunächst einen klassischen Obersatz. A könnte sich wegen Körperverletzung gemäß § 223 Absatz 1 StGB zu Lasten des S strafbar gemacht haben, indem A dem S das Steroid injiziert hat.
Prüfer:	Was setzt eine Strafbarkeit wegen Körperverletzung nach § 223 Absatz 1 StGB voraus?
Kandidatin:	A müsste den S körperlich misshandelt oder dessen Gesundheit geschädigt haben. Die körperliche Misshandlung ist jede üble, unangemessene Behandlung, die entweder das körperliche Wohlbefinden oder die körperliche Unversehrtheit nicht unerheblich beeinträchtigt. Eine Schädigung der Gesundheit ist das Hervorrufen oder Steigern eines, wenn auch nur vorübergehenden, pathologischen Zustandes. Hier injiziert A dem S ein anaboles Steroidhormon, wobei sich um die Einstichstelle ein schmerzhafter typischer Abszess bildet. Darüber hinaus ist bereits das Stechen mit der Injektionsnadel in das hautumschlossene Muskelgewebe des S gewissermaßen als Mikroverletzung zu sehen. In jedem Fall ist der schmerzhafte Abszess eine körperliche Misshandlung ebenso wie eine Gesundheitsbeschädigung.
Prüfer:	Das haben Sie bis hier ansprechend dargestellt. Wenn wir davon ausgehen, dass A bezüglich des objektiven Tatbestandes mit Vorsatz gehandelt hat und damit der subjektive Tatbestand erfüllt ist, wo liegt hier in unserem Fall das Problem?
Kandidatin:	A könnte gerechtfertigt sein. S hat nach entsprechender, umfassender ärztlicher Aufklärung über die mit der Injektion einer anabolen Substanz verbundenen gesundheitlichen Risiken durch A in die „Behandlung" eingewilligt.
Prüfer:	Welches Rechtsinstitut haben Sie vor Augen?
Kandidatin:	Ich denke an die rechtfertigende Einwilligung, die nicht explizit gesetzlich geregelt ist. Diese müsste wirksam gewesen sein.
Prüfer:	Können Sie bitte zunächst – gewissermaßen enumerativ – die Voraussetzungen für eine wirksame rechtfertigende Einwilligung darstellen?
Kandidatin:	Die Voraussetzungen sind (1.) die Disponibilität über das Rechtsgut, (2.) die Dispositionsbefugnis, (3.) die Einwilligungsfähigkeit, (4.) eine Einwilligungserklärung, (5.) keine Willensmängel, die Einwilligungserklärung muss frei von Täuschung und Drohung sein, (6.) es darf keine Sittenwidrigkeit gegeben sein und (7.) es bedarf eines subjektiven Rechtfertigungselements.
Prüfer:	Prima, die von Ihnen dargestellte Aufzählung der Voraussetzungen der rechtfertigenden Einwilligung ist umfassend und vollständig.

Wie sieht das in unserem Sachverhalt aus? Wo liegt das entscheidende Problem?

Kandidatin: Die Voraussetzungen der Einwilligung sind hier grundsätzlich erfüllt, insbesondere handelt es sich bei der Gesundheit des S um ein disponibles Rechtsgut, über das S verfügen kann. S ist einwilligungsfähig. Im Sachverhalt sind keine Defizite erkennbar bzw. von Ihnen mitgeteilt worden. S ist sich der Tragweite seiner Entscheidung bewusst, er kann diese überblicken. S vermittelt dem A, dass er die Behandlung will. Er sei Profi, durch und durch. S hat darüber hinaus seine Einwilligung vor der Injektion gegenüber dem A nach außen erkennbar, bewusst und freiwillig abgegeben. Die Drucksituation, die S insofern verspürt, dass er schneller fit sein will und in der zweiten Halbserie von Beginn an in der Startelf Berücksichtigung finden möchte, ist keine, die Freiwilligkeit ausschließende Zwangslage. S handelte in Kenntnis seiner Einwilligung, insoweit liegt auch das subjektive Rechtfertigungselement vor.

Allein die Frage, der Sittenwidrigkeit unter Berücksichtigung des § 228 StGB ist hier problematisch, denn die Tat darf insgesamt nicht gegen die guten Sitten verstoßen.

Prüfer: Was heißt das im Einzelnen konkret?

Kandidatin: Die Kriterien für die Beurteilung, ob eine Körperverletzung sittenwidrig ist, sind umstritten. Fraglich ist, ob die Tat isoliert von dem mit ihr verfolgten Zweck, d.h. allein nach Art und Umfang des tatbestandsmäßigen Rechtsguteingriffs zu betrachten ist, oder ob bzw. inwiefern auf den mit der Tat verfolgten Zweck abzustellen ist oder die zugrunde liegenden Umstände für das Sittenwidrigkeitsurteil von Bedeutung sind.

Prüfer: Das Problem formulieren Sie zutreffend. So wie Sie es darstellen, klingt das sehr akademisch. Was bedeutet das für unseren Sachverhalt? Betrachten wir also die Injektion als Tat, isoliert von dem mit ihr verfolgten Zweck – hier – der verbotenen Leistungssteigerung im Sport oder verknüpfen wir sowohl die Körperverletzungstat – die Injektion – mit sämtlichen Begleitumständen und dem verfolgten Zweck, nämlich der medizinisch, nicht indizierten Gabe eines verbotenen anabolen Steroidhormons?

Kandidatin: Ich sehe hier mehrere Argumente, die für die Sittenwidrigkeit der Tat des A und damit für eine strafbare Körperverletzung ins Gewicht fallen und verknüpfe deshalb die Injektion mit sämtlichen Begleitumständen und dem mit der Injektion verfolgten Zweck der Manipulation. Zunächst einmal ist unabhängig von der umfassenden medizinischen Aufklärung die Gefahr erheblicher, auch langanhaltender Nebenwirkungen gegeben. S hat hier einen schmerzhaften, typischen Abszess entwickelt. Diese typische Folge des Steroidmissbrauchs im Sport ist nicht lediglich unerheblich. Ganz zu schweigen von Langzeitfolgen. Darüber hinaus hat der Gesetzgeber auf das Phänomen des Dopings im Sport reagiert. Sie sprachen eingangs das Anti-Doping-Gesetz an. Der Gesetzgeber hat damit ein Gesetz geschaffen zur Bekämpfung des Einsatzes von Doping-Mitteln und Doping-Methoden im Sport, um die Gesundheit der Sportlerinnen und Sportler zu schützen, die Fairness und Chancengleichheit bei Sportwettbewerben zu sichern und damit zur Einhaltung der Integrität des Sports beizutragen. Aus meiner Sicht spricht für die Sittenwidrigkeit i.S.d. § 228 StGB neben der erlittenen Verletzung des S, der von der Rechtsordnung missbilligte, manipulative Einsatz von Dopingmitteln im Sport. Die Körperverletzungshandlung des A ist im Ergebnis nicht gerechtfertigt.

Prüfer: Diese Argumentation ist gut nachvollziehbar und auch Ihr gefundenes Ergebnis ist überzeugend begründet worden.

Zu § 228 StGB gab es vor einigen Jahren, im weitesten Sinne ebenfalls mit dem Sport verbunden, eine BGH-Entscheidung. Bei der tätlichen Auseinandersetzung zwischen rivalisierenden Hooligans wurde durch den BGH nicht allein auf die Gefährlichkeit der einzelnen Körperverletzungshandlungen abgestellt, sondern es wurde vielmehr aus einer Ex-ante-Perspektive, die mit den einzelnen Tätigkeiten verbundene Eskalationsgefahr berücksichtigt. D.h., auch dort hat der BGH einzelne Körperverletzungshandlungen, die für sich genommen möglicherweise noch nicht dem Sittenwidrigkeitsurteil unterfallen, in dem Rahmen und Kontext betrachtet, in dem sie verübt wurden, nämlich dort im Rahmen einer Gruppen-/Massenschlägerei. Derartige Auseinandersetzungen laufen Gefahr, im Eifer des Gefechts, die ggf. für die Schlägereien abgestimmte Regel, zu missachten. Dieser BGH-Fall fällt mir colorandi causa ein wegen Ihrer Argumentation zur Frage der Sittenwidrigkeit und weil wir uns hier im Bereich des Sports bewegen.

Kommen wir zurück zu unserem Fall.

Kandidatin: Okay, die rechtfertigende Einwilligung verneine ich abschließend. Damit ist die Körperverletzungshandlung des A gegenüber S rechtswidrig. A handelte auch schuldhaft.

Prüfer: Was ist mit Blick auf die Körperverletzung, noch zu beachten?

Kandidatin: Die Körperverletzung ist ein Antragsdelikt. Es handelt sich insoweit um ein relatives Antragsdelikt. Der Antrag ist in § 230 StGB geregelt. Antragsberechtigt ist nach den §§ 77 ff. StGB der Verletzte, hier S. Es könnte sein, dass S keinen Strafantrag gegen A stellt. Dann kann die Strafverfolgungsbehörde jedoch das besondere öffentliche Interesse an der Strafverfolgung bejahen und ein Einschreiten von Amts wegen für geboten erachten. So dies die Ermittlungsbehörde tut, würde auch eine Strafverfolgung ohne Strafantrag des S möglich sein.

Prüfer: Das ist zutreffend. Woran ist, im ersten Tatkomplex, noch zu denken?

Kandidatin: Jedenfalls ist mit Blick auf die mögliche Strafbarkeit des A noch an eine gefährliche Körperverletzung, § 224 Absatz 1 Nr. 2 Variante 2

StGB zu denken, indem er die Injektionsnadel verwandt hat. Ich spreche hier eine Qualifikation an und frage mich, ob die Kanüle ein gefährliches Werkzeug ist.

Prüfer: Wann liegt ein gefährliches Werkzeug i.S.d. § 224 Absatz 1 Nr. 2 StGB vor?

Kandidatin: Ein gefährliches Werkzeug ist nach ständiger Rechtsprechung, ein Gegenstand, welcher nach seiner objektiven Beschaffenheit und nach der Art seiner Verwendung im Einzelfall geeignet ist, erhebliche Körperverletzungen zuzufügen. Die Rechtsprechung stellt auf die potentielle Gefährlichkeit ab.

Prüfer: Hier haben wir A, einen Arzt, der eine Injektionsnadel für die Injektion, ausgeführt nach den Regeln der ärztlichen Kunst, einsetzt. Die Injektionskanüle – die durchaus abstrakt gefährlich ist – hier in der Hand des A, ist jedoch an sich ungefährlich eingesetzt worden. Also nach der Art ihrer Benutzung würde hier die Rechtsprechung zu dem Ergebnis gelangen, dass ein gefährliches Werkzeug nicht gegeben ist, was meinen Sie?

Kandidatin: Ja, so kann man das sehen, wenn wir lediglich das Injizieren mit der Spritzennadel betrachten. Dann erscheint das Ergebnis eher zufällig und hängt hier davon ab, dass A Arzt ist. Im Übrigen gibt es Gegenstände nach ihrer Beschaffenheit, die grundsätzlich völlig ungefährlich sind, aber nach der Art ihrer Benutzung im Einzelfall erhebliche Körperverletzungen zufügen können, weshalb es kritische Stimmen in der Literatur gibt. Diese wenden ein, dass damit im Ergebnis eine Verschiebung des Unrechtsgehalts von einer abstrakten zu einer konkreten Gefährdung konstruiert wird. Hier darf jedoch nicht vergessen werden, dass durch die Injektion eine erhebliche Gesundheitsschädigung, der schmerzhafte Abszess, bei S verursacht wurde, weshalb wohl nach beiden Auffassungen – auch nach der Rechtsprechung – wegen der Art der Verwendung im Einzelfall § 224 Absatz 1 Nr. 2 Variante 2. StGB erfüllt erscheint.

Prüfer: Das haben Sie sehr schön dargestellt. Lassen wir das so stehen und vertiefen das nicht weiter.

Setzen Sie die Strafbarkeitsprüfung bitte fort. Wessen Strafbarkeit haben Sie noch in den Blick zu nehmen?

Kandidatin: Im Folgenden prüfe ich noch die Strafbarkeit des S. Fraglich ist, ob S im Hinblick auf das vertraglich vereinbarte, von H-Berlin, zu zahlende Gehalt, einen Betrug gegenüber und zum Nachteil seines Arbeitgebers begangen hat. Das setzt zunächst eine Täuschungshandlung voraus. S hat bei Abschluss seines Profivertrages, der einem Arbeitsvertrag gleichsteht, gegenüber H-Berlin erklärt, dass er die Anti-Doping-Regeln sowohl von H-Berlin als auch des DFB einhält. Er hat das Doping-Verbot ausdrücklich anerkannt. Entgegen seiner ausdrücklichen Erklärung gegenüber seinem Arbeitgeber, hat er verbotene Doping-Mittel zur Leistungssteigerung benutzt. H-Berlin vertraute dem S. Ob das Schwergewicht der Vorwerfbarkeit im Tun oder Unterlassen des S liegt, kann dahinstehen. Eine Täuschungshandlung ist jede Vorspiegelung falscher oder Entstellung oder Unterdrückung wahrer Tatsachen. Insoweit irrte sich sein Arbeitgeber H-Berlin. S hat gerade nicht fair gespielt.

Prüfer: Das haben Sie soweit zutreffend dargestellt. Angenommen, zwischen der Täuschungshandlung und dem Irrtum bestünde Kausalität, welche Voraussetzungen müssten noch darüber hinaus vorliegen?

Kandidatin: Schließlich müsste aufgrund des Irrtums von H-Berlin an S Spielerhonorar/Gehalt gezahlt worden sein. Das ist die vorausgesetzte Vermögensverfügung. Es handelt sich hierbei um ein ungeschriebenes Tatbestandsmerkmal. Der Irrende muss verfügen, entweder über eigenes oder fremdes Vermögen.

Prüfer: Definieren Sie bitte mal den Begriff der Vermögensverfügung.

Kandidatin: Verfügung ist jedes Tun oder Unterlassen, das sich unmittelbar vermögensmindernd auswirkt. Die Vermögensverfügung ist das Bindeglied zwischen Irrtum und Vermögensschaden.

Prüfer: Das ist vollkommen richtig. Was sagt Ihnen der Begriff der Unmittelbarkeit der Verfügung?

Kandidatin: Die Unmittelbarkeit ist ein Kriterium zur Beschränkung und bedeutet, dass sich das Tun oder Unterlassen des Opfers als Akt des Gebens darstellt. D.h. weitere Handlungen – Zwischenakte – die etwa die Vermögensminderung erst herbeiführen, sind nicht notwendig.

Prüfer: In Ordnung. Schließlich wird als weitere Voraussetzung, was gefordert?

Kandidat: Die Vermögensverfügung muss unmittelbar in einen Vermögensschaden münden. Hier liegt der Vermögensschaden darin, dass S mehrere Hunderttausend Euro Gehalt von seinem Arbeitgeber erhalten hat, ohne jedoch die Anti-Doping-Regeln des DFB und seines Arbeitgebers zu beachten. S hat unfair gehandelt. Der vom Arbeitgeber konkret verfolgte Zweck, nämlich eine sportliche Leistung, ohne Einsatz verbotener, leistungssteigernder Mittel, hat S nicht erbracht. Der Zweck, den der Arbeitgeber verfolgte, wurde verfehlt. Wegen dieser Zweckverfehlung erlitt der Arbeitgeber einen sog. persönlichen Schadenseinschlag.

Prüfer: Können Sie das bitte genauer erläutern, was Sie unter „persönlicher Schadenseinschlag“ verstehen?

Kandidatin: Zunächst kommt es auf eine Gesamtsaldierung an. Leistung und Gegenleistung werden gegenübergestellt. Hier hat S gespielt. Er hat, isoliert betrachtet, seine sportliche Leistung erbracht. Er wurde eingesetzt und hat das getan, was der Arbeitgeber von ihm erwartet, trainiert und Punktspiele absolviert. Dafür hat er sein Profihonorar bekommen. Mit Blick auf die Gesamtsaldierung ist durchaus eine Ausgeglichenheit gegeben. Das hat im Grundsatz zur Folge, dass ein

Schaden unter Maßgabe dieser Betrachtung nicht entstanden ist. Von diesem Grundsatz machen jedoch die Rechtsprechung und ebenso die herrschende Meinung Ausnahmen. Es wird insoweit eine wertende Betrachtung vorgenommen, die zu einer Einschränkung dieses Grundsatzes führt. Nach dieser Maßgabe ist die Leistung eines gedopten Berufssportlers in der Regel wertlos, weil er gegen alles verstößt, was den fairen Sport ausmacht und zur Disqualifikation des S, je nach Reglement, möglicherweise zum Punktabzug für das Team führt.

Prüfer: Das lässt sich hören und ist im Ergebnis vertretbar.

Sie hatten eingangs von zwei Tatkomplexen gesprochen. Wie setzen Sie die Prüfung nunmehr fort?

Kandidatin: Ich widme mich zunächst der Prüfung der Strafbarkeit des K. Hier kommt erneut eine Strafbarkeit nach den §§ 223 Absatz 1, 224 Absatz 1 Nr. 1 Variante 2 StGB in Betracht. Viele Spieler von U-Berlin erlitten nach dem Essen erhebliche Magenkrämpfe und klagten über Durchfall.

Prüfer: Sie sehen demnach in dem Abführmittel einen anderen gesundheitsschädlichen Stoff i.S.d. § 224 Absatz 1 Nr. 1 Variante 2 StGB. Habe ich Sie richtig verstanden?

Kandidatin: Ja, das war meine Intention. Als Gift bewerte ich das Abführmittel nicht. Jedoch könnte es sich um einen anderen gesundheitsschädlichen Stoff handeln. Andere gesundheitsschädliche Stoffe sind solche, die u. a. auf mechanischem oder thermischem Weg auf die Gesundheit einwirken. Grundsätzlich muss der Stoff nach Art und konkreter Einsatzweise geeignet sein, erhebliche Gesundheitsschäden zu verursachen.

Prüfer: Was meinen Sie, zählt jeder Stoff, der eine durchaus erhebliche Gesundheitsschädigung hervorrufen kann, zu den Stoffen i.S.d. § 224 Absatz 1 Nr. 1 Variante 2 StGB? Denken Sie dabei mal an Alkohol, Nikotin, Pharmazeutika.

Kandidatin: Die von Ihnen aufgezählten Sachen können grundsätzlich zu einer erheblichen Schädigung im Einzelfall führen. Das gehört zum Allgemeinwissen. Es besteht bei Alkohol und Nikotin grundsätzlich die Gefahr, dass es im Einzelfall zu auch erheblichen Schädigungen der Gesundheit kommen kann. Hier sollte jedoch eine Abgrenzung zur einfachen Körperverletzung nach § 223 Absatz 1 StGB insoweit stattfinden, als dass diese gesundheitsschädigenden Stoffe nicht von § 224 Absatz 1 Nr. 1 Variante 2. StGB erfasst werden.

In unserem Fall jedoch sehe ich das Abführmittel als einen anderen gesundheitsschädlichen Stoff i.S.d. Variante 2. von § 224 Absatz 1 Nr. 1 StGB an. K handelte auch vorsätzlich.

Prüfer: In Ordnung. Könnte noch eine weitere Qualifikation in Betracht kommen?

Kandidatin: Auch § 224 Absatz 1 Nr. 5 StGB ist tatbestandlich verwirklicht. Das Abführmittel hat, wie viele andere Medikamente, Nebenwirkungen, die im Einzelfall zum Tode führen können. Hier ist der Tod des O eingetreten.

Prüfer: Das bringt uns zu der Frage, warum Sie angesichts des Eintritts des Todes des O nicht zunächst ein Tötungsdelikt in Erwägung gezogen haben.

Kandidatin: Die Strafbarkeit des K wegen Totschlags scheidet aus. K hat nicht den Tod des O in Kauf genommen. Davon ist im Sachverhalt nichts mitgeteilt worden. Ich habe angenommen, dass K nicht erkannt und gewollt hat, dass ein Spieler von U-Berlin aufgrund der Verabreichung des Abführmittels sterben könne.

Prüfer: Das überzeugt. In unserem Sachverhalt gab es hierfür tatsächlich keinen Anhaltspunkt. Bleiben wir noch bei § 224 Absatz 1 Nr. 5 StGB. Es wird zu dieser Qualifikation ein Streitstand immer wieder thematisiert. Wissen Sie, worauf ich hinaus will?

Kandidatin: Sie meinen sicher die Frage, ob die Tat das Leben konkret gefährdet haben muss. Die Rechtsprechung verneint dies. Nach der Rechtsprechung ist es ausreichend, dass die Art der Behandlung nach den Umständen des Einzelfalls generell geeignet ist.

Prüfer: Das ist zutreffend, so wird es in der Rechtsprechung vertreten. Geprägt wird in diesem Zusammenhang der Begriff, dass § 224 Absatz 1 Nr. 5 StGB ein sog. Eignungsdelikt sei.

Ein Teil der Literatur sieht in § 224 Absatz 1 Nr. 5 StGB jedoch ein konkretes Gefährdungsdelikt. Angeknüpft wird insoweit an die konkrete Gefährlichkeit der Behandlung – der Tat – und nicht erst an den eingetretenen Verletzungserfolg.

Kandidatin: Für diese rechtliche Einordnung könnte man aus dem Gesetzestext den Begriff „mittels" heranziehen. D.h. der Körperverletzungserfolg muss „mittels", also durch die gefährliche Behandlung und nicht erst als die mittelbare Folge eingetreten sein.

Prüfer: Woran fehlt es aber in jedem Fall hier, wenn Sie sich die subjektive Ebene anschauen?

Kandidatin: K hatte keinen Vorsatz bzgl. der tödlichen Gefahren für O.

Prüfer: Das haben Sie insgesamt anschaulich einem vertretbaren Ergebnis zugeführt. Welche Delikte stehen noch im Raum mit Blick auf die Prüfung der Strafbarkeit des K?

Kandidatin: Es bleibt noch die Körperverletzung mit Todesfolge nach § 227 Absatz 1 StGB zu prüfen. Das Grunddelikt, §§ 223, 224 Absatz 1 Nr. 1 StGB, ist gegenüber O verwirklicht und die schwere Folge des § 227 StGB ist eingetreten. O ist an den schweren Darmblutungen verstorben. Die Erfolgsqualifikation ist eingetreten.

Prüfer: Wo liegt hier das entscheidende Problem?

Kandidatin: Problematisch ist die objektive Zurechnung. Die schwere Folge, der Tod des O, müsste dem K objektiv zurechenbar sein.

Prüfer: Bestehen hieran Zweifel?

Kandidatin: Die objektive Zurechnung könnte entfallen, wenn ein atypischer Kausalverlauf gegeben ist. Von einem atypischen Kausalverlauf spricht man, wenn der eingetretene Erfolg völlig außerhalb dessen liegt, was nach dem gewöhnlichen Verlauf der Dinge und nach der allgemeinen Lebenserfahrung noch angenommen werden kann. M.E. liegt es nicht völlig außerhalb jeder Lebenswahrscheinlichkeit, dass bei einer Einnahme von Abführmitteln, die unkontrolliert einem größeren Personenkreis ins Essen gemischt wird, eine Person dabei ist, die spezielle, besondere, persönliche, anatomische oder physiologische Gegebenheiten aufweist, beispielsweise Allergien, die extreme körperliche Reaktionen auf Medikamente mit sich bringen. Es liegt gerade nicht außerhalb der Lebenswahrscheinlichkeit, dass körperliche Vorschädigungen zur erheblichen Verstärkung körperlicher Reaktionen führen.

Prüfer: D.h. für unseren Fall, dass der Tod des O, keinen atypischen Kausalverlauf darstellt. War das so von Ihnen gemeint?

Kandidatin: Ja, das wollte ich damit zum Ausdruck bringen.

Prüfer: Gibt es weitere Voraussetzungen für eine Strafbarkeit wegen Körperverletzung mit Todesfolge?

Kandidatin: Gefordert wird noch ein sog. tatbestandsspezifischer Gefahrzusammenhang.

Prüfer: Wie muss dieser ausgestaltet sein?

Kandidatin: Das hängt davon ab, woran der Todeserfolg geknüpft wird. Die Rechtsprechung sieht den tatbestandsspezifischen Gefahrzusammenhang gegeben, wenn der Zusammenhang zwischen der Körperverletzungshandlung und dem Tod besteht. Die Literatur sieht den Zusammenhang zwischen dem Körperverletzungserfolg und dem Tod.

Prüfer: Was bedeuten diese beiden von Ihnen dargestellten Auffassungen für unsere Sachverhaltskonstellation?

Kandidatin: Mit der Rechtsprechung kämen wir hier zu einer Strafbarkeit wegen Körperverletzung mit Todesfolge. Allein die Körperverletzungshandlung, hier die Gabe des Abführmittels, führt schließlich zum Todeserfolg. Mit der Literaturmeinung wäre eine Strafbarkeit wohl nicht gegeben. Der Körperverletzungserfolg, der Durchfall und die erheblichen Magenprobleme, haben nicht zum Tod geführt, sondern es waren vielmehr die persönlichen Vorerkrankungen des O, die im Zusammenwirken mit dem Abführmittel zum Tod geführt haben. Die Literatur argumentiert, dass eine restriktive Auslegung des § 227 StGB wegen seines erhöhten Strafrahmens geboten erscheint. Ich würde mich hier eher der Meinung des BGH anschließen. Der Wortlaut spricht für die Auffassung des BGH. Die Körperverletzung wird erwähnt in § 227 Absatz 1 StGB. Es ist nicht die Rede vom Körperverletzungserfolg.

Prüfer: Sofern § 227 StGB verneint wird, käme § 222 StGB in Betracht. Das soll hier zurückgestellt werden.

Es bleibt noch in diesem Zusammenhang die Strafbarkeit des S.

Kandidatin: S hat sich – aus meiner Sicht – unproblematisch wegen Anstiftung zur gefährlichen Körperverletzung strafbar gemacht. Nach der von mir favorisierten Auffassung kommt darüber hinaus eine Strafbarkeit des S wegen Anstiftung zur Körperverletzung mit Todesfolge in Betracht. Wollte man eine Strafbarkeit insoweit verneinen, könnte eine eigene Sorgfaltspflichtverletzung des S darin angesehen werden, dass er K angestiftet hat und damit käme eine fahrlässige Tötung in Betracht.

Prüfer: Haben Sie vielen Dank, die Prüfung ist beendet.

Auf einen Blick

Das Prüfungsgespräch hat überwiegend Probleme aus dem Bereich der Körperverletzungsdelikte zum Inhalt. Darüber hinaus werden die Voraussetzungen der rechtfertigenden Einwilligung behandelt. Das Grunddelikt, § 223 Absatz 1 StGB beschreibt die Tathandlung und die tatbestandlichen Erfolge der Körperverletzung als körperliche Misshandlung oder Schädigung der Gesundheit, wobei sich beide Alternativen nicht trennscharf unterscheiden lassen und sich überschneiden. Die Ausbildungs- und Kommentarliteratur ist hierzu umfangreich. Auf diese wird im Rahmen der Vertiefung verwiesen.

Zu den Voraussetzungen der rechtfertigenden Einwilligung, die nach herrschender Meinung vor der Tat erklärt werden muss und zum Zeitpunkt der Tat nicht widerrufen worden sein darf, gehört, dass der Einwilligende über das Rechtsgut tatsächlich und normativ disponieren kann und dass er dispositionsbefugt ist. Der Betroffene muss einwilligungsfähig sein, d.h. er muss die Tragweite der Entscheidung, die Bedeutung und Folgen der Rechtshandlung erkennen, überblicken und nach dieser Einsicht handeln. Die Einwilligung muss vom Betroffenen frei erklärt werden, d.h., seine Entschließung muss frei von Willensmängeln wie Täuschung und Drohung sein. Es darf keine Sittenwidrigkeit gegeben sein. Die Sittenwidrigkeit der Einwilligung selbst ist bedeutungslos, auch nach Maßgabe des § 228 StGB. Die einwilligende Rechtfertigung ist jedoch dann ausgeschlossen, wenn die Rechtsordnung, die Rechtsgutverletzung trotz der Einwilligung des Betroffenen missbilligt. Schließlich muss der Täter in Kenntnis und aufgrund der Einwilligung handeln, d.h. – das subjektive Rechtfertigungselement muss ebenfalls gegeben sein.

Die Qualifikation des § 224 Absatz 1 StGB enthält abschließend aufgezählt fünf Begehungsformen, die die vorsätzliche Körperverletzung zu einer gefährlichen Körperverletzung machen. Die Qualifikationen kennzeichnen sich durch die gefährliche Art ihrer Begehung und durch einen besonderen Taterfolg. Im Sachverhalt hier spielen die Nr. 1, Nr. 2 und Nr. 5 eine Rolle. Die h.M. sieht in ihnen konkrete Gefährdungsdelikte. Dagegen sind die Nr. 3 und Nr. 4 des § 224 StGB als abstrakte Gefährdungsdelikte zu verstehen.

§ 224 Absatz Nr. 1 StGB spricht von *„andere gesundheitsschädliche Stoffe"*. Der Stoff muss die Eigenschaft haben, im konkreten Fall, die Gesundheit zu schädigen. Andererseits wird gefordert, dass die konkrete Gefahr, für eine erhebliche Schädigung im Einzelfall zu besorgen ist. § 224 Absatz 1 Nr. 2 StGB setzt die Körperverletzung *„mittels einer Waffe oder eines gefährlichen Werkzeugs"* voraus. Nr. 2 qualifiziert Tathandlungen, bei denen sich, wegen der auf den

Körper des Opfers einwirkenden Tatmittel, die besondere Gefährlichkeit ergibt. „*Mittels*" bedeutet, dass das Tatmittel unmittelbar auf den Körper der geschädigten Person einwirkt. Setzt das Einwirken mit der Waffe oder dem gefährlichen Werkzeug lediglich einen Kausalverlauf in Gang, der in der Folge mittelbar zur Körperverletzung führt, ist das Tatbestandselement „*mittels*" nicht erfüllt. Ein gefährliches Werkzeug ist grundsätzlich gegeben, wenn es nach seiner objektiven Beschaffenheit und nach der Art seiner Benutzung im Einzelfall geeignet ist, erhebliche Körperverletzungen zuzufügen; so die allgemeine Definition in der ständigen Rechtsprechung. Diese rechtliche Einordnung ist nicht unumstritten. Die Kritik stellt darauf ab, dass ein Werkzeug nicht dadurch seiner Art nach gefährlich wird, dass der Täter mit ihm eine erhebliche Verletzung verursacht, sondern im Gegenteil, ist die erhebliche Verletzung Folge der objektiven Gefährlichkeit des Gegenstandes.

Die Qualifikation, § 224 Absatz 1 Nr. 5 StGB, wonach die Tatbegehung „*mittels einer das Leben gefährdenden Behandlung*" erfolgt, ist in ihrer systematischen Einordnung streitig. Die Rechtsprechung sieht in Nr. 5 ein Eignungsdelikt, d.h. es ist insoweit ausreichend, dass die Art der Behandlung nach den Umständen des Einzelfalls generell dazu geeignet ist, dass Leben zu gefährden. Eine abstrakte Gefährlichkeit der Körperverletzungshandlung ist nach dieser Ansicht ausreichend. Eine konkrete Lebensgefahr muss nicht eingetreten sein. Das Wortlautargument wird dafür angeführt, dass in Nr. 5 nicht vom Herbeiführen einer Lebensgefahr, sondern lediglich von einer lebensgefährdenden Behandlung gesprochen wird. Die Gegenauffassung vertritt wegen der hohen Strafandrohung, dass die Tathandlung das Opfer in eine konkrete Lebensgefahr gebracht haben müsse. Darüber hinaus ist von Bedeutung, dass sich die Lebensgefährdung aus der Behandlung selbst ergeben muss. Folgt die Gefahr erst mittelbar aus den im weiteren Kausalverlauf angesiedelten Umständen, so wird § 224 Absatz 1 Nr. 5 StGB verneint.

§ 227 StGB ist ebenso wie § 226 Absatz 1 StGB eine Erfolgsqualifikation zur einfachen Körperverletzung. Bei der Erfolgsqualifikation ist hinsichtlich der besonderen Folge Fahrlässigkeit nach § 18 StGB ausreichend.

Voraussetzung ist der Eintritt der schweren Folge. Wegen des hohen Strafrahmens (3-5 Jahre) ist ein spezifischer Gefahrzusammenhang vorausgesetzt. Das bedeutet, dass sich die spezifische Gefährlichkeit der Körperverletzung in typischer Weise in der Todesfolge niedergeschlagen haben muss. Der spezifische Gefahrzusammenhang muss über die einfache Kausalität hinaus, wonach das Grunddelikt, die Körperverletzung, nicht hinweggedacht werden kann, ohne dass die Todesfolge (conditio sine qua non) entfiele, gegeben sein. Den spezifischen Gefahrzusammenhang nennt man in der Literatur auch Unmittelbarkeitszusammenhang zwischen dem Grunddelikt und der Todesfolge. Umstritten ist, woran die Todesfolge anknüpfen muss, entweder an einen Körperverletzungserfolg, wie es die Literatur (sog. Letalitätslehre) vertritt oder wie von der Rechtsprechung vertreten, an die Körperverletzungshandlung. Die Rechtsprechung stützt sich auf den Wortlaut. Im Übrigen ist damit auch der erfolgsqualifizierte Versuch des § 227 StGB strafbewehrt.

Der Betrug spielt im vorstehenden Prüfungsgesprächs ebenfalls im Ansatz eine Rolle. Konkret geht es um den sog. persönlichen Schadenseinschlag. Mit der Theorie vom persönlichen Schadenseinschlag kann ausnahmsweise trotz objektiver Kompensation – mit Blick auf die Gesamtsaldierung im Prüfungspunkt des Vermögensschadens – ein Schaden auch dann bejaht werden, wenn der Geschädigte zwar eine wirtschaftlich gleichwertige Gegenleistung erhalten hat, diese aber nach seiner individuellen Bewertung nicht oder nicht in vollem Umfang dem vertraglich Vereinbarten entspricht. Die Theorie vom persönlichen Schadenseinschlag ist anerkannt. In der Ausbildungsliteratur sind weitere Fallgruppen diskutiert, wie z.B., dass trotz wirtschaftlich gleichwertiger Gegenleistung, die Gegenleistung den Geschädigten zu vermögensschädigenden Maßnahmen nötigt oder zur Folge hat, dass der Geschädigte nicht mehr über Mittel verfügen kann, die er zur ordnungsgemäßen Erfüllung seiner Verbindlichkeiten oder seiner Lebensführung benötigt. Der Klassiker hierzu ist der sog. „Melkmaschinen-Fall" (BGH St 16, 321).

Zur Vertiefung

Voraussetzungen der rechtfertigenden Einwilligung:	*Fischer*, StGB, 71. Auflage 2024, § 32, Rn. 3c ff. *Sternberg-Lieben* in Schönke/Schröder, 30. Auflage 2019, Vor. § 32, Rn. 33 ff. *Wessels/Beulke/Satzger*, Strafrecht AT, 53. Auflage 2023, S. 158 ff. *Krey/Esser*, Strafrecht AT, 7. Auflage 2021, Rn. 470 ff.
Sittenwidrigkeit, § 228 StGB:	*Fischer*, StGB, 71. Auflage 2024, § 228, Rn. 22 ff. *Sternberg-Lieben* in Schönke/Schröder, 30. Auflage 2019, § 228, Rn. 19. *Wessels/Hettinger/Engländer*, Strafrecht BT 1, 47. Auflage 2023, S. 102 ff.
Andere gesundheitsschädliche Stoffe, § 224 Absatz 1 Nr. 1 StGB:	*Fischer*, StGB, 71. Auflage 2024, § 224, Rn. 5. *Sternberg-Lieben* in Schönke/Schröder, 30. Auflage 2019, § 224, Rn. 2a. *Wessels/Hettinger/Engländer*, Strafrecht BT 1, 47. Auflage 2023, S. 80 ff. *Krey/Hellmann/Heinrich*, Strafrecht BT 1, 17. Auflage 2021, Rn. 263 ff., 289 ff.
Gefährliches Werkzeug, § 224 Absatz 1 Nr. 2 StGB:	*Fischer*, StGB, 71. Auflage 2024, § 224, Rn. 20 f. *Sternberg-Lieben* in Schönke/Schröder, 30. Auflage 2019, § 224, Rn. 3 ff.
Tatbegehung mittels einer das Leben gefährdenden Behandlung, § 224 Absatz 1 Nr. 5 StGB:	*Fischer*, StGB, 71. Auflage 2024, § 224, Rn. 26. *Sternberg-Lieben* in Schönke/Schröder, 30. Auflage 2019, § 224, Rn. 12 ff.
Voraussetzungen des Betrugs, § 263 Absatz 1 StGB; persönlicher Schadenseinschlag:	*Fischer*, StGB, 71. Auflage 2024, § 263, Rn. 146 ff. *Perron* in Schönke/Schröder, 30. Auflage 2019, § 263, Rn. 121 ff. *Wessels/Hillenkamp/Schuhr*, Strafrecht BT 2, 46. Auflage 2023, S. 299 ff. *Krey/Hellmann/Heinrich*, Strafrecht BT 2, 18. Auflage 2021, Rn. 551 ff., 707 ff. *Mitsch*, Strafrecht BT 2, 3. Auflage 2015, S. 324.

C. Kurzvorträge

Fälle aus Zivilrecht, öffentlichem Recht und Strafrecht

In dem nachfolgenden Kapitel ist jeweils ein Fall aus dem Zivilrecht, dem öffentlichen Recht und dem Strafrecht als Grundlage für einen Kurzvortrag enthalten. Die Fälle eignen sich besonders dazu sie im Rahmen einer Lerngruppe vorzutragen und zu diskutieren. Für jeden Fall ist eine Lösungsskizze enthalten, die die wesentlichen Probleme des Falls darstellt.

I. Zivilrecht: Der absolute Prüfungsklassiker – Porto oder Bordeaux?

Der Aktenvortrag beruht auf dem Urteil des AG Stuttgart-Bad Cannstatt vom 16. März 2012 (Az. 12 C 3263/11) und ist ein absoluter Prüfungsklassiker. Dieser Fall ist nicht nur aufgrund seiner Kuriosität bei Prüfern beliebt. Mit der Prüfung dieses Falls können Prüfer – in verschiedenen Abwandlungen – Grundlagen aus dem BGB AT wie den Vertragsschluss, die Stellvertretung und Anfechtungen, prüfen. Lernen Sie das Urteil nicht auswendig, sondern versuchen Sie die Lösung zu verstehen. Denn sollte eine Abwandlung geprüft werden merken Prüfer schnell, ob die Kandidaten auswendig gelernte Lösungen vortragen oder am konkreten Sachverhalt arbeiten.

Sachverhalt:

Die aus Sachsen stammende und in Hannover lebende achtzigjährige O möchte einen Flug zu der Hochzeit ihrer Enkelin buchen. Da die Enkelin einen Portugiesen heiraten wird, wird die Hochzeit in Porto in Portugal stattfinden. O fühlt sich selbst nicht in der Lage, einen Flug zu buchen. Deshalb bittet sie den 17-jährigen Nachbarsjungen, N, um Hilfe. O spricht, obwohl sie schon länger in Hannover lebt, mit einem starken sächsischen Dialekt. Sie bittet N, dass dieser für sie einen Flug nach Porto bucht und spricht das Wort Porto dabei aufgrund ihres Dialektes so aus, dass es für den N wie „Bordo" klingt. N fragt die O daraufhin zweimal, ob er für sie einen Flug nach „Bordeaux" buchen solle, was die O bejaht. O weist den N lediglich darauf hin, dass Hin- und Rückflug insgesamt nicht mehr als 400 Euro kosten sollen und wann sie in Porto sein müsse.

Da N keinen eigenen Laptop hat, um die Flüge zu buchen, wendet er sich direkt per Telefon an die Fluggesellschaft L. L hat die Rechtsform einer GmbH. Am Telefon schildert er der Mitarbeiterin der L, M, den Sachverhalt. M schlägt dem N verschiedene Flüge zu verschiedenen Preisen nach und zurück aus Bordeaux vor. N entscheidet sich aufgrund der Abflugzeiten für Hin- und Rückflüge zum Preis von insgesamt 360 Euro. Als O die Rechnung samt Flugtickets per Post erhält, fällt ihr der Irrtum auf. Sie konfrontiert den N und sagt ihm, dass sie ihm keine Vollmacht zur Buchung für Flüge nach Bordeaux, sondern nach Porto erteilt habe. Zusätzlich ruft die O bei der L an und schildert der M, dass sie N keine Vollmacht zur Buchung eines Fluges nach Bordeaux erteilt habe und dass sie nicht an dem Vertrag festhalten wolle. M erklärt, dass N unmissverständlich von „Bordeaux" gesprochen habe und dass O zur Zahlung der 360 Euro verpflichtet sei.

Hat die L einen Anspruch gegen O auf Zahlung von 360 Euro?

Bearbeitervermerk:

- Prüfen Sie die Fallfrage in einem Gutachten.
- Es ist nur ein vertraglicher Anspruch zu prüfen.
- Die Sachverhaltsdarstellung ist erlassen.
- Die Vortragszeit ist auf 10 Minuten zu begrenzen.

Lösung:

„Sehr geehrte Prüfungskommission, in meinem folgenden Aktenvortrag werde ich die vertraglichen Ansprüche der L gegen O gutachterlich prüfen.

L könnte einen Anspruch auf Zahlung in Höhe von 360 Euro gegen O gemäß § 631 Absatz 1 BGB haben.“

▶ **Hinweis:** Bilden Sie saubere Obersätze. Darauf wird in der Prüfung geachtet. Als Einstiegsfrage im Gutachten merken Sie sich bitte: Wer? Will was? Von wem? Woraus?

I. Anspruch entstanden

▶ **Hinweis:** Nutzen Sie bei der Erstellung Ihrer Lösungsskizze Überschriften, damit Sie sich beim Vortragen an diesen orientieren können.

„Es müsste zunächst ein Anspruch entstanden sein. Vorliegend könnte zwischen L und O ein sogenannter Beförderungsvertrag geschlossen worden sein.“

- Abgrenzung Dienstvertrag gemäß § 611 BGB und Werkvertrag gemäß § 631 BGB.
- Da es beim Beförderungsvertrag auf den Erfolg (pünktlicher Transport zu einem bestimmten Ort) und nicht auf die Leistung versprochener Dienste ankommt, handelt es sich bei einem Beförderungsvertrag um eine Art des Werkvertrags.
- **Abschluss eines Beförderungsvertrages (+)**

„Ein Vertrag kommt gemäß den §§ 145 ff. BGB durch zwei korrespondierende Willenserklärungen namens Angebot und Annahme zustande.“

1. Angebot der O durch N als Stellvertreter gemäß § 164 BGB (+)

▶ **Hinweis:** Wenn dafür Anzeichen im Sachverhalt vorliegen, kann zu prüfen sein, ob auf der Homepage der Fluggesellschaft eingestellte Flüge bereits ein Angebot darstellen. Hierbei handelt es sich in der Regel jedoch um eine „invitatio ad offerendum“, sprich die Einladung, ein Angebot abzugeben.

a) Eigene Willenserklärung (+)
- „Eine Willenserklärung ist die auf die Herbeiführung von Rechtsfolgen gerichtete Entäußerung des Willens in den Rechtsverkehr.“
- Abgrenzung Stellvertretung und Botenschaft: Der Stellvertreter gibt eine eigene Willenserklärung ab, der Bote übermittelt eine fremde. Im Wege der Auslegung (§§ 133, 157 BGB) ist zu ermitteln, wie aus Sicht des Erklärungsempfängers das Auftreten der Mittelsperson zu verstehen ist. Aus Sicht der M hat der N eine eigene Willenserklärung abgegeben, da er selbst entscheiden konnte, zu welchem Zeitpunkt und zu welchem Preis der Flug gebucht werden soll. Somit hat der N eine eigene Willenserklärung im Sinne des § 164 Absatz 1 BGB abgegeben.

b) Offenkundigkeit – Im Namen der O (+)

c) Mit Vertretungsmacht (+)
- N ist als 17-Jähriger in seiner Geschäftsfähigkeit beschränkt, vgl. §§ 2, 106 BGB.
- Grundsätzlich bedürfte es deshalb gemäß § 107 BGB der Einwilligung des gesetzlichen Vertreters, sofern es sich nicht um ein lediglich rechtlich vorteilhaftes Geschäft handelt.

- Die Stellvertretung ist als „rechtlich neutrales“ Geschäft im Wege einer teleologischen Reduktion ebenfalls zustimmungsfrei für Minderjährige möglich. Das ergibt sich auch aus § 165 BGB.
- Zu diskutieren ist, ob die Buchung eines Flugs nach Bordeaux von der sogenannten Innenvollmacht des N im Sinne des § 167 Absatz 1 1. Alt BGB umfasst war.
  - Es geht nicht um die Frage, ob im Rahmen der Vollmachtserteilung durch die O die Willenserklärung dem N gemäß § 130 Absatz 1 BGB analog (analog, da § 130 Absatz 1 BGB sich auf den Zugang von Willenserklärung gegenüber Abwesenden bezieht; gemäß § 147 Absatz 1 Satz 2 BGB gelten die Regelungen zur Annahme eines Antrags unter Anwesenden auch bei telefonischer Übermittlung) wirksam zugegangen ist. Denn er hat das Gesagte akustisch richtig verstanden.
  - Es ist vielmehr im Wege einer Auslegung analog §§ 133, 157 BGB zu ermitteln, wie ein objektiver Erklärungsempfänger nach den Maßstäben der Verkehrssitte die Erklärung der O verstehen durfte.
  - Die besseren Gründe sprechen dafür, dass N die Erklärung der O als „Bordeaux“ verstehen durfte (Gespräch in Hannover; Nachfrage des N).
  - Eine Vollmacht lag vor.
  - Ein etwaiger Widerruf der Vollmacht durch O gemäß §§ 168 Satz 2 und 3, 167 Absatz 1 Variante 2 BGB hätte lediglich eine *ex nunc* Wirkung und wäre mithin vorliegend nicht erheblich.

2. Annahme der M als Stellvertreterin der L (+)

- Rechtsfähigkeit der L als GmbH gemäß § 13 Absatz 1 GmbHG.
- Annahme des Angebots durch M wird gegenüber O auch wirksam, vgl. §§ 164 Absatz 3, 131 Absatz 2 Satz 2 BGB.

II. Rechtshindernde Einwendung (+)

„Der Anspruchsentstehung könnte die rechtshindernde Einwendung einer Anfechtung gemäß § 142 Absatz 1 BGB entgegenstehen. Der Vertrag könnte mit *ex tunc* Wirkung – sprich von Anfang an – als nichtig anzusehen sein, wenn die O erfolgreich eine zulässige Anfechtung erklärt hat, hierfür ein Anfechtungsgrund vorgelegen hat und die Anfechtung nicht ausgeschlossen war.“

1. Anfechtung der von N abgegeben Willenserklärung gemäß § 142 Absatz 1 BGB (–)

- Wirkung der Anfechtung gemäß § 142 Absatz 1 BGB: Unwirksamkeit des Rechtsgeschäfts von Anfang an (*ex tunc*).

a) Anfechtungserklärung gemäß § 143 Absatz 1 BGB (+)

b) Anfechtungsgrund (–)

- Gemäß § 166 Absatz 1 BGB kommt bei der Anfechtung des Rechtsgeschäfts aufgrund eines Willensmangels die Person des Vertreters und nicht die des Vertretenen in Betracht.
- N unterlag keinem Wissensmangel, da er erklärt hat, einen Flug für die O nach Bordeaux buchen zu wollen. Das entsprach dem vom ihm Gewollten.

2. Anfechtung der Vollmachtserteilung gemäß § 142 Absatz 1 BGB (+)

- Bei einer wirksamen Anfechtung der Vollmachtserteilung könnte N als Vertreter ohne Vertretungsmacht gehandelt haben. Dann müsste der schwebend unwirksame Vertrag gemäß § 177 Absatz 1 BGB von O genehmigt werden.
- Zu diskutieren ist, ob eine bereits ausgeübte Innenvollmacht angefochten werden kann:
  - (-) Dagegen spricht, dass der Vertragspartner seine Ansprüche gegen den Vertretenen verlieren und das Insolvenzrisiko des Vertreters tragen müsste, da er sich gemäß § 179 Absatz 1 und 2 BGB für den Ersatz seines Schadens an diesen wenden müsste.
  - (+) Dafür (h.M.) spricht, dass die Vollmacht ein selbstständiges Rechtsgeschäft sei, das angefochten werden könne. Zudem könne der Vertragspartner sich sowohl gemäß § 122 BGB gegenüber dem Vertretenen, als auch gegenüber dem Vertreter gemäß § 179 BGB schadlos halten.

a) Anfechtungserklärung gemäß § 143 Absatz 1 bzw. Absatz 3 BGB (+)

- Streit, ob die Anfechtung nur gegenüber dem Vertreter (vgl. § 143 Absatz 3 BGB) oder auch gegenüber dem Vertragspartner erklärt werden kann, kann dahinstehen. Die Anfechtung ist sowohl gegenüber N, als auch gegenüber L durch O erklärt worden.

b) Anfechtungsgrund (+)

- Erklärungsirrtum gemäß § 119 Absatz 1 Variante 2 BGB (-): Ein Erklärungsirrtum liegt vor, wenn eine Erklärung mit einem Inhalt abgeben worden ist, die der Erklärende nicht abgeben wollte (Erklärtes und Gewolltes fallen auseinander; bspw. Versprechen o. Vertippen). Das liegt hier nicht vor, da O mit „Bordo“ das ausgesprochen hat, was sie auch aussprechen wollte.
- Inhaltsirrtum gemäß § 119 Absatz 1 Variante 1 BGB (+): Ein Inhaltsirrtum liegt vor, wenn jemand bei der Abgabe einer Willenserklärung über deren Inhalt im Irrtum war. Der Erklärende irrt sich über die Bedeutung seiner Erklärung. O meinte mit „Bordo“ die Stadt Porto und nicht Bordeaux. Sie irrte folglich über die Bedeutung ihrer Erklärung.

c) Anfechtungsfrist gemäß § 121 Absatz 1 Satz 1 BGB (+)

d) Zwischenergebnis

- O hat die Vollmacht wirksam gemäß § 142 Absatz 1 BGB angefochten. Die Vollmacht war mithin von Anfang an (*ex tunc*) unwirksam und N hat als Vertreter ohne Vertretungsmacht gehandelt (*falsus procurator*).
- Eine Genehmigung des schwebend unwirksamen Vertrages gemäß § 177 Absatz 1 BGB ist nicht erfolgt.

III. Ergebnis

Die L hat keinen Anspruch auf Zahlung in Höhe von 360 Euro gemäß § 631 Absatz 1 BGB gegen die O.

II. Öffentliches Recht: Recht des Abgeordneten auf Mitwirkung an der parlamentarischen Willensbildung

Der Aktenvortrag beruht auf dem Urteil des Bundesverfassungsgerichts (Beschluss vom 22. März 2022 – 2 BvE 2/20). Für den Aktenvortrag im öffentlichen Recht kommt es nicht selten vor, dass höchstrichterliche Rechtsprechung und/oder Sachverhalte aus den aktuellen Nachrichten abgefragt wird. Bleiben Sie also über das tagesaktuelle Geschehen informiert.

Sachverhalt:

A ist seit mehreren Jahren Mitglied des Deutschen Bundestages sowie seiner Fraktion. Die Fraktion, welcher A angehört, hatte in der zurückliegenden Legislaturperiode mehrere Fraktionsmitglieder erfolglos für die Wahl zum Stellvertreter des Bundestagspräsidenten vorgeschlagen.

In der Sitzung vom 26. September 2019 wurde – im ersten Wahlgang – über einen von der Fraktion des A eingebrachten Wahlvorschlag für den Stellvertreter des Bundestagspräsidenten abgestimmt, der, wie die Jahre davor auch, nicht die erforderliche Mehrheit erhielt. Für die Sitzung am 7. November 2019 wurde erneut die Wahl eines Stellvertreters des Bundestagspräsidenten – als zweiter Wahlgang – auf die Tagesordnung gesetzt. Die Fraktion des A schlug wiederum denselben Abgeordneten vor. A kündigte schriftlich an, einen weiteren Abgeordneten zur Wahl vorschlagen zu wollen. Der damalige Bundestagspräsident teilte A mit, dass der angekündigte Wahlvorschlag nicht zugelassen werde. Nach Aufruf des Tagesordnungspunktes erhielt A das Wort zur Geschäftsordnung und begründete seinen Antrag, der jedoch von dem sitzungsleitenden Stellvertreter des Bundestagspräsidenten mit der Begründung als unzulässig zurückgewiesen wurde, einem einzelnen Abgeordneten stehe kein Vorschlagsrecht für die Wahl eines Vizepräsidenten zu.

Rechtsgrundlage für die Wahl des Bundestagspräsidenten und seiner Stellvertreter ist Artikel 40 Absatz 1 Satz 1 GG in Verbindung mit § 2 der Geschäftsordnung des Deutschen Bundestages (GO-BT).

A macht geltend, dass er durch die Zurückweisung seines Wahlvorschlags in seinem Recht als Abgeordneter auf gleiche Mitwirkung an der parlamentarischen Willensbildung gemäß Artikel 38 Absatz 1 Satz 2 GG verletzt sei.

Kann A gegen die ablehnende Entscheidung des Stellvertreters des Bundestagspräsidenten erfolgreich vorgehen?

Bearbeitervermerk:

- Prüfen Sie die Fallfrage in einem Gutachten.
- Die Sachverhaltsdarstellung ist erlassen.
- Die Vortragzeit ist auf 10 Minuten zu begrenzen

Lösung:

„Sehr geehrte Prüfungskommission, in meinem heutigen Aktenvortrag werde ich die Erfolgsaussichten eines Vorgehens des A gegen die ablehnende Entscheidung des Stellvertreters des Bundestagspräsidenten gutachterlich prüfen. Es handelt sich vorliegend um ein Organstreitverfahren.

Der Antrag hat Aussicht auf Erfolg, wenn er zulässig und begründet ist."

I. Zulässigkeit

„Der Antrag ist zulässig, wenn die Sachentscheidungsvoraussetzungen des Artikel 93 Absatz 1 Nr. 1 GG und der § 13 Nr. 5, §§ 63 ff. BVerfGG vorliegen."

1. Zuständigkeit des Bundesverfassungsgerichts gemäß Artikel 93 Absatz 1 Nr. 1 GG, § 13 Nr. 5, §§ 63 ff. BVerfGG (+)

- „Das Bundesverfassungsgericht ist zuständig für die Auslegung des Grundgesetzes aus Anlass von Streitigkeiten über den Umfang der Rechte und Pflichten eines obersten Bundesorgans oder anderer Beteiligter, die durch das Grundgesetz oder in der Geschäftsordnung eines obersten Bundesorgans mit eigenen Rechten ausgestattet sind."
- Geben Sie einen Hinweis, dass es sich um ein kontradiktorisches Verfahren handelt.

2. Beteiligten- und Parteifähigkeit Antragsteller gem. Artikel 93 Absatz 1 Nr. 1 GG, § 63 BVerfGG (+)

▶ **Hinweis:** Die Beteiligtenfähigkeit birgt im Rahmen des Organstreitverfahrens häufig Probleme und sollte sorgfältig im Einzelnen geprüft werden.

- „Dem Antragsteller kommt als Abgeordnetem des Deutschen Bundestages gemäß Artikel 38 Absatz 1 Satz 2 GG ein eigener verfassungsrechtlicher Status zu, den er im Organstreitverfahren als „anderer Beteiligter" im Sinne des Artikel 93 Absatz 1 Nr. 1 GG verteidigen kann."

3. Beteiligten- und Parteifähigkeit Antragsgegner gem. Artikel 93 Absatz 1 Nr. 1 GG, § 63 BVerfGG (+)

- „Der Präsident des Deutschen Bundestags ist als im Grundgesetz und in der Geschäftsordnung mit eigenen Rechten ausgestatteter Organteil des obersten Bundesorgans Bundestag parteifähig im Sinne der Artikel 93 Absatz 1 Nr. 1 GG, § 63 BVerfGG."
- Zu diskutieren ist wer Antragsgegner ist: Präsident des Bundestags oder Stellvertreter? Der Präsident des Deutschen Bundestages ist auch dann Antragsgegner, wenn es um die Maßnahme eines Stellvertreters geht, da die Stellvertreter als „amtierende Präsidenten" (§ 8 Absatz 1 GOBT) an seiner Stelle handeln.

4. Tauglicher Organstreitgegenstand (Art. 93 Absatz 1 Nr. 1 GG, § 64 Absatz 1 BVerfGG) (+)

- „Der Antragsteller rügt, dass der Antragsgegner es abgelehnt habe, seinen Wahlvorschlag zuzulassen und den Deutschen Bundestag darüber abstimmen zu lassen. Diese ablehnende Entscheidung stellt eine hinreichend konkrete und rechtserhebliche Maßnahme dar."

– Antragsgegenstand ist gemäß § 64 Absatz 1 BVerfGG eine Maßnahme oder Unterlassung des Antragsgegners, die rechtserheblich ist.

5. Antragsbefugnis (§ 64 Absatz 1 BVerfGG) (+)

– Hinreichend konkrete Geltendmachung der Möglichkeit einer Verletzung organschaftlicher Rechte.
– Hier ist zu diskutieren ob das Wahlvorschlagsrecht offensichtlich nicht unter den Schutz des Artikel 38 GG fällt.
– „Es erscheint [...] nicht von vornherein ausgeschlossen, dass das Beteiligungsrecht des Abgeordneten an der parlamentarischen Arbeit gemäß Art. 38 Abs. 1 Satz 2 GG das Recht umfasst, sich an den im Deutschen Bundestag stattfindenden Wahlen auch durch die Einbringung eigener Wahlvorschläge zu beteiligen, und dieses Recht vorliegend verletzt wurde."

6. Form (§ 23 BVerfGG)/Frist (§ 64 Absatz 3 BVerfGG) mangels anderer Anhaltspunkte (+)

7. Rechtsschutzbedürfnis (+)

– Zur Diskussion ist zu stellen, ob ein Rechtsschutzbedürfnis vorliegt, da möglicherweise andere Mittel zur Durchsetzung des Rechts aus Art. 38 GG vorliegen? z.B. Fraktion veranlassen, den von ihm benannten Abgeordneten als Kandidaten für das Amt des Stellvertreters des Präsidenten des Deutschen Bundestages vorzuschlagen. Maßnahme nicht gleich gut geeignet (-)
– Entfall des Rechtsschutzbedürfnissen, weil die beanstandete Rechtsverletzung sich auf einen in der Vergangenheit abgeschlossenen Vorgang bezieht. Im Organstreitverfahren regelmäßig (-)

II. Begründetheit

„Der Antrag ist nicht begründet. Nach den zugrunde zu legenden verfassungsrechtlichen Maßstäben liegt keine Verletzung von Art. 38 Absatz 1 Satz 2 GG vor."

1. Prüfungsmaßstab des Bundesverfassungsgerichts

– Es ist der Prüfungsmaßstab des Bundesverfassungsgerichts zu diskutieren.
– „Prüfungsmaßstab des Bundesverfassungsgerichts im Organstreit ist allein das Grundgesetz, nicht hingegen sind dies die lediglich in der Geschäftsordnung des Bundestages nach Artikel 40 Absatz 1 Satz 2 GG getroffenen Regelungen. Die Anwendung und Auslegung der Geschäftsordnung des Deutschen Bundestages unterliegen nur einer eingeschränkten verfassungsgerichtlichen Prüfung."

2. Verletzung des Mitwirkungsrechts des Abgeordneten aus Artikel 38 Absatz 1 Satz 2 GG

a) Beeinträchtigung der Rechtsposition des Antragstellers (+).

– Konkret herausarbeiten, ob das Abgeordnetenrecht auch das Recht schützt, einen Wahlvorschlag einzureichen.
– Artikel 38 Absatz 1 Satz 2 GG schützt nicht nur den Bestand, sondern auch die tatsächliche Ausübung des Mandats. Grundsätzlich ist der Schutzbereich des Artikel 38

GG sehr weit auszulegen. Eine Beschränkung der Mitwirkung an der parlamentarischen Willensbildung sieht das Grundgesetz nur für die Wahl des Bundeskanzlers vor (vgl. Artikel 63 Absatz 1 GG).

- „Artikel 38 Absatz 1 Satz 2 GG garantiert dem Abgeordneten alle zur Wahrnehmung seines Mandats erforderlichen Befugnisse und Statusrechte. Der Schutzbereich der Norm erstreckt sich auf sämtliche Gegenstände der parlamentarischen Willensbildung. Demgemäß findet das Recht auf gleichberechtigte Mitwirkung der Abgeordneten grundsätzlich auch auf Wahlakte des Parlaments Anwendung. Dies nicht nur hinsichtlich des Wahlaktes selbst, sondern auch der Wahlvorschläge selbst."
- Durch die Ablehnung des Wahlvorschlags liegt eine Beeinträchtigung der Rechtsposition des Antragstellers vor.

b) Rechtfertigung der Beeinträchtigung.

▶ **Hinweis:** Gehen Sie hier Schritt für Schritt vor. An dieser Stelle können Sie ordentlich Punkte sammeln. Denken Sie daran. Bei einer guten juristischen Begründung sind mehrere Ergebnisse einer Falllösung möglich.

- Es bleibt zu diskutieren, ob die Beeinträchtigung gerechtfertigt ist.
- „Das Recht auf gleichberechtigte Mitwirkung an der politischen Willensbildung aus Artikel 38 Absatz 1 Satz 2 GG ist nicht schrankenlos gewährleistet. Einschränkungen der Mitwirkungsbefugnisse der Abgeordneten unterliegen jedoch besonderen verfassungsrechtlichen Rechtfertigungsanforderungen. Sie müssen dem Schutz gleichwertiger Verfassungsgüter dienen und dem Grundsatz der Verhältnismäßigkeit Rechnung tragen."
- Der Antragsgegner geht davon aus, dass durch § 2 Absatz 1 Satz 2 GO-BT das Wahlvorschlagsrecht für die Wahl des Stellvertreters des Bundestagspräsidenten auf die Fraktionen beschränkt ist. Bei der Entscheidung, welches Schutzgut im vorliegenden Fall überwiegt, sind diese gegeneinander abzuwägen.
- Abwägung zwischen dem freien Mandat des Abgeordneten und der Erhaltung der Funktionsfähigkeit des Parlaments.
- „Die Einschränkung der Mandatsfreiheit des Antragstellers durch die Nichtzulassung seines Wahlvorschlags ist verfassungsrechtlich hinreichend legitimiert. Sie beruht auf § 2 Absatz 1 Satz 2 GO-BT. Der mit der Auslegung dieser Regelung verbundene Eingriff durch den Antragsgegner in das freie Mandat des Abgeordneten dient der Erhaltung der Funktionsfähigkeit des Parlaments und damit dem Schutz eines Rechtsguts von Verfassungsrang. Es ist Sache des Deutschen Bundestages, im Rahmen der ihm durch Art. 40 Abs. 1 Satz 2 GG übertragenen Geschäftsordnungsautonomie die effektive Erfüllung der parlamentarischen Aufgaben unter Beachtung des Rechts auf gleichberechtigte Mitwirkung der Abgeordneten an der parlamentarischen Willensbildung zu gewährleisten."

III. Ergebnis

Der Antrag ist zulässig aber nicht begründet und hat deshalb keine Aussicht auf Erfolg.

III. Strafrecht: Der erschlichene Anstellungsvertrag

Sachverhalt:

Sandra L. unterschreibt im April 2023 mit Beginn zum 1.5.2023 einen befristeten Arbeitsvertrag mit der Krankenpflegedienst H-GmbH. Sandra wird als examinierte Pflegefachkraft angestellt. Eine entsprechende Ausbildung hat Sandra jedoch nicht. Ein Ausbildungszeugnis hatte sie selbst erstellt. Bei der Erstellung ist sie wie folgt vorgegangen:

Anlässlich eines Besuchs bei ihrer Cousine in Braunschweig – die als Krankenschwester im Klinikum arbeitet – nimmt Sandra die Urkunde ihrer Cousine über die „Erlaubnis, die Berufsbezeichnung Krankenschwester zu führen", die sie später wieder unbemerkt zurücklegt. Die Urkunde ist von der Bezirksregierung Braunschweig ausgestellt, mit dem Namenszug „Becker" unterschrieben und hat einen entsprechenden Stempel der Bezirksregierung Braunschweig und trägt darüber hinaus das Ausstellungsdatum 25. September 2003. Sandra deckt lediglich den Namenszug ihrer Cousine, deren Geburtsdatum und Geburtsort ab und fertigt eine Kopie davon an. Auf diese Kopie schreibt Sandra ihren vollständigen Namen „Sandra L." und ihr Geburtsdatum „06. April 1982" und den Geburtsort „Berlin". Davon fertigt Sandra eine weitere Kopie. Diese Bescheinigung reicht Sandra im Rahmen des erfolgreichen Einstellungsgespräches – erkennbar als Kopie – bei der Firma Krankenpflegedienst H-GmbH ein. Sandra bekommt den Job als examinierte Krankenschwester. Die Firma H-GmbH unterschreibt mit Sandra einen Arbeitsvertrag. Sandra erhält monatlich 3200 Euro brutto. Sandra ist sehr fleißig und erfüllt die an sie gerichteten Aufgaben zur vollen Zufriedenheit der Geschäftsleitung der Firma H-GmbH und sämtlicher Patienten. Der Schwindel fliegt jedoch auf.

Bearbeitervermerk:

- Prüfen Sie die Strafbarkeit von Sandra.
- Straftatbestände außerhalb des StGB sowie Ordnungswidrigkeiten sind nicht zu prüfen.
- Die Sachverhaltsdarstellung ist erlassen.
- Die Vortragszeit ist auf 10 Minuten zu begrenzen.

Lösung:

Sehr geehrte Prüfungskommission, heute berichte ich über einen Strafrechtsfall, in welchem Sandra L. bei ihrer Einstellung zur examinierten Pflegefachkraft ein selbst hergestelltes Ausbildungszeugnis, welches sie als examinierte Krankenschwester ausweist, vorlegt und eine arbeitsvertragliche Anstellung als examinierte Pflegefachkraft zu einem monatlichen Bruttogehalt von 3200 Euro erlangt. Es ist die Strafbarkeit der Sandra L. zu prüfen.

I. Urkundenfälschung, § 267 Absatz 1 StGB

Zunächst prüfe ich eine mögliche Strafbarkeit gemäß § 267 Absatz 1 Variante 2. StGB.

1. Objektiver Tatbestand

a) Tatobjekt – Urkunde. Eine Urkunde ist die Verkörperung einer allgemein oder für Eingeweihte verständlichen Gedankenerklärung, die den Erklärenden, den Aussteller erkennen lässt und geeignet und bestimmt ist, im Rechtsverkehr Beweis zu erbringen. Sandra hat hier das Ausbildungszeugnis ihrer Cousine zum Kopieren verwandt. Das Ausbildungszeugnis der Cousine ist eine Gedankenerklärung, die im Rechtsverkehr Beweis erbringen soll und ihren Aussteller erkennen lässt. Aussteller ist hier die Bezirksregierung Braunschweig. Inhaltlich gibt das Ausbildungszeugnis als Gedankenerklärung wieder, dass die Cousine die Erlaubnis erlangt hat, die Berufsbezeichnung Krankenschwester zu führen. Diese Bescheinigung ist der Cousine am 25. September 2003 durch die Bezirksregierung Braunschweig und für diese im Auftrag von *„Becker“* ausgefertigt und unterschrieben worden.

b) Tathandlung. Neben der Urkundeneigenschaft muss eine inkriminierte Tathandlung vorliegen.

(1.) Herstellen einer unechten Urkunde

(2.) Verfälschen einer echten Urkunde

(3.) Gebrauchen einer unechten oder verfälschten Urkunde

- Hier kommt das Verfälschen in Betracht. Das Verfälschen setzt voraus, dass eine Veränderung der ursprünglichen gedanklichen Erklärung in eine andere stattgefunden hat. Sowohl vor dem Verfälschen als auch nach dem Verfälschen muss eine Urkunde i.S.d. § 267 StGB vorliegen. Lediglich die Beweisrichtung ändert sich. Die von Sandra verwandte Zeugnisbescheinigung der Cousine ist von ihr jedoch nicht verfälscht – verändert – worden. Der ursprüngliche Zustand bleibt inhaltlich unverändert. Der objektive Tatbestand des Verfälschens einer echten Urkunde liegt damit nicht vor. Die Herstellung der Kopie nach Abdecken einzelner Passagen ist kein Verfälschen i.S.d. § 267 Absatz 1 Variante 2 StGB.
- Sandra könnte jedoch hier eine unechte Urkunde hergestellt haben, § 267 Absatz 1 Variante 1 StGB. Hierzu müsste Sandra eine für Eingeweihte nachvollziehbare, verständliche menschliche Gedankenerklärung mit Beweisbestimmung und Beweiseignung hergestellt haben.
- Das Herstellen einer unechten Urkunde setzt das Anfertigen mit der Maßgabe voraus, als sei die Urkunde von einer anderen Person ausgestellt als dem wahren Aussteller, mithin echt. Das Herstellen einer unechten Urkunde ist das Herstellen einer Urkunde

und der Identitätstäuschung über die Person des Ausstellers, also derjenigen Person, der die Gedankenerklärung nach dem Urkundeninhalt zuzurechnen ist. Die von Sandra durch das Abdecken eines Teils des ursprünglichen Textes und das Kopieren hergestellte Ablichtung verkörpert aber keine Gedankenerklärung mehr, so dass die Urkundeneigenschaft zu verneinen ist.

- Das von Sandra unter Verwendung der Ablichtungsvorlage selbst hergestellte Ausbildungszeugnis, in welches sie ihren Namen, ihr Geburtsdatum und ihren Geburtsort einsetzte, stellt keine echte Urkunde dar. Sandra wollte das so erstellte „Ausbildungszeugnis" nur als Vorlage für eine weitere Fotokopie benutzen. Eine Fotokopie ist nach der obergerichtlichen Rechtsprechung und herrschenden Meinung keine Urkunde, wenn sie nach außen als Kopie/Reproduktion erkennbar erscheint. Einer bloßen Fotokopiervorlage fehlt es an einer Beweisbestimmung und Beweiseignung. Die Urkundenqualität ist zu verneinen. Deshalb scheidet auch die Variante des Gebrauchmachens einer unechten oder verfälschten Urkunde, § 267 Absatz 1 Variante 3 StGB durch die Vorlage der Ablichtung des von Sandra hergestellten Ausbildungszeugnisses bei der Firma H-GmbH aus. Es handelt sich erkennbar um eine Kopie.
- Ausnahmsweise stellt eine Fotokopie eine Urkunde dar. Das gilt jedoch nur dann, wenn die Fotokopie als Original erscheinen soll und damit den Anschein einer Originalurkunde hervorgerufen wird. Im Ergebnis scheidet eine Strafbarkeit von Sandra gemäß § 267 Absatz 1 StGB aus.

2. Subjektiver Tatbestand, Rechtswidrigkeit und Schuld

II. Betrug, § 263 Absatz 1 StGB

1. Objektiver Tatbestand

Sandra könnte sich jedoch wegen eines Anstellungsbetruges gemäß § 263 Absatz 1 StGB strafbar gemacht haben.

a) Täuschungshandlung über Tatsachen. Das setzt voraus, dass Sandra eine Täuschungshandlung begangen hat,

b) Täuschungsbedingter Irrtum . die einen Irrtum erregte,

c) Irrtumsbedingte Vermögensverfügung. der wiederum zu einer Vermögensverfügung geführt hat,

d) Vermögensschaden. die im Weiteren einen Vermögensschaden zur Folge hat.

- Sandra spiegelt durch die Vorlage der Ablichtung im Rahmen des Einstellungsgespräches vor, sie sei eine examinierte Krankenschwester. Die Geschäftsführung der Firma H-GmbH unterliegt einem Irrtum über die fachliche Eignung von Sandra. Sie vertraut den Angaben der Sandra.
- Fraglich ist jedoch, ob bis zum Auffliegen des Schwindels eine unmittelbar vermögensmindernde Verfügung von Seiten der Firma H-GmbH stattgefunden hat. Ein Anstellungsbetrug ist ein sog. Eingehungsbetrug. Bereits mit Abschluss des Anstellungsvertrages liegt eine Vermögensverfügung insoweit vor, als dass die im Arbeitsvertrag begründete Übernahme einer Zahlungsverpflichtung, nämlich das Arbeitsentgelt durch die Firma H-GmbH an Sandra zu entrichten, den Charakter einer vermö-

gensmindernden Verfügung hat. Die Lohnzahlungen werden grundsätzlich nicht als eigenständige Vermögensminderung angesehen, sondern sind lediglich reflektorische Folgen des erschlichenen Vertragsabschlusses. Über den Vertragsschluss hinaus hat hier seit dem 01. Mai 2023 eine Lohnzahlung von Seiten der Firma H-GmbH an Sandra stattgefunden.

- Es ist anerkannt, dass im Rahmen privatrechtlicher Arbeitsverträge ein Vermögensschaden auf Seiten des Arbeitgebers grundsätzlich bereits dann vorliegt, wenn der eingestellte Mitarbeiter wegen fehlender fachlicher Befähigung und Eignung die erwarteten Arbeitsleistungen nicht erbringen kann. Dem steht nicht entgegen, dass der eingestellte Mitarbeiter, hier Sandra, zufriedenstellende Arbeitsleistungen erbringt und auf Seiten des Arbeitgebers ein Arbeitserfolg eintritt, synallagmatisch zum Arbeitslohn stehend.
- Ein Vermögensschaden ist dennoch gegeben, weil die Entlohnung sich nicht lediglich an der Zufriedenheit des Arbeitgebers und hier der Patienten orientiert, sondern auch wegen einer bestimmten, vom Gesetz vorgegebenen Ausbildungsqualifikation des eingestellten Mitarbeiters erfolgt, die der Täter jedoch gerade nicht aufweist. So liegt der Fall hier. Medizinische Pflegeleistungen sind unter Berücksichtigung vielschichtiger gesetzlicher Vorschriften, ausschließlich von examinierten Pflegekräften zu erbringen. Sandra besaß trotz ihrer zufriedenstellenden Arbeitsleistungen keine entsprechende Ausbildung.

2. Subjektiver Tatbestand

a) Vorsatz (+). hier kein Problem

Sandra hatte sowohl Täuschungs- als auch Schadensvorsatz.

b) Absicht stoffgleicher Bereicherung (+) . hier kein Problem

Sandra kam es gerade darauf an, die Stelle – den Vorteil – zu erhalten. Der Vorteil war die Kehrseite, die unmittelbare Folge des Schadens bei der H-GmbH.

c) Objektive Rechtswidrigkeit der erstrebten Bereicherung und entsprechender Vorsatz (+). kein Problem

Der Vorteil war rechtswidrig. Sandra hate darauf keinen Anspruch und Sandra war bewusst, dass sie keinen Anspruch auf die Beschäftigung hatte. Sie hatte Vorsatz insoweit.

3. Rechtswidrigkeit

4. Schuld

Insgesamt hat sich Sandra wegen eines Anstellungsbetruges gemäß § 263 Absatz 1 StGB strafbar gemacht.

Ich danke Ihnen für Ihre Aufmerksamkeit.